W0377471

Sünde auf See

Klaus Hympendahl

Impressum

HEEL Verlag GmbH
Gut Pottscheidt
53639 Königswinter
Telefon 0 22 23 / 92 30-0
Telefax 0 22 23 / 92 30 26
Mail: info@heel-verlag.de
Internet: www.heel-verlag.de

© 2005: HEEL Verlag GmbH, Königswinter

Verantwortlich für den Inhalt:
Klaus Hympendahl

Alle Rechte, auch die des Nachdrucks, der Wiedergabe in jeder Form und der Übersetzung in andere Sprachen, behält sich der Herausgeber vor. Es ist ohne schriftliche Genehmigung des Verlages nicht erlaubt, das Buch und Teile daraus auf fotomechanischem Weg zu vervielfältigen oder unter Verwendung elektronischer bzw. mechanischer Systeme zu speichern, systematisch auszuwerten oder zu verbreiten.

Lektorat:
Joachim Hack

Gestaltung und Satz:
Hilga Pauli

Druck:
Ebner & Spiegel GmbH, Ulm

Printed in Germany

- Alle Rechte vorbehalten -

ISBN 3-89880-479-8

Titel: Gemälde von Gordon Jackson
© The Atlantic Mutual Insurance Company

***„Es ist immer wieder ein Wunder,
dass ein normaler Mensch ein Seemann sein kann.“***

**Ralph Waldo Emerson
amerikanischer Dichter und Philosoph**

Inhalt	**Seite**

Vorwort

In den großen Seeromanen von Joseph Conrad, Hermann Melville oder Jules Verne kommen sie nicht vor. Auch nicht in Büchern von Seeabenteurern oder denen der segelnden Entdecker. In den populären maritimen Romanen der Autoren Alexander Kent, Patrick O'Brian oder Jack London existieren sie nur als Randfiguren. Es geht um Frauen auf Segelschiffen.

Wo waren sie?

Natürlich konnten die Autoren der Weltliteratur sie nicht finden, denn selbst jede Landratte kannte den Satz: ‚Frauen an Bord bringen Unglück'. Der stand, wie in Holz geschnitzt, quasi am Heck aller Segelschiffe. Schauermänner in den Häfen der Welt, die diese Schiffe be- und entluden, konnten über Hunderte von Jahren bestätigen, nie einen Weiberrock an Bord ankommen oder abfahren gesehen zu haben.

Da Frauen Unglück brachten, durften sie auch nicht an Bord sein. Männer, die in der Schifffahrt das Sagen hatten, wie Reeder, Kapitäne, Admirale, waren traditionell frauenfeindlich eingestellt. Kategorisch hieß es auf englischen Schiffen: *Where there is a woman, there must be mischief* (Wo es eine Frau gibt, da muss es Unheil geben). Noch eindeutiger war die Frauenablehnung in der Britischen Kriegsmarine: „Sie bringen des Königs Marine in einem Monat mehr Unglück, als die Franzosen das in zehn Monaten schaffen."

Gemeint war das Gros der Frauen der unteren Klasse. Sie hießen im England des 18. Jahrhunderts *not real women*. Ausgenommen waren Frauen des wohlhabenden Bürgertums und natürlich Damen der herrschenden Aristokratie. Frauen wurden dennoch bis ins aufgeklärte 20. Jahrhundert ungern an Bord gesehen.

Bis in die heutige Zeit vermeidet man, Frauen an Bord von U-Booten zu lassen. Noch vor wenigen Jahren durften Frauen in renommierten Segelclubs der USA und Europas keine Mitgliedschaft erwerben. Man wolle keine „Sitzpisser", hieß es noch vor kurzem bei einer Bremer Segelvereinigung.

Dieses Buch hätte jedoch nicht geschrieben werden können, wenn es nicht immer Frauen auf Schiffen gegeben hätte. Es gab weibliche Passagiere, Frauen waren als Gemahlin, Verlobte, Geliebte oder Mätresse an Bord. Sie wurden als Huren empfangen und es gab Frauen als Matrosen verkleidet. Sie pflegten Verwundete und sie schleppten Pulver zu den Kanonen. Frauen gebaren Babys an Bord. Kam ein Junge auf englischen Kriegsschiffen zwischen Kanonen zur Welt, nannte man ihn *son of a gun.*

An Bord wurde gemeinsam gelacht, getrunken, sich amüsiert, geflirtet und geliebt – genauso wie an Land. Männer und Frauen hatten immer auf Schiffen

Sex miteinander. Es gab natürlich auch alle anderen Arten von Sex auf Schiffen wie Homosexualität, Masturbation, Päderastie, Transvestismus, Sodomie, Sadismus und natürlich auch Masochismus. Letzteren wird kaum einer an Bord gesucht haben; denn das Leben auf den engen, nassen, überfüllten Segelschiffen war bereits masochistisch genug.
Frauen und Sex auf Segelschiffen wurde von der Gesellschaft tabuisiert. So, als ob ein Tuch des Schweigens über die sexuellen Praktiken von Männern und Frauen auf segelnden Schiffen gebreitet worden wäre. Wie in einem Geheimbund gab es eine Parole, an die sich jedermann zu halten hatte, und die hieß: Frauen an Bord bringen Unglück, also gibt es auch keine auf Schiffen. So kommt es, dass in der maritimen Literatur keine Rede von Sex auf den Sieben Meeren* ist. Aber die Indizien sprechen dagegen! Gab es nicht da, wo Seeleute verkehrten, schon immer Amüsierviertel? Suchten sie nicht bei ihrer Rückkehr als Erstes Bordelle auf? Verkehrten Seeleute nicht bevorzugt in Kneipen mit leichten Mädchen? Hatte ein Seemann nicht in jedem Hafen eine andere? Zeigten nicht seine Tätowierungen, wie sehr er an Sex interessiert war? Aber kaum ging der Anker hoch, kaum war das Schiff aus dem Hafen, soll jegliches sexuelle Bedürfnis wie weggeblasen gewesen sein? Sollte der Satz wirklich stimmen: „Geht der Anker hoch, geht die Libido runter“?
Und was war mit den Männern, wenn sie zwei Jahre keinen Hafen gesehen hatten – wie auf Entdeckerschiffen und Walfängern üblich? Waren einem Seemann ein paar Heimatlieder, die verblichenen Briefe der Geliebten und ein getrocknetes Vergissmeinnicht in der Bibel genug?
Man machte unsere Vorfahren glauben, Seeleute seien durch Stürme und Arbeit von Frauen und Sex abgelenkt. Und um diese Täuschung vollkommen zu machen, gab man der abgeschotteten Welt der Seefahrer den Namen „Christliche Seefahrt“.
Heute wissen wir, dass unter dem Deckmantel der Christlichen Seefahrt viele Kapitel über das sexuelle Leben der Seeleute verborgen blieben. Und wie es scheint, hat man uns viel Amüsantes, Groteskes, Grausames und Wissenswertes vorenthalten.
Dieses Buch vertreibt die Nebelschwaden, die Jahrhunderte lang über Schiffen lagen. Es zeigt, dass es heterosexuellen Sex auf Schiffen immer gegeben hat, auf manchen Schiffen Hunderte von Huren ihr Gewerbe gleichzeitig betrieben haben, dass es polygame Walfänger, homosexuelle Piraten gab, dass

**** Der Begriff der ‚Sieben Meere' geht sehr wahrscheinliche auf Rudyard Kipling (Das Dschungelbuch) zurück. Er verstand darunter das nördliche und südliche Eismeer, den nördlichen und südlichen Atlantik, den nördlichen und südlichen Pazifik und den Indischen Ozean.***

es sogar Piratinnen gab, Transvestiten, Strichjungen, Päderasten, Sadisten und Sodomiten – nichts war den Kojen und den dunklen Verstecken auf segelnden Schiffen fremd.

Nicht alle Geschichten handeln vom Leben auf Schiffen; einige berichten auch von Ereignissen an Land. Diese sind jedoch durch Fallreep und Gangway direkt mit dem Schiff verbunden, Geschichten, in denen Seeleute immer die Hauptrolle spielen. Aber nicht immer spielt Sex die Hauptrolle; manchmal tritt er ganz nebenbei auf – vielleicht macht gerade das ein Kapitel umso reizvoller.

Klaus Hympendahl

Es begann mit einer faustdicken Lüge

(zirka 1251 bis 1900)

„Und sie versprechen, auf dem benannten Schiff nicht mehr als 100 Pilger zu haben, unter denen keinerlei Frauenspersonen sein dürfen." So lautet eine Anweisung der Hafenstadt Genua aus dem Jahr 1251 an Kapitäne. Im Jahre 1731 gab die größte Seenation der Welt, Großbritannien, die *Queen's Regulations and Admirality Instructions* heraus. Darin wurde gefordert, dass Kapitäne und Kommandanten von Schiffen keine Frauen an Bord transportieren durften (not to carry any Women to Sea).

Die Ausgrenzung von Frauen auf Schiffen hat Tradition. Auch auf holländischen, französischen, hamburgischen oder schwedischen Schiffen war es Frauen per Gesetz untersagt, an Bord zu kommen *(Wiewerröck an Boord – bringt Stried un Moord)*. Unter diesen Weibern verstand man Frauen der Unterklasse, auch Prostituierte, denn Kapitänen und Offizieren erlaubte man den Besuch ihrer angeheirateten Frauen.

Durchbrochen wurden diese Regeln auch, wenn es zum Nutzen des Königreiches war, zum Beispiel in Kriegszeiten. Im offiziellen *Annual Register* aus dem Jahre 1807 der britischen Kriegsmarine erscheinen überraschenderweise Frauennamen. Es waren Frauen, die während des ersten Napoleonischen Krieges (1803 bis 1806) an Bord als Pulverträgerinnen arbeiteten, dafür aber nicht bezahlt wurden und somit nicht auf der Mannschaftsliste standen.

Der Kommandant des Kriegsschiffs *Indefatigable*, John Fyffe, ging sogar soweit, im Jahr 1812 Frauen in seinen Befehlen direkt anzusprechen: „Frauen an Bord dürfen zwei Mal in der Woche das Schiff an den Markttagen verlassen. Sollten sie an anderen Tagen vom Schiff gehen, oder in irgendeiner Weise gegen die Schiffsbestimmungen verstoßen, brauchen sie niemals wieder an Bord zu kommen." Bekannt ist der Satz von Lord Nelson aus dem Jahr 1801: „Am Sonntag trennen wir uns von allen Frauen, Hunden und Tauben; und beim Aufstehen der Hühner, so hoffe ich, sind wir bereits unter Segeln unterwegs nach Torbay."

Frauen der breiten unteren Klasse *(not real women)* betrachtete man in den seefahrenden Staaten Europas und Amerikas als niedere Wesen – sie könnten die körperliche Arbeit der Männer nicht erbringen, galten auch seelisch als schwach. Ihre Rolle war die, Kinder zu gebären, denn Kinder bedeuteten Rente und Pflegeversicherung in einem.

Aber auch Männer der unteren Stände galten nicht viel. Ging ein Schiff um das Jahr 1750 mit 300 Seemännern an Bord auf eine lange Seereise, dann rechnete man mit der Rückkehr von nur der Hälfte der Männer. Fehlende Hygie-

ne, ungesunde Ernährung, Skorbut, Ruhr, Geschlechts- und Tropenkrankheiten rafften Besatzungen schnell dahin. Hinzu kam, dass kaum ein Seemann schwimmen konnte.
Weshalb gehörten Frauen nicht an Bord? Weshalb brachten Frauen Unglück auf Schiffen? Weshalb machte man sie auch für Stürme und Schiffsuntergänge verantwortlich? In vielen Bereichen – besonders bei der Seefahrt des 16. bis 18. Jahrhunderts – herrschte noch das Denken des Mittelalters vor. Man glaubte an Mythen und Hexen und an den Aberglauben.
Der Aberglaube „Frauen an Bord bringen Unglück“ wurde zum Mythos. Auch die Landratten glaubten es; denn hier kannte man bereits Vergleichbares: Wenn in einer Färberei das neue Färbebad angerichtet wurde, schob man den Riegel vor die Tür, damit keine Frauen hineinkämen. Diese würden das Färbebad verderben. Fischer verboten Frauen, an Bord zu kommen, sonst würden sie ihr Fischerglück verlieren – manche Fischer verboten sogar ihren Frauen, die Netze anzusehen. So glaubte man, Frauen könnten Flauten, Stürme, Gegenwind herbeirufen und Schiffe mit Hexenzauber zum Sinken bringen.
Es gab nur eine Frau, die dem Seemann geneigt war, und das war die Meerjungfrau. Sie war verführerisch schön, mit langen Haaren und prallen Brüsten. Eine ideale Partnerin für seine sehnsüchtigen Träume. Aber Sex konnte er mit ihr nicht haben; denn ihr Fischunterleib war unberührbar. Meerjungfrauen waren dem Seemann meist freundlich gesinnt, warnten ihn vor Stürmen. Eine Meerjungfrau war das Gegenstück zur Hexe.
Aberglaube auf Schiffen war so weit verbreitet wie die Maden im Pökelfleisch. Nicht nur, dass der Freitag ein Unglückstag war, schon gar, wenn er auf den 13. fiel. Auch die Rumpffarbe Grün brachte Unglück, den Schiffsnamen zu wechseln, die Nationale zu waschen ebenfalls. Der Name Kaninchen *(rabbit)* durfte auf englischen Schiffen nicht ausgesprochen werden. Pfaffen, Missionare, Freidenker, Rechtsanwälte, Verbrecher an Bord brachten ebenfalls Unglück. Es gab Seeleute, die keine Heuer haben wollten, wenn sich Frauen an Bord befanden. Sicherlich hatten sie nichts gegen Frauen – nur durften sie sich nicht auf ihrem Schiff befinden!
Es gab eine Litanei von Symbolen, Begriffen, Personen und Handlungen, die einem Schiff Unheil gebracht haben sollen – alles im Namen des Aberglaubens. Und der war umso weiter verbreitet, je ungewisser die Navigation war. Man war vor 300 Jahren weitestgehend auf Naturbeobachtungen und das Koppeln (Schätzen des Schiffsortes auf Grund der zurückgelegten Strecke, der Zeit, des Kurses, der Abdrift, des Stroms etc.) angewiesen. Instrumente wie Kompass, Logge, Oktant (der Vorgänger des Sextanten) und Zeitmessungen funktionierten ungenau, Seekarten waren unzuverlässig, Segelmanöver langwie-

rig und Segeleigenschaften, verglichen mit denen moderner Segelyachten, waren miserabel. Damals lebten Seeleute in ständiger Angst, aufzulaufen und mit dem Schiff unterzugehen.
Dass Frauen an Bord Unglück brachten, war nicht nur purer Aberglaube. Man wusste auch, dass es auf langen Fahrten schnell zu Streit und Eifersüchteleien unter Seeleuten kommen konnte, wenn Frauen in dieser abgeschlossenen Männergesellschaft auftauchten. Das konnte in Chaos und Meuterei enden, musste unbedingt vermieden werden.
Also wurde in der Seefahrt gelogen, bis sich die Decksbalken bogen. Denn es waren nicht die Frauen, die Unglück brachten, sondern Männer konnten sich nicht benehmen, wenn Frauen mit ihnen reisten. Männer brachten die Unruhe und somit das Unglück – nicht die Frauen.

Das Unglück der Glück bringenden Frauen

(zirka 1750 bis 1850)

Das Alltagsleben auf Segelschiffen war hart, härter als wir uns das heute vorstellen können. England war in den letzten drei Jahrhunderten die führende Seemacht und so sind die Verhältnisse bei der Royal Navy besonders interessant.
Es gab einen großen Mangel an Seeleuten. Besonders die englische Kriegsmarine litt darunter, weil sie auf vielen Meeren gleichzeitig Krieg führte. Allein der Napoleonische Krieg mit den Seeblockaden französischer Häfen verlangte nach vielen Seeleuten. Um Männer zu rekrutieren, bezahlte die Kriegsmarine Banden, die diese in Hafenkneipen überlisteten und mit Gewalt an Bord brachten. Sie holten sogar männliche Bürger aus dem Bett, selbst Männer nach dem Kirchbesuch zerrten sie an Bord. Eine andere Methode war es, erfahrene Seeleute der nationalen Handelsmarine abzujagen. Manchmal überfiel ein britisches Marineboot ein britisches Handelsschiff und kaperte einen Teil der Mannschaft. Ähnliches gab es auch bei der Marine in anderen Ländern. Die Handelsmarinen Europas und der Vereinigten Staaten hingegen hatten keinen Mangel an Seeleuten, wenn man von den beschriebenen Überfällen absieht.
Wie erging es einem Bürger, der unfreiwillig auf einem Segelschiff landete, das eine mehrjährige Reise antrat? Er hatte nur die Sachen am Leib, mit denen er in die Kneipe gegangen war. Eine Uniform an Bord wurde ihm nicht gestellt. Seeleute trugen damals keine Uniformen. Bestenfalls konnte der Segelmacher ihm Hose und Jacke aus hartem scheuernden Material schneidern.

Was tun, wenn die Kleidung nach Wochen anfängt zu stinken? Es gab einen Bottich an Bord, gefüllt mit dem Urin der Mannschaft. Der diente als Bleiche. Hier kam die dreckige Bekleidung erst einmal hinein. Danach konnte der Seemann sie in einem Waschbottich mit Seewasser mehrmals durchspülen. Später wurden die Sachen getrocknet und durch kräftiges Schütteln versucht, die Salzkristalle herauszuschlagen.
Auch Männer, die man nicht als Gentlemen bezeichnete, wurden ausgenutzt. Für Kleinigkeiten wurde man bereits ausgepeitscht. Das Trinkwasser war meist schlecht. Es stank nach wenigen Wochen. So wurden jedem Mann bei der englischen Marine Dünnbier und Rum gereicht. Zur Zeit von Admiral Lord Nelson (1758 bis 1805) erhielt ein Marinesoldat pro Tag zweimal eine Viertelpinte (englisch: 1 *gill* = 0,142 l) Rum, was insgesamt einem viertel Liter entspricht. Die Anordnung hieß, diesen Rum im Verhältnis 1:5 mit Wasser zu verdünnen. Ob das so eingehalten wurde, entzieht sich der Kenntnis und dürfte angezweifelt werden.
Zu essen gab es nur stark gesalzenes Fleisch, getrocknete Erbsen, Schiffszwieback und harten Käse, Maden und Würmer inklusive. Schiffszwieback war nichts anderes als zweimal gebackenes Brot und enthielt weder Fett noch Feuchtigkeit. Dadurch war er quasi unbegrenzt haltbar; wenn da nicht die Maden und Getreidekäfer wären. Ein Seemann lernte als Erstes, sein Hartbrot gegen eine Holzwand zu klopfen, damit die Insekten herausfielen.
Die Seeleute schliefen, aßen und hielten sich im Orlop, dem Unterdeck, auf. Bei kleineren Schiffen nannte man das Orlop auch das Logis. Manche großen Schiffe hatten mehrere Zwischendecks. Der Aufenthalts- und Schlafraum war also im Vorschiff das untere Deck. Das Orlopdeck war bei der englischen Kriegsmarine ein Schlafsaal, in dem bis zu mehreren hundert Männern hausten. Jedem von ihnen war eine 16 Zoll schmale Hängematte erlaubt – ein 40 cm schmaler Lebensraum. Dort unten kam außer dem Schummerlicht von Tranfunzeln kein Tageslicht hin. Es stank nach dem Schweiß der Männer, nach ungewaschenen Füßen, nach dreckiger Wäsche, nach jaucheartigem Bilgenwasser, nach verwesten Rattenkadavern, Erbrochenem und menschlichem Unrat.
Wenn ein Seemann urinieren musste, tat er das im Stehen auf der Leeseite des Schiffes. Die Toilette lag am Bug, die sogenannte Galion. Zwischen der vorderen Galionsfigur und dem Bug war eine Plattform angebracht. Diese hatte Löcher wie bei einer Latrine. Man setzte sich über eines der Löcher und erledigte „sein Geschäft“ über dem Wasser. Anstelle der Plattform gab es auch eine Art roh gezimmerten Rahmen, auf den man sich setzen konnte. Dieser hieß „Sitz der Erleichterung“. War starker Wind, drohte das „Geschäft“ weg-

zuwehen, dann warnte man seine Kameraden, den Kopf nicht außerhalb der Bordwand zu zeigen mit dem Ruf: „Heads!“ (Köpfe einziehen). Noch heute heißt bei Seglern die Toilette auf einer englischen Yacht *head.* Für jeden „Sitz der Erleichterung“ gab es ein Tauende, das bis ins Wasser hing; mit dessen ausgefranstem Ende man sich den Hintern säuberte.
Bei schlechtem Wetter erleichterten und erbrachen sich Seeleute auch in den Ecken und Winkeln der Unterdecks oder noch weiter unten im Lagerraum. Alle Flüssigkeiten sickerten bis in die Bilgen des Schiffes und sammelten sich hier. Hinzu kam, dass in der tropischen Hitze so manche Fässer barsten und ihren Inhalt zusätzlich in die Bilgen entleerten. Machte das Schiff zu viel Wasser – es gab damals kein Schiff, das völlig dicht war –, mussten die Pumpen betätigt werden. Diese waren an Deck montiert und förderten all den Unrat aus der Bilge des Schiffes auf Deck. Hier kamen Urin, Exkremente, Erbrochenes und Abwasser aus der untersten Etage des Schiffes zu Tage. Diese übel stinkende Brühe konnte bei den herrschenden Schiffsbewegungen über das gesamte Deck fließen, an den Decksrändern hinunter auf das Kanonendeck strömen und sich dort zwischen den schlafenden Seeleuten verteilen. Nur bei gutem Wetter konnte man die Decks mit frischem Meereswasser abschrubben.
Die häufigste Todesursache für Seeleute waren nicht Schiffsbruch oder Krieg, sondern Krankheiten. Männer, die an Bord gepresst wurden, wussten, dass jeder Zweite bis Dritte von ihnen auf Langfahrten sterben musste. Es gab kein frisches Fleisch, keine frischen Früchte, kein frisches Gemüse. Erst ab 1795 wurden Limonen oder Zitronensaft gegen Skorbut verteilt. Seit dieser Zeit nannte man englische Segler auch *Limeys.* Die Deutschen heißen seitdem *Krauts,* weil sie das vitaminreiche Sauerkraut als Erste in Fässern lagerten. Typhus, übertragen von Läusen und Ratten, breitete sich epidemisch auf Schiffen aus. Seeleute litten besonders unter Tuberkulose, Windpocken, Ruhr und Skorbut. Jeder europäische Seemann hatte große Befürchtungen, in die Karibik geschickt zu werden. Damals herrschte dort das Gelbfieber und dagegen war kein Kraut gewachsen. Es gab Schiffe mit fünfhundert Mann an Bord, von denen nur eine Handvoll das Fieber überlebten.
Zu all dem gab es oft jahrelang keinen Sold. Nicht nur, dass die Löhne in der englischen Kriegsmarine zwischen 1653 und 1797 dieselben blieben, hinzu kam, dass die Marine auch meistens nicht zahlungsfähig war. Zu teuer kamen sie ihre Kriege. Es gab Kriegsschiffe, deren Mannschaften bis zu fünfzehn Jahre lang nicht bezahlt wurden.
Das macht deutlich, weshalb man Marinesoldaten damals keinen Landurlaub geben konnte. Kaum ein Matrose wäre je wieder freiwillig zurückgekommen. Die Kriegsschiffe ankerten immer weit vom Land entfernt. Damals konnten die

wenigsten Seeleute schwimmen. Klar, dass ein Schiffsoffizier niemals einen Seemann ermutigt hätte, schwimmen zu lernen.
Auf einem Kriegsschiff zu leben, war wie in einem Gefängnis eingesperrt zu sein. Mit dem Unterschied, dass man im Gefängnis nicht ertrinken konnte und dass das Essen besser war.
Man kann sich vorstellen, was das Thema Nr. 1 an Bord war: Frauen. Kam ein Schiff nach jahrelanger Fahrt durch die Sieben Meere nach England zurück, ankerte es vor der Küste. Die Salzbuckel, wie man Seeleute auch nannte, waren dann verrückt nach Frauen.
Die Admiralität kannte das Problem und hatte entschieden: Wenn die Männer nicht an Land durften, kamen die Frauen an Bord. Man hisste einen Efeukranz in die Takelage der Kriegsschiffe als Zeichen dafür, dass die übliche strenge Disziplin aufgehoben war.
Ähnlich war es auch bei Großbritanniens Erzfeind Spanien. Bevor die Spanische Armada sich im Jahr 1588 mit 130 Kriegsschiffen auf den Weg nach England machte, um dieses niederzuwerfen, entdeckte man auf den Schiffen dieser großen Flotte über 6000 Frauen. Es ist anzunehmen, dass es Prostituierte waren, die man umgehend an Land befahl. Die Matrosen trösteten sich schnell, als sie hörten, dass es in England genügend süße Mädchen gäbe. Aber die sollten sie nie sehen, denn vorher wurde ihre Flotte geschlagen und viele spanische Schiffe zerschellten im Sturm.
Das Geschäft, Huren an Bord zu bringen, war ein schmutziges Geschäft. Wurde ein neues Kriegsschiff, das weit vom Ufer entfernt auf Reede ankerte, von Land aus gesichtet, kam am Ufer ein Haufen Frauen zusammen. Ein Bootsmann inspizierte die Frauen und nahm nur die besseren an Bord. Für jede Frau, so wird berichtet, bekam der Bootsmann 3 Shilling. Die nächste Inspektion fand am Fallreep des Kriegsschiffes statt. Hier konnte der Dienst habende Offizier die eine oder andere Frau abweisen, mit der Bemerkung: „Ziegen und hässliche Enten haben an Bord keinen Zutritt“. Bevor sie an Deck gehen konnten, untersuchte man die Prostituierten nach Alkohol. Dann erst suchten diese sich ihren „Ehemann“ aus, wie sie die Matrosen nannten.
Es war nicht ungewöhnlich, dass auf Kriegsschiffen über 400 Seeleute an Bord lebten. War der Anker gefallen, wurden von Land die Huren zum Schiff gerudert. Es war durchaus üblich, dass für jeden Mann eine Hure kam. Sollte es geregnet haben, mussten alle 800 Menschen unter Deck. Die Hauptluke musste geschlossen werden. Der Gestank war unerträglich. Männer und Frauen kopulierten miteinander, nebeneinander. Obwohl jedem Paar nur ein 40 cm breiter Lebensraum zustand, störte das offensichtlich niemanden. Jeder wurde Zeuge, was seine Nachbarn trieben. Jeder hörte jeden. Schamlos und gierig wa-

ren die Geschlechter übereinander hergefallen. Es war durchaus nicht unüblich, dass sich ein Mann zwei Huren bestellte. Also waren manchmal mehr Frauen als Männer an Bord.
Wurden die Seeleute morgens geweckt, durften die Mädchen liegen bleiben. Die Bootsmaate gingen durch die halbdunklen Gänge und riefen das vertraute Kommando: *Rise and shine! Show a leg!* (Aufstehen, seid fröhlich! Zeig ein Bein!). Die Damen streckten ein Bein aus und der Bootsmaat konnte im Halbdunkeln fühlen, dass es haarlos, also kein Männerbein war.
Kein Wunder, dass ein englischer Bordgeistlicher einmal schrieb: „Es gibt wohl nichts, was so fehl am Platz wäre wie ein Geistlicher auf einem Kriegsschiff."
Kamen die Kriegsschiffe zu den karibischen Inseln, war es durchweg üblich, dass die reichen Plantagenbesitzer schwarze Sklavinnen zu den Seeleuten an Bord schickten. Denn auch hier gab es keinen Landgang für die Teerjacken. Vielleicht lässt es sich vor diesem Hintergrund verstehen, dass damals Hunderte von Seeleuten freiwillig in der Karibik zu den Piraten überliefen. Denn unter der Totenkopf-Flagge hatten sie mehr Freiheit als unter dem weißen Union Jack, der britischen Kriegsflagge.
Ein englischer Seemann schrieb (1792) in einem Brief aus Antigua an seine Freunde daheim, dass sich an einem Sonntagmorgen 350 schwarze Liebesdienerinnen an Bord aufhielten. Offensichtlich waren es Sklavinnen, die von ihren weißen Herren hierzu gezwungen worden waren. Schon am nächsten Tag wären alle wieder auf den Feldern bei der Arbeit gewesen. Im Jahr 1834 wurde die Sklaverei in England und seinen Kolonien offiziell abgeschafft. Aber noch 1840 befahl ein Fregattenkapitän seinen Offizieren in der Karibik, dafür zu sorgen, dass jeder Mann an Bord eine schwarze Frau bekam.
Bei anderen Seenationen war das nicht anders. Als das amerikanische Kriegsschiff *U.S.S. Dolphin* Mitte des 19. Jahrhunderts Hawaii besuchte, verbot der Gouverneur von Honolulu, Frauen an Bord zu schicken. Kapitän Percival wurde wütend, hatte man doch den Seeleuten des vor ihm ankernden englischen Schiffes *Blonde* Polynesierinnen an Bord erlaubt. Er nahm es als persönliche Beleidigung und drohte, nicht eher mit seinem Kriegsschiff die Insel zu verlassen, bevor nicht genügend Frauen seine Seeleute beglückt hätten. Es wurde eine Ausnahme gemacht und selbst Polynesierinnen aus der Missionsschule wurden zum Schiff gebracht.
Welche Alternativen hatte denn damals die Marineleitung in England und anderen Seenationen? Landurlaub fiel wegen Fluchtgefahr aus. Duldete sie keine Huren an Bord, gab es Meuterei oder Sodomie (der alte Name für Homosexualität) verbreitete sich. Also erlaubte man unter der Hand, dass die Huren zu den Freiern kamen und nicht umgekehrt.

Prostituierte gab es genug. In England genügte es bis zur Mitte des 19. Jahrhunderts, als alleinstehende Frau der unteren Klasse auf der Straße als Prostituierte identifiziert zu werden. Diese Frauen mussten sich regelmäßig auf Geschlechtskrankheiten untersuchen lassen. Waren sie infiziert, kamen sie bis zu neun Monate in spezielle Krankenstationen. Diese waren wie Gefängnisse. Allein in der Hafenstadt Portsmouth, dem damaligen Kriegshafen, soll es um 1820 über 20.000 Huren gegeben haben. Damals lebten in Portsmouth und Umgebung um die 60.000 Menschen; demnach war jeder dritte Einwohner dieser Hafenstadt eine Hure. Auch wenn die Zahlen übertrieben sind, zeigen sie doch, dass selbst dann kein Seemann zu darben brauchte, wenn die gesamte britische Kriegsflotte hier vor Anker ging.
Eine Hure konnte Glück haben und einen jungen unbekümmerten Burschen an Bord treffen. Es konnte aber auch ein krimineller Wüstling sein. Denn es gab ein britisches Gesetz, dass alle Gauner nach Absitzen ihrer Strafe in die Streitkräfte ihrer Majestät aufzunehmen seien, an Land oder auf See.
Prostituierte waren oft im jungen Teenageralter. Das überrascht nicht, mussten doch zur selben Zeit Jungen ab dem sechsten Lebensjahr in Bergwerken arbeiten, während Elfjährige als Seekadetten auf Schiffen dienten.
Schlechte Hygiene, miserables Essen, kalte, feuchte Kammern und viel zu viel billiger Gin machten die jungen Frauen anfällig für Krankheiten. Viele Seemänner waren geschlechtskrank, schnell hatte sich eine bereits geschwächte Hure angesteckt.
Aus Filmen und Büchern kennen wir Bordärzte meist als weltfremde versoffene Quacksalber. Ganz so weltfremd können sie nicht gewesen sein; denn sie nahmen 15 Shilling – einen Großteil des monatlichen Lohns – für eine Behandlung gegen Geschlechtskrankheit. Dagegen verschrieben diese Quacksalber Quecksilber, was nicht ungefährlich für den Patienten war.
Eine Prostituierte konnte sich damals weder vor einer Geschlechtskrankheit noch vor einer Empfängnis schützen. Einige Frauen waren durch ihre Gonorrhöe unfruchtbar geworden. Nur die Frauen der Oberschicht benutzten damals vaginale Duschen und Schwämme mit Alaun, Soda-Bikarbonat oder Essig. Das mag geholfen haben, wenn es gleich nach dem Koitus angewandt wurde, aber diese Mittel waren für die Frauen am untersten Ende der sozialen Leiter nicht bezahlbar.
Europäer kannten ab dem 18. Jahrhundert Kondome. Sie wurden aus dem Darm von Ziegen gewonnen, gesäubert und mit Kleie und Mandelöl eingerieben. Allerdings waren sie teuer, und nur ein wohlhabender Seemann würde sie benutzen. Aber welcher Seemann außer dem Kapitän war schon wohlhabend? So wurden die ersten Kondome nur von Gentlemen der Oberschicht be-

nutzt. Man verwendete Kondome ausschließlich gegen Ansteckungen durch Geschlechtskrankheiten, nicht wegen der Verhütung; das kam erst im 20. Jahrhundert auf. Kinder galten ja als Segen, auch unehelicher Nachwuchs. Die unehelichen Kinder hießen dann Kegel – daher der Begriff „Kind und Kegel". Diese ersten Kondome saßen wohl etwas locker und wurden mit Bändern um den Hodensack gesichert. Gewiss eine umständliche Prozedur.
Es lässt sich kaum ein Salzbuckel vorstellen, der sich so ein Ding jemals umgeschnallt hätte.

Sodom und Gomorrha und die Piraten der Karibik

(zirka 1650 bis 1720)

Die biblischen Stätten des Übels hießen Sodom und Gomorrha. Ihre Einwohner hatten schwere sexuelle Sünden begangen, so steht es im 1. Buch Moses. Mit Schwefel und Feuer wurden die Menschen für ihre Sünden bestraft. Diese Strafe wirkte bei abergläubischen Seeleuten bis ins 19. Jahrhundert. Viele Schiffe legten nicht am zweiten Montag des Monats August ab, denn an diesem Tag wurden Sodom und Gomorrha zerstört. Genauso wie man nicht an einem Freitag den 13. ablegte.
Ein Sodom und Gomorrha herrschte wohl auch auf den Piratenschiffen der Karibik. Hier war es das erklärte Ziel der Bukaniere*, Piraten und Freibeuter, an das Gold und die Handelswaren der Spanier zu kommen, die diese aus Mittel- und Südamerika durch die Karibik ins Mutterland verschifften. Es gab dänische, holländische, französische Bukaniere, aber in erster Linie waren es Engländer, die den Union Jack gegen den *Jolly Roger***, die Piratenflagge mit dem Totenkopf, eintauschten.
Der berühmteste Pirat aller Zeiten, Henry Morgan, der Erzfeind Spaniens, der ihre Goldverladestationen Porto Bello, Panama City und Maracaibo plünderte, ein Mann, der seine Feinde an den Daumen aufhängen und sie über kleinem Feuer rösten ließ, dessen Leben Hollywood verfilmte und nach dem eine weltberühmte Rum-Marke heißt, dieser brutalste, gierigste, erfolgreichste Pirat seiner Zeit, war sehr wahrscheinlich eine Tunte.

**** Bukaniere (vom französischen Wort boucan = Räucherhaus zum Haltbarmachen von Fleisch)***
***** Es gab viele Variationen der Piratenflagge mit Totenkopf und Schwert. Ursprünglich soll die Flagge rot gewesen sein. Dieses „schöne Rot", auf französisch „joli rouge", wurde bei den englischen Piraten zum „Jolly Roger".***

Dabei war Henry Morgan keine Ausnahme. Heute nimmt man an, dass ein Teil der karibischen Piraten, die uns Hollywood mit Augenklappen, Holzbeinen, mit Ohrringen und in Phantasiekostümen unvergesslich einprägte, homosexuell war. Schwule Haudegen? Tuntige Seebären? Enternde Schwuchteln? Das kann es doch nicht gegeben haben? Doch!

Wir wissen heute vieles über diese Piraten, ihre Schiffe und ihre Überfälle, bis hin zu genauen Uhrzeiten und Angaben zur Beute. Aber es gibt keinerlei Aufzeichnungen über ihre Personalien, schon gar nicht über das sexuelle Verhalten dieser geschlossenen Gesellschaft. Historiker haben viele Indizien und Hinweise verfolgt und überprüft, die zu einem ganz neuen Bild über das sexuelle Verhalten eines Teils der Piraten der Karibik geführt haben. Besonders hat sich der amerikanische Historiker B. R. Burg hervorgetan, der in seinem Buch *Sodomy and the Pirate Tradition* behauptete, dass ein erheblicher Teil der Piraten Homosexuelle gewesen sein soll. Dieses Kapitel stützt sich weitestgehend auf seine Erkenntnisse.

Spanien unterhielt im 17. Jahrhunderts im karibischen Raum zahlreiche Besitzungen, unter anderem starke Festungen auf Cuba, Puerto Rico und Hispaniola (Dominikanische Republik, Haiti). Auch Holland besaß Kolonien, aber immer stärker wurde die Präsenz von Frankreich und besonders von England. Die Spanier sahen sich in der Rolle der Verteidiger von Landbesitz, Waren- und Goldtransporten. Holländer, Franzosen und Engländer wollten ihnen beides abjagen. Dadurch entstand in der Karibik eine Mischform aus Kriegsflotten, Piraten und Kaperern. Letztere handelten im offiziellen Auftrag einer Regierung beziehungsweise eines Königshauses. Ihr Kaperbrief legitimierte ihr Handeln.

Durch gegenseitige Staatsverträge gaben jedoch immer mehr Kaperer auf, hingegen blühte zunehmend das Geschäft der Piraten. Man schätzt, dass es zur Blütezeit um 1680 über 4000 Piraten in der Karibik gegeben hat. Die berühmtesten von ihnen waren Captain Kidd, Captain Blackbeard oder Captain Morgan. Sie waren Engländer und ein Großteil ihrer Mannschaften ebenfalls. Wo kamen sie her? Wie wuchsen sie auf?

Man lebte damals in ihrer Heimat in Großfamilien auf engstem Raum, oft in einem Zimmer. Schlafräume gab es nur in Adelshäusern, sie sind erst eine spätbürgerliche Erfindung. In diesem Raum wurde gemeinsam gegessen, gefeiert, geschlafen und geliebt. Der Beischlaf konnte nicht ungestört in intimer Atmosphäre stattfinden. Die Schamgrenzen waren niedrig, eine Privatsphäre gab es nicht, und sexuelle Scheu war weitestgehend unbekannt.

Kinderarbeit ab dem sechsten Lebensjahr war normal. Oft verließen sie bereits mit 12 Jahren das Haus, weil viele Familien nicht alle Nachkömmlinge er-

nähren konnten. So waren Englands Straßen voll von wandernden Jungen, die auf der Suche nach einer Ausbildung waren, die auf Märkten und in Städten bettelten oder deren Gangs Englands Landstraßen unsicher machten. Viele dieser heimatlosen und heruntergekommenen Jugendlichen fanden zum ersten Mal unter Gleichgesinnten Zuneigung und Freundschaft. Sie wurden in dieser Subkultur aufgefangen, die kaum soziale Kontakte nach außen zuließ, deren Gruppendynamik sie stärkte, und deren Gesetzen sie sich unterwarfen. Für sie war es durchaus üblich, den ersten sexuellen Kontakt unter gleichaltrigen Kumpels zu finden. Die heterosexuelle Welt war für diese soziale Gruppe schwer erreichbar. Für etliche dieser Jugendlichen blieb die homosexuelle Welt des 17. Jahrhunderts ihre erste Welt und später auch die einzige.
In dieser Zeit waren die Sitten wesentlich lockerer als zur späteren Viktorianischen Zeit. Homosexualität war zum Beispiel vor 350 Jahren bekannt als eine sexuelle Form, die geduldet und nicht bestraft wurde. Sex unter Männern wurde akzeptiert, auch mit Jungen. Das betraf sowohl Analverkehr als auch Masturbation, egal wie viele sich hierzu gesellten. Allerdings stand die Schändung von minderjährigen Mädchen unter Strafe.
Viele der jungen Männer auf Englands Straßen und Märkten gingen zur See. Gerade in dieser Epoche entwickelte sich England zur größten Seenation der Welt. Die jungen Männer hörten von der Freiheit auf den Meeren – fremde Länder lockten. Aber auch die soziale Bindung in einer Gruppe von Seeleuten war für sie attraktiv; denn ein homophiles Leben nur unter Männern bildete bereits an Land ihr soziales Umfeld.
Magisch fühlten sich viele der Jugendlichen von der pulsierenden Hafenstadt London und den anderen Häfen Englands angezogen. Hier hatten sie von den ersten Bukanieren in der Karibik gehört, die Jagd auf spanisches Gold machten und schnell zu unvorstellbarem Reichtum gekommen waren. Jeder Engländer kannte die Geschichte des Freibeuters Francis Drake, der den Spaniern den größten jemals auf See geraubten Schatz abgejagt hatte. Auf der Flucht gelang es Drake, seine *Golden Hind* als zweites Schiff (nach Magellans *Victoria*) um die Welt zu segeln, um von seiner Königin Elisabeth I. letztlich geehrt und geadelt zu werden – nachdem er ihr einen ansehnlichen Teil seiner Beute geschenkt hatte. Eine moderne betriebwirtschaftliche Berechnung seines Kapitaleinsatzes gegenüber seinem Erlös ergibt einen Gewinn von zirka 4700 Prozent (in Worten viertausendsiebenhundert)! Verständlich, dass es die chancenlosen Jungen von der Straße auf die Schiffsplanken zog. Sir Francis war ein Held, dem jeder Junge Britanniens zu gerne nacheifern wollte.
Einige stießen direkt zu den Bukanieren, andere musterten erst auf Handelsschiffen an oder wurden auf Kriegsschiffe gepresst. Auch hier herrschte be-

reits eine geschlossene Männerwelt, allerdings unter harten Gesetzen. *„Rum, Bum and the Lash“*(„Rum und Schläge auf den Hintern“), hieß es bei der Royal Navy.
Überdrüssig der brutalen Behandlung und des eingeengten Lebens bei der Marine, nahmen viele der jungen Seeleute die erste Möglichkeit wahr, um zu den Männern unter dem *Jolly Roger,* der Piratenflagge, zu stoßen. Hier lernten sie schnell, dass es nur allzu oft hieß *„Rum and Bum“* .Einige kannten das: „Rum und Hintern“ entsprach ihrer homosexuellen Tradition.
B. R. Burg schildert ausführlich, dass es im England des 17. Jahrhunderts unterschiedliche Möglichkeiten gab, zur See zu fahren, und so vermutet er, dass heterosexuelle junge Männer sich eher in der Küstenfahrt und auf Fischerbooten verdingten, um immer wieder zu Hause sein zu können. Junggesellen gingen eher auf Ostindien- oder Westindienfahrer. Zur Royal Navy wurde man als einfacher Seemann meist gezwungen. Wer aber in seinem jungen Leben ausschließlich homosexuelle Beziehungen gehabt hatte, suchte und fand eine neue, freie Welt bei den Piraten der Karibik – unter der Flagge des *Jolly Roger.*
Piraten lebten in einer geschlossenen Männergesellschaft, die sich aus Gründen der eigenen Sicherheit lange versteckt halten musste und meist völlig abgeschieden von der Welt lebte. Oft warteten sie monatelang in einer einsamen Bucht einer Insel, reparierten hier ihre Schiffe. Kein Dorf, keine Stadt lag in ihrer Nähe. Es gab auch keine Aussicht, demnächst in einem belebten Hafen für längere Zeit zu liegen.
Da, wo es Frauen, Kneipen und Amüsement gab, da warteten auf die Piraten ihre Verfolger, Kriegsschiffe oder der Galgen.
Es gab mit den Häfen von New Providence, Bahamas, und Port Royal, Jamaika, Ausnahmen. Hier wurden Bukaniere geduldet, sogar willkommen geheißen, denn sie brachten viel Geld in die Stadt – aber auch viel Unruhe.
Um das Jahr 1675 war für britische Seeleute Port Royal auf Jamaika nach London die größte Lasterhöhle des Königreichs. Westindienfahrer, Besatzungen der Kriegsschiffe, Piraten, ob hetero- oder homosexuell, verprassten hier ihr Vermögen. Erbeutetes spanisches Gold und Silber landete direkt in den Kneipen und bei den Huren, in den sogenannten *Punch Houses* (wörtliche übersetzt: Stöpsel-Häuser). Bekannte Hafenkneipen hießen: *Sign of Bacchus, Three Mariners, Blue Anchor oder Sign of the Mermaid.* Hier trank man Brandy oder Rum, gewonnen aus den frisch angepflanzten Zuckerrohrfeldern Jamaikas.
Piraten hatten weitaus mehr Geld als Matrosen der Handelsmarine oder Marinesoldaten der Kriegsmarine. Eine gute atmosphärische Beschreibung gibt Captain Johnsons Piratenbuch von 1724: „Man sah sie mit drei, vier bleichen Frauen, kaum eine war nüchtern, grölend tagsüber durch die Straßen ziehen,

meistens mit einem Fiedler vor ihnen. Und wenn ihnen das Geldausgeben zu langsam vorkam, drückten sie es Passanten in die Hand." Johnson beschreibt weiter, dass auch Piraten irgendwann vom Sex zu viel hatten, dass sie „...nach sechs Wochen Aufenthalt des Hurens und Saufens überdrüssig wurden". Damals hieß es, dass mehr Piraten in Bordellen gestorben sein als bei Überfällen. Sicherlich war die Todesursache meist der Alkohol und seine Folgen.

Aus allen Gegenden der Welt kamen Huren nach Jamaika, denn in Port Royal war schnell ein Vermögen zu machen. Um als Hure zu überleben, musste man bei den rauen Gesellen auch Glück haben. Die berühmteste hieß Mary Carleton, bekannter war sie als die deutsche Prinzessin. Sie wurde 1673 gehängt. Eine kleine Episode aus dieser Zeit ist mehr als ein Fingerzeig, dass mancher Pirat mit Frauen nicht umgehen konnte. In einem der Bordelle von Port Royal legte einer von ihnen 500 Gold-Dublonen auf den Tisch einer Hure, nur um diese nackt zu sehen. Sicherlich ein Indiz dafür, dass er sie nicht begehrte. Vielleicht wollte er nur den Unterschied sehen zu nackten Männern, deren Körper er besser kannte.

Piratenkapitän Henry Morgan war nicht gut auf Frauen zu sprechen, insbesondere nicht auf Huren. Jedes Mal wenn seine Schiffe Port Royal anliefen, beschuldigte er sie, an der Armut seiner Piraten schuld zu sein. Vielleicht waren er und seine homosexuellen Freunde auch von dem heterosexuellen Leben in Port Royal angewidert und sehnten sich danach, wieder zur See zu fahren, zurück zu ihrer homophilen Männerwelt.

Diese geschlossene Männerwelt vergleicht der amerikanische Historiker mit der von Gefangenen in Zuchthäusern. Je nach Art der Studie über das sexuelle Verhalten liegt zum Beispiel in den USA die Zahl von männlichen Insassen, die mit anderen Männern Geschlechtsverkehr betreiben, bei 30 bis 45 Prozent. Gleich den Zuchthausinsassen wurde bei den Piraten der Karibik Homosexualität nicht zu einer sexuellen Alternative neben der heterosexuellen Betätigung. Nein, Homosexualität war bei ihnen die einzige Möglichkeit, sich auf dem Schiff oder bei langen Aufenthalten in verborgenen Buchten sexuell zu betätigen. Homosexualität wurde zur Normalität.

Bei den Piraten der Karibik konnte sich Homosexualität frei entwickeln, ohne dass eine ordnende Gewalt darauf Einfluss nahm; denn kein Gesetzgeber, keine Religion konnte ihnen etwas verbieten: es fehlte die heterosexuelle Dominanz. Keiner verfolgte Piraten wegen ihrer homosexuellen Vorlieben. Viele Bukaniere lebten mit ihren meist von Jugend an homophilen Gewohnheiten in einem neutralen Niemandsland. Gewiss eine Einzigartigkeit in der Sexualgeschichte, die die Piraten jedoch nicht verleitete, sie anderen aufzuzwingen. Die Nur-Männer-Gesellschaft, die die Bukaniere der Karibik aufgebaut und auch über einen längeren Zeitraum erhalten hatten, war eine Reflektion ihrer außergewöhnlichen Situation. Sie nannten sich *Brethren of the Coast.*

Die Vereinigung der *Brüder der Küste* gibt es heute noch in vielen Ländern. Inzwischen sind sie ehrenwerte Mitglieder der Gesellschaft, fast alles Segler und ausschließlich Männer. Wie damals die Piraten haben sie alle Spitznamen, und wie damals nehmen sie zu ihren Festen ihre *captives* (Gefangene) mit, das können die Ehefrauen sein, aber auch ihre Freundinnen.

Piraten lebten anonym; man führte kein Schiffsregister, keine Personalakten, kein Logbuch. Wohl kaum einer hatte seinen Geburtsnamen beibehalten. Schon um sich vor Verfolgungen durch die Behörden zu schützen, nahmen sie Phantasienamen an, erhielten schnell einen Spitznamen. Der bekannteste französische Bukanier-Kapitän hieß Jean-David Nau, genannt wurde er *L'Olonnais,* nach seiner Geburtsstadt Sable d'Olonne. Viele hatten homoerotische Spitznamen wie der Franzose *Tape-cul* (Klaps auf den Hintern) oder Captain John Avery, den sie *Long Ben* nannten, und das nicht wegen seiner Körpergröße.

An Bord eines Schiffes gab es kaum Geheimnisse. Hatten zwei Männer ein sexuelles Verhältnis, dann lief diese Neuigkeit schnell von Mund zu Mund. Was aus heutiger Sicht kaum vorstellbar ist – die Liebe zwischen Männern, fand nicht hinter verschlossenen Türen statt, denn diese gab es auf einem Schiff kaum, die Mannschaft lebte im Orlop, dem großen Schlafraum im Vorschiff. Sicherlich hatte man Verstecke oder die Gunst der Dunkelheit genutzt, aber auf einem Schiff war mehr oder minder immer alles öffentlich. Geheimniskrämerei oder Intimität wurden damals nicht gesucht, weil einfach nicht üblich.

Piraten waren sehr jung. Das Durchschnittsalter lag bei einigen Schiffsbesatzungen bei 28 Jahren. Ein 19-jähriger Pirat wurde zum Beispiel in Cape Coast Castle zum Tode verurteilt; er war noch als Knabe zu dem legendären Piratenkapitän Roberts gestoßen.

Die meisten Piraten waren Junggesellen. Aus einer Studie über anglo-amerikanische Seeräuber der Jahre 1716 und 1726 weiß man, dass von den erfassten 521 nur 23 verheiratet gewesen waren. Als die Piratenschiffe eines Kapitäns Bellamy 1717 vor der Küste von Cape Cod, USA, in einen Sturm gerieten und zerschellten, gab es nur acht Überlebende. Sie wurden verhört und laut ihren Aussagen gab es auf Bellamys Schiffen grundsätzlich nur unverheiratete Männer. Verheiratete wurden nicht gezwungen, sich ihrem Piratenschiff anzuschließen.

Für heterosexuelle Piraten gab es außer den Huren in Port Royal und New Providence kaum Frauen in der Karibik. Denn im 17. Jahrhundert kamen zu den Westindischen Inseln fast ausschließlich Männer, die sich für ein paar Jahre verdingten, um dann als reich – oder wenigstens im damaligen Sinn als wohl-

habend –, nach England zurückzureisen. Oder es gab europäische Siedler, die bis auf wenige verheiratete Ausnahmen dasselbe Problem wie heterosexuelle Piraten hatten: sie fanden keine Frauen.
Der männliche Bevölkerungsanteil auf Barbados im Jahr 1635 lag bei 94 Prozent. Auf den englischen Inseln der Antillen (Nevis, Antigua, St. Christopher und Montserat) betrug im Jahr 1678 das Verhältnis Männer zu Frauen 2:1. Zwar schickte Frankreich seinen Siedlern auf der Insel Tortuga (gehört heute zu Haiti) einhundert Huren, damit sie sich mit den Siedlern verehelichten; aber das Experiment wurde nicht wiederholt und galt wohl auch nicht als ein gelungenes Beispiel für die weibliche Besiedlung dieser karibischen Insel.
Blieben den Freibeutern einheimische oder schwarze Frauen. Die ersten waren kaum mehr vorhanden und schwarze Frauen waren Sklavinnen, für die Plantagenbesitzer bezahlt hatten und die demnach nicht „verfügbar“ waren. Von der Insel Nevis ist sogar bekannt, dass Seeleute, die schwarze Sklavinnen begehrten, bestraft wurden.
Anders als nach Nordamerika wanderten so gut wie keine europäischen Familien im 17. Jahrhundert in die Karibik aus. Die Gegend war wegen ständiger Überfälle zu gefährlich, aber noch gravierender war die Angst vor den damals unheilbaren tropischen Krankheiten.
Ein gutes Zeitzeugnis über das Missverhältnis Männer zu Frauen gibt Woodes Rogers wieder, der damalige britische Gouverneur der Bahamas, mit Sitz auf der Insel New Providence. Sehr anschaulich und direkt zur Sache kommend – wie es damals üblich war – gibt er zu Protokoll: „Sie kopulierten ohne Scheu. Dabei nahmen sie sich in aller Ausgelassenheit gegenseitig die Frau des anderen oder ihre eigenen Schwestern und auch Töchter, falls notwendig. Jeder Mann betrachtete Frauen als sein Eigentum.“
Laut Woodes Rogers war die Bevölkerung der Bahamas den Piraten gegenüber nicht feindselig eingestellt. Rogers berichtete, dass man Freibeuter lieber sehe als die königlichen Offiziere. Mit den Piraten ließ sich hervorragend Handel treiben. Vielleicht steckt hinter dieser Aussage auch, dass Piraten zum Teil homosexuell waren und sie es nicht auf die Frauen an Land abgesehen hatten.
Ein überliefertes Gedicht und ein Brief belegen, dass sich auf den englischen Karibikinseln eine ausgeprägte homophile Kultur ausgebreitet hatte. Thomas Walduck, ein Siedler auf Barbados, schrieb 1710 über das Verhalten seiner Landsleute ein Gedicht. Vorauszuschicken ist, wie bereits erwähnt, dass im damaligen englischen Sprachgebrauch das Wort Sodomie für Homosexualität und andere sexuelle Praktiken wie Päderastie stand.

All Sodom's Sins are Centered in thy heart
Death is thy look and Death in every part
Oh! Glorious Isle in Vilany Excell
Sins to the Height – thy fate in Hell

Dein Herz beherbergt alle Sünden Sodoms
Der Tod steht Dir ins Gesicht geschrieben, Tod wohin man sieht
O herrliche Insel, Krone der Gemeinheit
Randvoll mit Sünde – Dein Schicksal ist die Hölle

Madame Margeret Heathcote schrieb 1655 in einem Brief aus Antigua an ihren Cousin John Winthrop: *„And truely, Sir, I am not so much in love with any as to goe much abroad ... they all be a company of sodomites that live here."* („Und wahrlich, mein Herr, bin ich nicht sehr geneigt, mit einem von ihnen an Bord eines Schiffes zu gehen ... denn alle, die hier leben, sind Homosexuelle.") Madame Heathcote hatte sich wohl vor Homosexuellen weniger zu fürchten. Es ist anzunehmen, dass sie den Begriff *sodomites* als „schweinische Burschen" oder landläufig als „Dreckskerle" gemeint hatte, vielleicht als Männer, denen es egal war, ob sie mit Mann oder Frau Geschlechtsverkehr hatten.

Sicherlich verhielt es sich so, dass auf den englischen Inseln Barbados, Jamaika und den Antillen anfänglich kein Bedarf an Frauen war, weil Frauen als minderwertige Arbeiterinnen auf den Feldern angesehen wurden, die schneller als Männer in der tropischen Hitze an ihre physischen Grenzen stießen. Man brauchte sie anfänglich nicht und richtete sich eine Männerwelt ein. Aus dem Übergewicht dieser Männergesellschaft entwickelten sich in der Abgeschiedenheit der Inseln manch homophile Zuneigungen untereinander. Frauen galten in einer homosexuellen Gesellschaft als minderwertige Sexpartner. Man brauchte sie erst, wenn es um Nachwuchs ging. Sicherlich traf das nicht auf alle Männer zu, aber es scheint, dass sich zuerst eine überdurchschnittlich starke homophile Männergesellschaft auf den englischen Karibikinseln etabliert haben könnte.

Was für die Männer an Land galt, traf insbesondere auf Piraten an Bord zu. B. R. Burg geht in seinem Buch nicht darauf ein, ob Piraten, die, angewiesen auf die Männergesellschaft und das Fehlen von Frauen, den sexuellen Kontakt zu Gleichgeschlechtlichen suchten, unter anderen Bedingungen heterosexuelle Partner gewählt hätten. Dies ist jedoch anzunehmen.

In diesem Zusammenhang ist interessant, dass in den Verträgen, die die Piraten unter sich ausarbeiteten, die von Gleichberechtigung und gerechter

Beuteaufteilung handelten, niemals die Rede von homosexuellen Verhaltensregeln ist. Da Piraten nicht prüde waren, ist anzunehmen, dass entweder Homosexualität kaum praktiziert wurde, oder sie eine Selbstverständlichkeit war, über die man sich nicht weiter äußerte. Der zitierte Historiker B. R. Burg vertritt die letztere Annahme.

Wie die Einstellung zu Frauen war, zeigt das Beispiel des gefürchteten Piratenführers Captain Edward Teach, genannt Blackbeard. Wie sein Spitzname sagt, trug er einen mächtigen schwarzen Bart und wilde Haare. Vor einem Kampf dekorierte er seine Haarmähne mit Lunten und zündete diese an, wenn es zum Entern ging. Er soll vielfach verheiratet gewesen sein, seine erste Frau hätte mit ihren Kindern in London ein halbes Leben lang auf ihn gewartet. Daneben hätte er auf verschiedenen Karibikinseln mindestens fünf weitere mit ihm verheiratete Frauen gehabt. In manchen Veröffentlichungen wird von insgesamt zwölf Ehen gesprochen.

Ehefrauen waren damals nicht die Norm, schon gar nicht für Männer auf Piratenschiffen. Offensichtlich konnte Blackbeard mit Frauen nicht umgehen und benutzte sie ausschließlich, um sie zu erniedrigen. Das zeigt das Beispiel seiner bekannt gewordenen letzten Vermählung mit einer 16-jährigen Mrs. Teach in North Carolina. Nachdem er sich angeblich kräftig an seiner Neuvermählten vergangen hatte, „war es bei ihm üblich, fünf bis sechs seiner brutalsten Kumpel an Land zu ordern. Dann zwang er seine neue Frau, sich gegenüber allen zu prostituieren. Einem nach dem anderen. Vor seinem Angesicht.“

Normalerweise ging Captain Blackbeard mit gefangenen Frauen ganz anders um. Er erwürgte sie und warf sie über Bord. Er ließ nur männliche Gefangene am Leben. Frauen waren in seinen Augen zu nichts zu gebrauchen und an Bord unerwünscht; nicht einmal ein Stück Beute.

Captain Henry Morgan, der bekannteste Freibeuter, verachtete Frauen. Bei ihm liegt die Vermutung nahe, dass er ein homosexueller Pirat gewesen war, vielleicht sogar ein Päderast. Nachdem er die spanischen Besitzungen Catalina und Porto Bello erfolgreich überfallen hatte, befahl er, die Frauen gut zu behandeln, was damals unüblich war, und bedeutete, sie nicht zu schlagen und nicht zu vergewaltigen. Man sperrte sie in die Kirchen ein, und keiner seiner Männer tat ihnen Gewalt an. Was immer die genauen Gründe waren, Morgan und seine brutalen Spießgesellen benutzten die Frauen als Geiseln, anstatt an ihnen ihre sexuellen Gelüste zu stillen. Es ist fraglich, ob Morgan und seine Piraten überhaupt Lust auf Frauen hatten.

Man kann annehmen, dass Frauen an Bord von Piratenschiffen zwei Reaktionen auslösen konnten: Sie wurden von dem homosexuellen Teil der Besatzung negiert beziehungsweise als normale Beute betrachtet. Der heterosexuelle

Teil der Besatzung wird nach monatelanger sexueller Abstinenz ganz anders reagiert haben. Begierde mit all ihren Begleiterscheinungen wird vorgeherrscht haben.
Kamen Freibeuter aus unterschiedlichen Gründen mit Frauen nicht klar oder hatten keine Möglichkeiten, mit Frauen Sex zu haben, dann gab es eine weitere Gruppe von potenziellen Sexpartnern. Es waren die Schiffsjungen. Sie kamen meist von überfallenen Handelsschiffen, waren dort Kabinen-Jungen, Kadetten oder gehörten auf Kriegsschiffen zu den Pulverjungen. Das waren wichtige Helfer, die aus der abgesicherten Pulverkammer das Pulver aus der Tiefe des Schiffes über schmale, kleine Treppen und Durchgänge nach oben zu den Kanonen brachten. Das Pulver lagerte in sogenannten Pulverkartuschen, und diese waren zum sicheren Transport mit Flanell umwickelt. Auf See lebten die Jungen mit den erwachsenen Crewmitgliedern zusammen, bedienten sie. Sie nahmen am Leben ihrer Herren teil und wussten mit Sicherheit um deren sexuelle Neigungen.
Die brutalsten Piratenkapitäne wurden weichherzig, wenn es um ihre *boys* ging. Sie setzten zum Teil durch, dass diese an der Beute beteiligt wurden, was sonst nicht üblich war, zumal einige dieser *boys* Schwarze waren. So hatte Kapitän Blackbeard einen geliebten schwarzen *boy.* Captain Charles Swan verliebte sich in einen 7-jährigen Jungen, den er seinen Eltern mit den Worten wegnahm, in Zukunft „viel aus ihm zu machen". William Dampier, einer der ganz großen Freibeuter, übernahm einen Jungen von einem anderen Kapitän. Er war so vernarrt in den Burschen, dass er dessen Mutter gleich mitkaufte.
Auf der Insel Hispaniola entwickelte sich im 17. Jahrhundert die matelotage, eine Beziehung zwischen einem Herrn und seinem meist jungen Diener. Diese Diener nannte man *matelots.* Bei den Piraten wurden *matelots* ein Teil der Männergesellschaft. Aus der anfänglichen Dienerrolle wurde meist eine homophile Freundschaft zwischen Gebieter und „Leibeigenem".
Oft ergab sich aus dieser Beziehung eine Art Lebensgemeinschaft, wobei der Pirat im Falle seines Todes dem *matelot* sein Vermögen hinterließ, denn Frau und Kind hatte er nicht. Die *matelotage* war vielleicht ein Versuch, in das Bordleben auf Piratenschiffen eine Art akzeptierte Männerbeziehung zwischen Herr und Diener einzuführen. Zwar gab es bereits Schiffszimmermann *boys,* Koch *boys,* Kapitän *boys* etc. Aber erst die *matelotage* legalisierte diese bis dato nur geduldete Gemeinschaft, denn unter den Piraten war es nicht unbedingt gern gesehen, mit einem Jungen Sex zu haben.
Mancher Piratenkapitän verachtete diese Praxis. Weniger aus der Ablehnung der Päderastie – da war man nicht zimperlich –, sondern wegen möglicher Unruhen an Bord, sprich Eifersüchteleien. Die Männer, die zum Beispiel unter Bar-

tholomew Roberts dienten, mussten folgendes Bordgesetz unterschreiben: „Kein Junge, keine Frau darf an Bord sein. Sollte ein Seemann eine dieser Personen verkleidet aufs Schiff gebracht und die Letztere zum Sex verführt haben, steht darauf die Todesstrafe.“ Demnach wurde die Verführung eines Jungen nicht mit der Todesstrafe geahndet, nur die einer Frau. Päderastie war demnach bei Piraten lediglich die Verletzung eines Gebotes, kein Verbrechen.

Bei genauerer Untersuchung dieses Phänomens stößt man auf die Rolle des Kapitäns. Immer wieder ging der Kapitän als derjenige an Bord hervor, der sich einen Schiffsjungen hielt, der einen *boy,* einen *matelot* besaß.

Über das soziale Verhalten von Päderasten in der Neuzeit ist bekannt, dass diese sich schlecht oder gar nicht in die Gesellschaft mit Erwachsenen oder Frauen einordnen können. Bei Befragungen mit ihnen stießen Sexualwissenschaftler auf Antworten wie: Knaben sind weniger dominierend, fordern nicht so viel, sind weniger kritisch. Päderasten fühlen sich gegenüber Erwachsenen minderwertig, können sich nicht vorstellen, mit ihnen im Geschlechtsverkehr „zu bestehen“.

Männer wie Kapitän Blackbeard, der seine eigene Frau vergewaltigen ließ, gehörten offenbar zu den päderastisch veranlagten Piratenkapitänen wie William Dampier, Bartholomew Sharp und andere.

Der Historiker B. R. Burg führt aus, dass auch der Piratenkapitän in einer isolierten Rolle an Bord lebte. Die lange Zeit auf dem Schiff, die soziale Isolierung durch die Kapitänsrolle, die hohe Verantwortung, dabei die ständige Spannung – besonders gegenüber einer immer bereiten streitbaren Piratengruppe, die Anspruch auf seinen Posten erhob –, die Unterdrückung seiner Gefühle, besonders seiner erotischen, können Kapitäne auf Piratenschiffe in sexuelle Nöte gebracht haben. Für sie gab es keine hetero- oder homosexuellen Partner, es sei denn, sie nahmen sich einen Bordjungen. Schiffsjungen waren immer dabei. Ein Kapitän konnte sich den besten, willigsten Burschen aussuchen, hatte alle Möglichkeiten des Mächtigen, diesen zu verwöhnen, ihm die Zuneigung zu geben, die er in der Öffentlichkeit niemanden gegenüber zeigen durfte, bis „im besten Fall“ für ihn daraus eine päderastische beziehungsweise homophile Affäre wurde.

Blackbeard war der Archetyp des Päderasten unter den Piratenkapitänen. Sehr wahrscheinlich war er von Ängsten der Minderwertigkeit geplagt, die er durch Anwendung von übersteigerter Gewalt an Erwachsenen auslebte und kompensierte. Er soll seinen schwarzen *boy* über alles geliebt haben. Für einen *boy* war solch eine Liaison die einzige Chance, auf der sozialen Leiter nach oben zu steigen.

Seeleute oder Piraten, die Sex mit Männern an Bord von Schiffen hatten, sahen sich nicht in Konkurrenz zu Männern mit heterosexueller Einstellung. Sie sahen auch nicht, dass Homosexualität mangelnde Männlichkeit bedeutete. Wenn man als Schwuler bekannt war oder als einer, der masturbiert, hieß das noch lange nicht, dass man körperlich schwach, ein Angsthase, ein Weichei wäre oder einen schwachen Charakter hatte.

Ein Hurenschiff für liebestolle Sträflinge

(zirka 1789 bis 1791)

Es besteht die große Wahrscheinlichkeit, dass ein Australier, der seine Vorfahren bis zur *First Fleet,* der ersten Flotte, zurückverfolgen kann, eine Hure oder vorbestrafte Diebin als Ahnin hat. Dass er von Sträflingen abstammt, hat er bereits als Kleinkind gelernt.

Die Sache mit den Huren fing mit einem britischen Schiff namens *Lady Juliana* an, das in die maritime Geschichte als schwimmendes Bordell einging.

Um 1789 lebten im heutigen Sydney 191 weibliche und 568 männliche Sträflinge, bewacht von 211 Marinesoldaten. Hinzu kamen wenige Kinder. Das machte ein Verhältnis von Männern zu Frauen von zirka 4:1 aus. Ein Missverhältnis, das zu Eifersüchteleien und Auseinandersetzungen führte. An die geplante schnelle Vermehrung und an eine Ausbreitung der Kolonie war nicht zu denken. Zu viele Männer hatten keine Frau und auch keine Aussicht, je eine Frau zu bekommen. So kam es, dass wegen des jahrelangen Frauenmangels Männer sich immer häufiger ihren Geschlechtsgenossen zuwandten. Eine Kolonie von Homosexuellen – das war ein schlechter Start.

Was konnte der Gouverneur tun? Die Frauen der einheimischen Aborigines verweigerten sich den liebestollen Eindringlingen. Auch die nicht all zu weit entfernt lebenden Polynesierinnen wollten nicht ihre Heimat verlassen. So kam Gouverneur Arthur Phillip von New South Wales auf die Idee, Frauen aus der Heimat kommen zu lassen. Er wusste natürlich, dass keine ehrbare Dame aus dem Königreich freiwillig ein Schiff betreten würde, das in die Sträflingskolonie am Ende der Welt fuhr. Er ließ London seinen Wunsch wissen und wartete mehrere Jahre auf die Entscheidung.

Nun, London entschied sehr pragmatisch.

Zu dieser Zeit quollen die Gefängnisse in England über. Tausende von Gefangenen, Männer und Frauen, wurden zusätzlich in ausgedienten Schiffen an der Südküste oder auf der Themse eingesperrt. Damals waren die Gesetze hart, die Strafen noch härter. Hatte zum Beispiel ein Zimmermädchen sich auf

ein Abenteuer mit einem Bediensteten eingelassen und wurde schwanger, verlor sie nicht nur ihre Ehre, auch ihre Anstellung und meist den Schutz der eigenen Familie. Viele landeten in den Amüsiervierteln der Hafenstädte, um dort Geld zu verdienen. Manche wurden zur Prostitution gezwungen, so wie man ihre Freier zur Seefahrt gepresst hatte. Im falschen Quartier aufgegriffen, landeten sie schnell im Frauengefängnis. Allein das Entwenden eines Leinentuchs in einem der vielen Stoffläden oder die falsche Anklage einer eifersüchtigen Herrin konnte viele Jahre Kerker bedeuten.
So lag die Idee der Regierung nahe, das Ungleichgewicht der Geschlechter im fernen Sydney Cove durch weibliche Sträflinge aus den überquellenden Gefängnissen Englands auszugleichen. Den Frauen versprach man die Freiheit und die Möglichkeit, mit neu verdientem Geld nach etlichen Jahren die Heimreise auf Wunsch antreten zu können.
Weibliche Sträflinge für männliche Sträflinge, so lautete die Logik im Königreich. Zumal man bereits in der damals neuen Kolonie Virginia, im fernen Amerika, gute Erfahrung mit ersten Transporten von ehemals eingekerkerten Huren gemacht hatte. Ausgerechnet das Schiff *Virgin Queen,* benannt nach der jungfräulichen Königin Elisabeth I., landete hier im Jahre 1619 mit einhundert Dirnen an Bord.
Auch die Franzosen haben, wie bereits erwähnt, mit eingekerkerten Huren Besiedlungspolitik betrieben. Ihren frauenlosen Siedlern auf Tortuga und auf der entfernten Insel Réunion im Indischen Ozean schickten sie Ex-Huren zur Fortpflanzung.
Der Name des Schiffes, das Diebinnen und Dirnen nach Australien bringen sollte, war ebenfalls treffend gewählt: *Lady Juliana.* Über ein halbes Jahr lang lag sie in der Themse, bevor sie am 29. Juli 1789 mit genau 239 verurteilten Frauen in See stach.
Laut der Zeitung *Times* durfte sich jeder der 30 Seeleute und sechs Offiziere für die Dauer der Reise eine Frau aussuchen. Kaum war die Küste des Vaterlandes – oder soll man in diesem Fall Mutterland sagen – außer Sicht, wurden die Frauen an Deck geführt. Die begehrtesten Frauen spürten im Nu eine starke Seemannshand und wurden unter Deck zu ihrer neuen Kajüte oder Koje geführt.
Ein gewisser John Nicol war als Steward dabei, er hat über diese Reise genauestens in seinem viele Jahre später erschienenen Buch *Seefahrer* berichtet. Zweihundert Jahre später hat die Australierin Siân Rees neu recherchiert und das Buch „Das Freudenschiff“ *(The floating Brothel)* herausgebracht.
Diese gefangenen Frauen hatten in England in kalten, nassen und dreckigen Gefängnissen gehaust. Sie waren verwahrlost. Ihre Haare und Bekleidung wim-

melten von Flöhen und Läusen. Auf der *Lady Juliana* waren die Frauen im vorderen Unterdeck untergebracht. Hier machte sich das Stampfen eines Schiffes besonders bemerkbar. Kam Wasser über, wurde die Hauptluke geschlossen; eine andere Belüftung gab es nicht. Dann herrschten dort unten Hitze, Feuchtigkeit, Gestank – und das bei trostlosem Schummerlicht. Die Frauen wurden seekrank, säuerlicher Geruch von Erbrochenem kam hinzu. Von unten, aus den Bilgen des Schiffes, strömte der Gestank von faulem Wasser zu ihnen hoch, was das Unwohlsein noch förderte.
Die von den Matrosen ausgewählten Frauen waren demnach froh, eine bessere, halbwegs saubere Schlafstelle erhalten zu haben. Ihr Seemann war nicht nur ihr neuer Liebhaber, er war auch ihr Beschützer und Ernährer – solange die Reise währte.

Die *Lady Juliana* benötigte über elf Monate für die Überfahrt. Den Männern, an solche langen Reisen gewöhnt, konnte es in diesem Fall nicht lange genug dauern. Sie waren sich mit Sicherheit „der Ehre“ bewusst, auf dem ersten reinen „Hurentransporter“ der Welt dabei sein zu dürfen.
Frauen im Überfluss! Das hatte es noch nie gegeben.
Jeder Matrose hatte, wie erwähnt, das verbriefte Recht, sich eine Frau aussuchen zu dürfen. Stellte sich im Laufe der Reise heraus, dass seine Wahl des ersten Tages nicht die richtige gewesen war, dann konnte er beliebig oft tauschen. Es warteten noch weitere zweihundert Frauen im feuchten, stinkigen und überfüllten Unterdeck, die fast alle nur zu gerne in einer Zweierkoje schlafen würden.
Die Jüngste an Bord war elf Jahre, die Älteste 68 Jahre alt, aber die meisten waren junge Frauen, manche sogar aus gutem Haus. Es gibt heute noch genaue Aufzeichnungen in den Archiven über diesen Frauentransport. Schiffstransporte jeder Art hat die britische Admiralität immer sehr genau dokumentiert.
Der erste Stopp der *Lady Juliana* wurde auf Teneriffa eingelegt. Man bunkerte hier günstig Proviant und Wasser. Das dauerte nicht Tage, sondern Wochen, denn jeglicher Proviant musste in Fässern heran transportiert werden. Teneriffa war damals ein wichtiger Versorgungsstützpunkt, sodass dort immer viele Schiffe ankerten. Besonders Sklavenschiffe machten gerne auf Teneriffa einen Zwischenstopp. Der Anker der *Lady Juliana* hatte noch nicht einmal richtig gefasst, da wusste auch der letzte Seemann auf den Nachbarschiffen und jeder Schauermann an Land, dass Taschendiebinnen, Landstreicherinnen, Betrügerinnen und Huren an Bord des Neuankömmlings waren. Und in Windeseile war für jedermann auf Teneriffa klar, dass ein schwimmendes Bordell im Hafen lag.

Das hatte es in der Geschichte der Seefahrt noch nicht gegeben! Die *Lady Juliana* war das einzige Bordell der Welt, zu dem die Männer von Land aus hinruderten; traditionsgemäß nahm man sie den umgekehrten Weg.
Wohl dem Seemann und Offizier an Bord, der eine der Frauen sein Eigen nannte. Denn jetzt konnte er mit ihr sein Einkommen aufbessern. In Sachen Sex war man nicht zimperlich. Die britischen Seeleute wurden zu Zuhältern. Spanier, Portugiesen, Holländer, Amerikaner, Engländer kamen an Bord, machten mit dem Galan einen Preis aus und liehen sich für ein Schäferstündchen die Frau ihrer Wahl. Man teilte fifty-fifty zwischen Dirne und Seemann. Die Seeleute hatten stets den Überblick über das Treiben; denn natürlich durfte keine der Sträflingsfrauen das Schiff verlassen. Nur ein paar Offizieren war es erlaubt, mit ihrer Geliebten an Land zu übernachten.
Auf dem 36 Meter langen Dreimaster spielten sich Liebesakte an Deck, unter Deck und in den verstecktesten Winkeln des Schiffes ab. Die Freier brachten nicht nur ihre Liebesabsichten mit an Bord, sondern auch Tabak, Gin, Rum und Wein. Während der mehrwöchigen Liegezeit fand hier eine nicht enden wollende Orgie statt.
Begierig nahmen viele der Frauen die Chance auf ein paar Meter Stoff für ein neues Kleid, für Schmuck, Schminke, Gin oder eine Extraportion Essen wahr. Tag und Nacht kamen kleine Beiboote mit liebeshungrigen Seeleuten und liebestollen Insulanern zum Fallreep der *Lady Juliana.*
Wohl jeder Mann an Bord hat von dem Handel Liebesdienste gegen Geld profitiert. Wo es Huren gibt, da gibt es auch Zuhälter. Von den 36 Männern an Bord hatten sich einzig Kapitän Aitken und Leutnant Edgar enthaltsam verhalten. Und dennoch, so erzählte der Seemann und Steward John Nicol, damals 34 Jahre alt, partizipierten beide Herren an der Hurerei. So mancher Besucher musste dem Kapitän und seinem Offizier als Gastgeschenk ein Fass Madeira, eine Kiste feiner Zigarren, eine Flasche Brandy oder ein paar Flaschen Wein auf den Tisch stellen. Jeder an Bord der *Lady Juliana* dürfte am Sex verdient haben.
Im damaligen Königreich England sagte man über die Situation der Frauen ganz offen: In einer freien Gesellschaft kommt eine verheiratete Frau gleich hinter einer Sklavin und eine unverheiratete auch! Aus dieser Sicht war es eine Ironie des Schicksals, dass viele der Dirnen ausgerechnet mit Männern von Sklavenschiffen ein mehrwöchiges Verhältnis eingingen. Diese hatten das Geld und nutzten die Gelegenheit, denn ein Hurenschiff war ihnen so selten begegnet wie der „Fliegende Holländer".
Die Sehnsucht nach den englischen Huren muss so groß gewesen sein, dass zwei dieser Sklavenschiffe die *Lady Juliana* noch viele Tage auf dem Atlantik begleiteten. Besonders die ersten Tage auf See waren windarm. Ständig ru-

derten liebeshungrige Sklavenhändler, die Taschen voller Silberdollars und Geschenke, zum dümpelnden Hurenschiff hinüber. Eine groteske Vorstellung: ein segelndes Bordell mitten auf dem Atlantik!
Um zu dem nächsten Ziel, dem Kap der Guten Hoffnung, zu gelangen, müssen auch heute noch Segler mit ihren Yachten wegen der Strömung und den Winden weit nach Westen steuern, fast bis nach Brasilien. Man kommt dabei durch die Doldrums, wie die windstillen Zonen heißen. Hier war es nicht einfach, die Mannschaft auf Deck zu Disziplin anzuhalten, wenn gleichzeitig auf demselben Deck Dutzende von leicht bekleideten Frauen Schatten suchten, sangen, lachten und sich amüsierten. Unter Deck konnte man sich im Vorschiff nicht mehr aufhalten. Es waren nicht nur die Hitze und die Feuchtigkeit, die den Frauen kaum Luft zum Atmen ließ. Durch die Sonneneinwirkung schmolz der Teer, der die Decksbretter abdichtete und er tropfte auf die Körper der Frauen, die sich schmerzhafte Verbrennungen zuzogen. So lungerten tagsüber über zweihundert Frauen auf dem Deck herum.
Entgegen seinem Plan musste Captain Aitken Rio de Janeiro anlaufen. Ein Leck, einzelne Fälle von Skorbut und über 60 Kranke machten diesen Zwischenaufenthalt nötig. Besagter Steward John Nicol erinnert sich, dass er in Rio neun Babygarnituren für Neugeborene besorgt hatte. Unter anderem für sein eigenes Kind. Denn bereits auf der Themse hatte sich John Nicol in Sarah Whitelam verliebt und sie in seiner Kajüte aufgenommen. Er schrieb über ihr Kennenlernen: „Sie gefiel mir bereits in dem Moment, als ich den Bolzen ihrer Kette auf dem Amboss wegschlug." Sarah hatte ihrem neuen Freund John erzählt, sie wäre wegen einer Lappalie bestraft worden. Sie hätte sich lediglich einen Schleier geliehen. Man habe sie jedoch wegen Diebstahls angezeigt. Im Prozess hätte sich dann die ursprüngliche Anklage auf Missbrauch einer Freundschaft zu der eines schweren Verbrechens hochgeschaukelt. Aber das war eine Lüge. Inzwischen weiß man, dass Sarah in Wirklichkeit einen Tuchladen ausgeraubt hatte. Das Urteil: Sieben Jahre Verbannung am Ende des Ozeans *(Transportation to Parts Beyond The Seas)*.
In Rio wurde das Schiff gründlich überholt. Viele Wochen lag es vor Anker und die Hitze machte es wieder einmal unmöglich, sich tagsüber unter Deck aufzuhalten. Umso aktiver war der Liebesbetrieb in den kühleren Nächten. Wieder partizipierte die Mannschaft, wieder drückte die Schiffsleitung auf dem Achterdeck beide Augen zu und ließ sich mit einer Art Liebeszoll beschenken, wie schon auf Teneriffa.
Die dritte Station war Kapstadt. Hier verproviantierten sie sich für die lange Etappe nach Sydney. Es war die letzte Station, bevor sie zu dem sechsten Kontinent aufbrachen; die letzte Möglichkeit, durch Liebesdienste Geld zu verdie-

nen, Geld, das es in New South Wales kaum zu verdienen gab. Viele weibliche Sträflinge machten von diesem letzten Angebot Gebrauch. Auch in Kapstadt hatte man ein schwimmendes Bordell noch nicht gesehen. Walfänger, Gewürzhändler, Ostindienfahrer und sogar Buren besuchten die Huren.
Die Zeit drängte. Kapitän Aitken gab Order zum Aufbruch. Es wurde eine kalte, dreimonatige Reise durch den stürmischen südlichen Indischen Ozean, die die *Lady Juliana* und ihre gemischte Mannschaft durch Passagen führte, in denen sie mehrfach Untergang und Tod nahe waren. So war es den Frauen bei ihrer Ankunft im Hafen der Botany Bay, in Sydney Cove, fast egal, welcher Sträfling sie begehrte, Hauptsache, sie waren mit dem Leben davongekommen.
Das war nicht so selbstverständlich. Normal war, dass auf solch einer Reise eine große Anzahl der Passagiere starb, weil Ernährung, Hygiene und medizinische Versorgung katastrophal waren. Die Frauen auf der *Lady Juliana* hatten aber das Glück, durch lange Hafenaufenthalte, Geld für besseres Essen und keine harte Arbeit relativ gesund an Bord gelebt zu haben.
London hatte sie nicht als zusätzliche Konsumenten in diese karge Gegend geschickt, sondern aus zwei Gründen: Um die sexuellen Bedürfnisse der Männer zu befriedigen und um als Fortpflanzungsgaranten dieser jungen Kolonie zu dienen.
Nein, Seemann und Steward John Nicol durfte nicht bei seiner Sarah bleiben. Captain Aitken benötigte jeden Mann an Bord für die Weiterfahrt nach China. Und so irrte Nicol noch viele Jahre über die Weltmeere, auf der Suche nach einer Heuer nach Sydney Cove; es sollte nicht sein. Was gut war, denn Sarah Whitelam, Mutter seines Sohnes, heiratete einen anderen Sträfling, nur kurze Zeit später, nachdem die *Lady Juliana* Sydney Cove verlassen hatte. Nach zwanzig Jahren hat sich John Nicol enttäuscht nach Schottland zurückgezogen und dort einem Schreiber seine Lebensgeschichte berichtet.

Vom Schiff direkt in den Harem

(zirka 1520 bis 1820)

Rotes Kopftuch, eine Frau im Arm, den blitzenden Säbel in der Hand, dazu das freche Eroberungsgrinsen von Burt Lancaster. *Der Rote Korsar,* so hieß der Film. Im Arm hielt Lancaster damals Eva Bartok. Der andere Hollywoodfilm über Korsaren* war ein Stummfilm aus dem Jahr 1928 und hieß *Der*

**** aus dem Italienischen corsaro = Seeräuber, lateinisch: cursarius = Ausfahrt zur See***

Seefalke. Es ging um das Leben des Engländers Sir Francis Verney, der nach einem Erbstreit sein Heimatland verließ und Korsar wurde. Er meinte sich dadurch an seinen Landsleuten rächen zu können, raubte Schiffe vor Poole und Plymouth aus und brachte seine Beute nach Algier.
Algier war auch der Hauptschauplatz der Korsaren Nordafrikas. Sie waren Seeräuber, die hauptsächlich im westlichen Mittelmeer ihr Unwesen trieben. Meist waren Korsaren Berber, deren muslimische Herrscher sie gegen Handelsschiffe schickten, die unter der Flagge christlicher Länder segelten. Sie hatten ihre Stützpunkte in den nordafrikanischen Häfen von Tripolis, Algier und Tanger bis nach Salé an der atlantischen Küste Marokkos. Ihre Beutezüge führten sie jedoch weit über das Mittelmeer hinaus bis nach England, Irland und sogar bis Island, wo 400 Einheimische geraubt worden waren. Aber ihr ergiebigstes Einsatzgebiet lag direkt vor der Haustür, denn alle Schiffe, die in das Mittelmeer oder aus ihm heraus durch die Straße von Gibraltar wollten, mussten an ihrer Küste vorbei segeln. Ihre Blütezeit hatten Korsaren im 17. und 18. Jahrhundert. Erst zu Beginn des 19. Jahrhunderts wurde ihnen endgültig das Handwerk gelegt.
Man nannte Korsaren auch Barbaresken, nach ihren Stammbesatzungen, den Berbern. Das Geschäft der Korsaren lief so gut, dass sich auch Italiener, Spanier oder Engländer, nach dem Übertritt zum Islam, als Korsaren verdingten, Überfälle durchführten und die Beute in den muslimischen Ländern Nordafrikas eintauschten. Man nannte sie Renegaten – Abtrünnige der christlichen Kirche. Sie handelten nach dem römischen Motto *pecunia non olet,* Geld stinkt nicht. Geld stank auch den Ordensrittern auf Rhodos und Malta nicht, die sogar im Auftrag des Johanniterordens Korsaren anheuerten und plündern ließen.
Korsaren überfielen jedes Handelsschiff, dessen sie habhaft werden konnten. Aber ihre begehrenswerteste Beute waren Frauen. Paschas, Emire und Sultane besaßen zwar die Reichtümer dieser Welt, aber sie hatten keine weißen Frauen für ihre Harems. Die Krönung eines Harems war eine europäische Jungfrau. Aber wie an sie herankommen, wenn die Europäer die besseren, schnelleren Schiffe besaßen?
Die Berber und andere muslimische Mittelmeeranrainer lernten schnell, entwickelten kleine Galeeren für den Küstenbereich. Mit ihnen kaperten sie große europäische Schiffe, die besser geeignet waren für Fahrten auf hoher See. Schließlich hatten auch sie Vorbilder wie Francis Drake, dessen erfolgreicher Überfall auf das spanische Gold in allen Hafenkneipen der Welt, wie auch in den Kaffeehäusern Nordafrikas, Thema Nr. 1 war. Mit neuen gekaperten größeren Schiffen war es auch möglich, Korsaren auf den Atlantik zu schicken.
Im Mai 1623 tauchte der englische Korsarenkapitän John Nutt mit 28 Schiffen

vor der irischen Küste auf. Nutts Korsaren plünderten vor Dungarvan Harbour, das circa 50 km nordöstlich der irischen Hafenstadt Cork liegt, eine Bark, einen Großsegler mit drei Masten und nahmen ein Dutzend Frauen gefangen. Kapitän Nutt beanspruchte für sich selber die Frau eines Sattlers und hielt sie eine Woche in seiner Kajüte fest. Der Rest der Frauen wurde sogleich von der Mannschaft vergewaltigt. Dieser Umgang mit Frauen war eigentlich auf Korsarenschiffen unüblich, denn sie bekamen mehr Geld für Frauen, an denen sie sich nicht vorher vergriffen hatten. Den Sklavenhändlern in Nordafrika wurde sofort durch Mittelsmänner mitgeteilt, was mit den Frauen an Bord geschehen war. Sklavenhändler befühlten ihre „Ware" und überprüften den Zustand der Zähne, den Umfang des Körpers und im Zweifelsfall wurde auch physisch geprüft, ob die Frau noch Jungfrau war oder nicht.
Wie international die Korsarenschar war, zeigt das Beispiel des Holländers Jan Jansz van Haarlem, der den muslimischen Namen Murat Raïs angenommen hatte (raïs = Kapitän). Er überfiel 1631 die Stadt Baltimore an der Südwestküste Irlands. Dort nahm er 109 Männer, Frauen und Kinder gefangen und verschiffte sie nach Algerien, wo sie auf dem Sklavenmarkt verkauft wurden.
Wegen der zunehmenden Piratengefahr erließ bereits Heinrich VIII. im 16. Jahrhundert ein Gesetz, das Piraterie nicht nur auf See bestrafte, sondern auch in Häfen, Buchten, Flüssen – überall da, wo die Admiralität zuständig war. Auf dieses Gesetz konnte die britische Admiralität später bei der Bekämpfung von Korsaren zurückgreifen.
Einer der gefürchtetsten Korsaren war der Barbareske Aruj Barbarossa (Rotbart). Er organisierte ganz gezielte Überfälle, egal ob auf Schiffe oder auf Häfen. Aruj Barbarossa hatte von der besonderen Schönheit der Contessa Giulia Gonzaga in der italienischen Stadt Fondi gehört. Im Auftrag des osmanischen Sultans wollte er sie entführen und sie des Sultans Harem in Konstantinopel zuführen. Die Gräfin bekam rechtzeitig von ihrer geplanten Entführung Nachricht und entkam. Fürchterlich war die Rache des Barbaresken, der die Stadt verwüsten ließ und ihre Einwohner tötete oder versklavte.
Den Babaresken ging es um männliche Sklaven, Frauen für die Harems und natürlich um fette Beute. Doch bald erkannten sie, dass europäische Königshäuser oder reiche Familien auch Lösegelder zahlten. So gelangte an den englischen Hof folgendes Angebot: Wir tauschen gerne arbeitswillige englische männliche Sklaven gegen wollüstige Frauen. Dieses Angebot führte im Jahre 1640 in Whitehall zu einer Anfrage im Parlament. Dabei stellte sich heraus, dass die Barbaresken bereits dreitausend englische Männer, Frauen und Kinder in Gefangenschaft hielten, was eine Lösegeldsumme von zirka 150.000 £ ausmachte.

Der Gesandte Edmund Casson wurde mit einem Betrag von 40.000 £ nach Algier geschickt; er sollte so viele Gefangene mitbringen wie möglich. Tatsächlich kam er nur mit 244 Ex-Sklaven zurück. Casson hatte gut Buch geführt, denn er führte sie mit Namen und Lösegeld-Betrag auf. So zum Beispiel: 200 £ für Elisabeth Mancor aus Dundee, 800 £ für Sarah Ripley aus London, 1000 £ für Mary Ripley und ihre zwei Kinder, 1000 £ für Alice Hayes aus Edinburgh oder 1392 £ für Mary Bruster aus Youghal in Irland.

Diese Frauen und Kinder stammten aus überfallenen Schiffen vor der englisch-irischen Küste; ein klarer Beleg dafür, dass es bereits um das Jahr 1640 üblich war, Frauen mit an Bord zu haben. Der englische Konsul in Tanger dokumentierte im Jahr 1680, dass von den 200 englischen Gefangenen von gekaperten Schiffen fünf bis zehn Prozent Frauen wären.

Um ihre schmalen, wendigen Galeeren, mit denen sie nur in Küstennähe operierten, schneller zu machen, hatten die Barbaresken die Rümpfe mit Fett eingeschmiert. Sie ließen sich bei Flaute von angeketteten Sklaven zu den dümpelnden Handelsschiffen rudern und stießen dabei ein furchterregendes Kriegsgeschrei aus. Oft saßen an den langen Ruderriemen auch Landsmänner der Überfallenen. Damit sie ihre Landsleute nicht warnen konnten, wurden ihnen Korkstücke in den Mund gesteckt. Ihr „Arbeitsplatz" war voller Unrat, denn über Tage ließ man sie angekettet, sodass sie ihre Notdurft hier verrichten mussten.Die weiblichen Passagiere nahmen bei der Annäherung unbekannter Schiffe sofort ihren Schmuck ab; nicht weil sie Angst hatten, dieser würde ihnen abgenommen. Vielmehr wollten sie ärmlich wirken, damit sie bei eventuellen Lösegeldforderungen nicht zu hoch eingestuft würden.

Frauen wurden von Korsaren als Erste untersucht. Dabei wurden diejenigen mit Schwielen und Warzen, die Mageren, Verkrüppelten und Alten ausgesondert. Besonders hochwertig waren Frauen mit bleicher Haut, je heller desto wertvoller. Man zwang sie, Brechmittel einzunehmen, damit eventuell geschluckte Edelsteine oder Münzen wieder zum Vorschein kämen.

An Land brachte man Frauen zuerst in das Haus des Kapitäns. Wie bei vielen wohlhabenden Arabern gab es einen abgesonderten Trakt für die Frauen, mit Mauern, verziert durch luftdurchlässige Ornamente anstatt Fenstern. Dahinter hingen Holzjalousien, die tags nur schummriges Licht zuließen. Eisengitter verhinderten jeden Fluchtversuch. Die Frauen blieben hier, bis der Sklavenauktionator kam. Er prüfte die Qualität der Frauen, ihren Marktwert. Natürlich hatte er durch Tasten schnell herausgefunden, welche Frau Jungfrau war und welche nicht. Jungfrauen waren für höchste Stellen reserviert. Außerdem musste ein guter Auktionator erkennen, welche Frau sich für einen Harem eignet, für welche man ein Lösegeld heraushandeln konnte, welche für harte Arbeit taugte.

Gefangene Seeleute kamen bei den Nordafrikanern als Ruderer auf deren Galeeren und wurden dort angekettet. Andere männliche Sklaven mussten bisweilen sogar Pflüge ziehen, was man bereits damals Pferden und Ochsen überließ. Die einzige Möglichkeit, nicht in die Sklaverei zu gelangen, nannten englische Gefangene *to turn Turk,* Moslem zu werden.
Aber es gab für europäische Seeleute auch ganz andere Erfahrungen. In französischen Aufzeichnungen ist zu lesen, dass der englische Matrose Mr. Penmal 1804 von algerischen Piraten gefangen genommen wurde. Es fielen ihm bei den Korsaren kleinere, schmalere Gestalten auf, die offensichtlich weibliche Piraten waren. Später stellte er fest, dass es nicht unüblich für muslimische Witwen und kinderlose Frauen war, sich auf Piratenschiffen zu verdingen. Eine dieser Piratinnen bot dem verwundeten Seemann an, ihn in ihrem Hause zu pflegen – seine Verwundung hatte ihn wohl vor dem Sklavenmarkt bewahrt. Ihr ungepflegtes Äußeres ermutigte Mr. Penmal nicht gerade, dennoch ging er mit ihr. Ihr Name war Jossabee und sie half ihm mit Kräutern und Salben, seine Wunden zu pflegen. Bei den Nachbarfrauen musste es sich herumgesprochen haben, dass ein „Ungläubiger" in ihrem Haus lebte. Die Frauen konnten sich den „kleinen Unterschied" zwischen einem Moslem und einem Unbeschnittenem nicht vorstellen. Mr. Penmal berichtete, dass die Frauen sehr an seinem „besten Stück" interessiert waren. Und so kam es, dass sich der unbeschnittene Matrose dem Willen der Frauen „ergeben musste".
Für Frauen, die in einen Harem kamen, gab es ein Leben lang kein Entkommen mehr; sie waren wie in einem Sicherheitstrakt unter strengster Bewachung für immer eingesperrt. Das Licht in den Haremsräumen war so dunkel, dass man kaum etwas erkennen konnte. Die Frauen lebten ständig in diesem Schummerlicht, bis auf die kurze Zeit, in der ihnen ein Spaziergang im Garten erlaubt wurde – ähnlich reglementiert wie heutzutage der Ausgang in den Hof eines Zuchthauses.
Die einzigen Männer, die Zutritt zu einem Harem hatten, waren der Haremsherr und seine Wächter, die Eunuchen. Jeder andere Mann, der sich Zugang verschaffte oder auch nur im Haremsgarten erwischt wurde, wurde geköpft.
Im Jahre 1692 berichtete ein Francis Brooks aus Bristol, der von einem Sklavenmarkt in Marokko entkommen konnte, über das Schicksal von vier englischen Frauen. Ein italienischer Abtrünniger namens Veneziano Raïs, also ein Kapitän aus Venedig, der für Marokko kaperte, überfiel im Jahre 1685 ein englisches Schiff auf dem Weg von London nach Barbados. Wie auch heute, wählte man den Segelkurs über die Kanarischen Inseln, um dort noch Proviant und Wasser zu bunkern, bevor man etwas südlicher die Passatwinde zu fassen bekam. Schon damals lautete die Routenplanung unter englischen Seeleuten et-

was flapsig: Segle so lange Süd, bis die Butter schmilzt, von da ab Kurs West gegen die untergehende Sonne halten.

An Bord befanden sich zwei Mütter mit einer jüngeren und einer älteren Tochter. Begierig, eine lohnende Beute gemacht zu haben, erkundigte sich der Korsar bei der jüngeren Tochter, ob sie verheiratet wäre. Nein, war die Antwort. Das hieß für den Korsar, sie war Jungfrau. Für den italienischen Kapitän in Diensten eines marokkanischen Herrschers bedeutete das fette Beute.

Um den Wert seiner Beute nicht drastisch zu reduzieren, sperrte er die junge Frau in seiner Kajüte ein, bevor einer seiner Männer ihr die Unschuld nehmen konnte. Er steuerte schnell auf den Hafen von Salé zu, um sein Prachtstück zu versilbern.

Von hier aus wurden die vier Frauen nach Meknès gebracht (zwischen Rabatt und Fès). Der oberste Eunuch begutachtete sie und bestätigte mit Entzücken dem Kapitän, dass in der Tat eine der beiden jungen Frauen eine Jungfrau wäre. Diese wurde sofort in den prachtvollen Haremspalast des Herrschers von Marokko gebracht, während die drei anderen englischen Frauen in den Palast des Vizekönigs beordert wurden.

Groß muss die Panik des jungen Mädchens gewesen sein, von ihrer Mutter und den anderen Frauen getrennt worden zu sein. Sicherlich hatten ihr die Älteren angedeutet, was passieren könnte. Und in der Tat muss der Obereunuch sogleich seinem obersten Chef, Mulai Ismail, dem Herrscher Marokkos, die freudige Mitteilung gemacht haben, er habe eine christliche Jungfrau für ihn.

Mulai Ismael war bekannt für seine Grausamkeit, die er oft selbst an seinen Gefangenen verübt haben soll. So wird überliefert, dass er einen lebenden Mann durchgesägt haben soll. Er ließ Raubtieren lebende Sklaven zum Fraß vorwerfen. Und ein anderer englischer Zeitzeuge überlieferte, dass er gesehen habe, wie der Herrscher mit eigener Hand 27 Schwarze mit der Lanze getötet hatte.

Es wird berichtet, dass dieser Mulai Ismail einen der größten Harems besaß und bei seinem Tod im Jahr 1720 über fünfhundert Söhne zählte. Töchter wurden offensichtlich nicht gezählt. Eine christliche Jungfrau war ihm noch nie zur Defloration übergeben worden. Es war ein großes Ereignis, und es wurden Vorbereitungen getroffen, dieses Fest des persönlichen Triumphes ganz besonders zu feiern.

Vorher musste noch Allahs Gesetzen Folge geleistet werden; denn einem gläubigen Moslem war es nicht gestattet, mit einer „Ungläubigen" das Lager zu teilen. Folglich musste sich die christliche Engländerin zuerst zum Islam bekennen.

Besagter Zeitzeuge, Mr. Francis Brooks aus Bristol, berichtete weiter, dass der

Herrscher ihr großartige Versprechungen gemacht hatte, wenn sie sich freiwillig zum Islam bekennen würde. Sie wurde in die Palasträume geführt. Es roch nach Myrrhe und Weihrauch, Fackeln brannten, überall lagen weiche Teppiche und bestickte Kissen. Der Herrscher empfing die „Ungläubige" in seinen Palasträumen in bunter Tracht aus prächtigen Tüchern, auf dem Kopf einen kunstvollen Turban, um den Bauch einen seidenen Gürtel, in dem ein Krummdolch steckte. Aber zum großen Erstaunen des mächtigen Mulai Ismail lehnte die junge Frau alle Vorschläge brüsk ab.
Noch nie hatte ihm jemand widersprochen, und jetzt kam diese Engländerin und wagte es, seine Bitte abzulehnen. Er ließ sie mit einer Peitsche von dünnen Schnüren auspeitschen, bis sie ohnmächtig wurde. Man brachte sie wieder in den Harem und ordnete an, dass keine der Frauen ihr helfen durfte. Nach einigen Tagen begann er mit neuen grausamen Folterungen, bis sie irgendwann aufgab. Die junge Engländerin musste ihren christlichen Glauben verleugnen und nahm den islamischen an, indem sie flüsternd die Standardworte ihres Peinigers, des Herrschers von Marokko, wiederholte: „Es gibt keinen Gott außer Gott, und Mohammed ist sein Prophet."
Mulai Ismail hatte seinen Willen durchgesetzt. Er ließ sie festlich in seidene Gewänder kleiden und behängte sie mit kostbarem Schmuck. Sie trug rote Sandalen und an den Fesseln und Handgelenken silberne Schäkel. Nicht als ein Zeichen ihrer Gefangenschaft, sondern als ein Zeichen der Unterwürfigkeit unter den Tyrannen, wie es alle Damen im Harem trugen.
Der Chronist Mr. Francis Brooks berichtete, dass nach langer Vorbereitung endlich die Zeit für den Herrscher gekommen war, sein Opfer zu deflorieren. Nachdem dieses geschehen war, hatte er jegliches Interesse an ihr verloren.

Eine unerotische Schiffsreise mit sadistischem Vorspiel

(zirka 1787 bis 1788)

Es gibt außergewöhnliche Seereisen, die jeder nautisch Interessierte kennt. Eine dieser Reisen hat Captain William Bligh, der von seinem Schiff vertriebene Kapitän der *Bounty, nolens volens* durchführen müssen. Die Meuterer hatten ihn mit 18 Gleichgesinnten von Bord gedrängt. Seine Reise führte von der tonganischen Insel Tofua zur indonesischen Insel Timor mit dem damaligen holländischen Stützpunkt Kupang. Über 3000 Seemeilen ging Blighs Reise durch meist unkartiertes Gebiet. Seine Schaluppe war klein und offen, Proviant gab es nur auf wenigen Inseln und auf denen lauerten auch meist feind-

lich gesinnte Eingeborene. Auf dem schwankenden, überbemannten und offenen Boot hatte er seinen Quadranten, einen Vorgänger des Sextanten, so präzise bedient, dass sie das Ziel nach 42 Tagen erreichten. Diese Seereise gilt als eine der größten Pionierleistungen der Menschheit.
Durch Captain Bligh, der später Gouverneur in Sydney wurde, verbindet sich diese Seereise mit einer anderen, die nicht minder abenteuerlich und erfolgreich war. Anders als bei Bligh, war bei dieser Geschichte Liebe der Ursprung, nicht Meuterei. Nein, Liebe war es wohl nicht. Für die Frau war es eher Sicherheit, die sie in dem Mann suchte. Und bei ihm mag Sex, Zuneigung, im besten Fall sogar Liebe ein Teil seiner Motivation gewesen sein, diese Frau zu heiraten.
Beide Seereisen fanden mit nur zwei Jahren Unterschied in den gleichen, damals unbekannten Gewässern des westlichen Pazifik statt.
The First Fleet nannte man die ersten elf Schiffe, die Kapitän Arthur Phillip im Jahr 1787 von England nach Port Jackson, dem heutigen Sydney, führte. An Bord waren 191 weibliche und 568 männliche Strafgefangene, denen in Australien ein Leben ohne Ketten und ohne Gefängnismauern versprochen wurde. 211 Marinesoldaten überwachten den Transport und später die erste Kolonie.
An Bord der Schiffe hatte man die Strafgefangenen streng nach Geschlechtern getrennt. Der Drang der Sträflinge, zu ihren Schicksalsgenossinnen zu gelangen, war wohl so ausgeprägt, dass man beide Geschlechter unter Deck in verschiedene Räume sperrte, die durch Schottwände voneinander getrennt waren. Auf Deck gab es einen Zaun, der oben mit Spitzen versehen war, so dass keiner hinübergelangen konnte, was aber die Mitglieder der Mannschaft nicht hindern sollte, sich mit den Frauen zu vergnügen. Meist erkauften die Seeleute und Marinesoldaten sich die Liebe mit Alkohol. Sie sparten ihre üppigen Tagesrationen auf und tauschten einen Becher Rum gegen einen Beischlaf. Es war keineswegs so, dass Frauen an diesem Geschäft uninteressiert gewesen wären. Aber die englische Marine war gnadenlos und bestrafte die ertappten Frauen hart. Sechs Schläge mit der Peitsche, die Daumenschraube oder das Kahlscheren des Kopfes waren damals übliche Strafen für Frauen.
Am 18. Januar 1788 landete *The First Fleet* in der Botany Bay, die etwas südlich von Port Jackson, dem heutigen Sydney, liegt. Englands bedeutendster Entdecker, James Cook, war hier 1770 gelandet und fand diese Bucht geeignet für eine spätere Besiedlung. Die Bedingungen an Land waren jedoch so schlecht, dass man die Flotte nach Norden verlegte, dem heutigen Sydney, wo es zumindest reichlich Wasser gab und ein wenig bessere landwirtschaftliche Bedingungen.
Am 6. Februar 1788 durften die Frauen an Land gehen und ihre Unterkunft

in Zelten aufsuchen, die die Männer für sie errichtet hatten. Es sollte ein besonderer Tag werden. Man wollte die Ankunft feiern, nachdem man 245 Tage die Strapazen auf See ausgehalten hatte. Die Frauen machten sich fein, soweit sie ein schönes Kleid besaßen. Die Wartezeit verkürzten sich die Männer durch kräftiges Einschenken von freien Rum-Rationen. Schnell muss der Alkohol bei den ausgelaugten, unterernährten Männern gewirkt haben. Sie rotteten sich zusammen und zogen grölend durch das Lager. Plötzlich kündigten heftige Donnerschläge in der Ferne ein Gewitter an. Aber es war nicht das Unwetter, nicht die schnell aufkommende Dunkelheit, die einen der schwärzesten Tage der englischen maritimen Geschichte aus dem 6. Februar 1788 werden ließ. Es waren die betrunkenen Seeleute und Strafgefangenen, die über die herausgeputzten Frauen herfielen. Als ob der erste Donnerschlag ein Zeichen für den Raubzug auf die Körper der Frauen gewesen wäre, wurden sie mit ihren schönen Kleidern in den frisch vom Regen aufgeweichten Boden gestoßen und von einer Horde von über fünfhundert betrunkenen Männern in einem Horrorszenario vergewaltigt, viele von ihnen mehrfach.

Eine der Strafgefangenen hieß Mary Broad. Ob sie eines der Opfer war, ist nicht bekannt, aber wahrscheinlich. Aufgezeichnet ist jedoch, dass sie ein Vierteljahr vor der Ankunft der Schiffe ein Kind auf See zur Welt gebracht hatte. Ihre Tochter nannte sie nach dem Schiff, das sie zu der fernen Strafkolonie gebracht hatte: *Charlotte.* Mary Broad stammte aus Cornwall im Südwesten Englands und hatte in der Nähe von Plymouth mit zwei Freundinnen eine andere Frau auf offener Flur überfallen und ausgeraubt. Sie war also kein Unschuldslamm.

Gleich nach dem schwärzesten Tag der jungen australischen Geschichte wählte sich Mary Broad einen besonders starken Beschützer mit Namen William Bryant. Auch er kam aus Cornwall. Er war Fischer und Schmuggler, damals eine nicht unübliche Kombination. Es war keine beiderseitige Liebesheirat. Aber jeder hatte seine Vorteile: Für Mary Broad bedeutete es, in dieser rauen Gesellschaft einen starken Beschützer für sich und die kleine Charlotte zu haben, und der Ex-Schmuggler hatte jetzt alleinige sexuelle Rechte auf seine neue Frau.

Das Leben in Port Jackson war fast so schwer zu ertragen wie das in einem der englischen Gefängnisse.

Die Siedler wider Willen plagten Hunger, unfruchtbarer Boden, feindliche Aborigines, primitives Lagerleben und die Gewissheit, bis zu ihrem Lebensende am Ende der Welt leben zu müssen. Aber am schlimmsten muss die körperliche Furcht der Frauen gewesen sein, wieder Freiwild der Männer zu werden. Im fernen London hatte man geglaubt, dass auf die Kolonisten fruchtbare Erde warten würde, die Setzlinge jeder Art schnell reifen lässt. So jedenfalls hatten James Cook und seine Wissenschaftler berichtet. Man rüstete die Schiffe deshalb mit viel zu wenig landwirtschaftlichen Geräten aus. Es gab keine Zug- und Zuchttiere, keine Pflüge, keine Fachleute. Die meisten Sträflinge kamen aus den Slums der Städte und kannten keine Landarbeit. Schnell stellte sich heraus, dass William Bryant der einzige Fischer unter tausend Menschen war. An manchen Tagen musste er allein die große Kolonie mit Proteinen versorgen. Dafür hatte ihm Gouverneur Phillip den Kutter anvertraut, den er zum Fischfang benutzte. Der Kutter war das einzige kleine Fischerboot der neuen Kolonie. Die Familie Bryant erhielt ein weiteres Privileg zugesprochen, indem man ihnen eine kleine Hütte baute. Hier konnte nun Mrs. Bryant, abseits der anderen Sträflinge, den gemeinsamen Sohn Emanuel gebären.

Schon bald nach der Geburt seines Sohnes erwischte man den Fischer und Ex-Schmuggler Bryant, wie er Fische schwarz verkaufte. Eine schwerwiegende Straftat in Anbetracht der Hungersituation der ersten Jahre. Gouverneur Arthur Phillip musste durchgreifen und ordnete an, ihn mit der neunschwänzigen Peitsche auspeitschen zu lassen. Die Narben sollte William Bryant sein Leben lang behalten.

Die harte Arbeit, die Aussichtslosigkeit ihrer Situation, ständiger Hunger, aber besonders die Erniedrigung durch das Auspeitschen ließen bei ihm und seiner Frau den Plan reifen, heimlich die Strafkolonie zu verlassen. Eine Flucht über Land, direkt in die Arme der feindlich gesinnten Aborigines, kam nicht in Frage, da alle vorherigen Fluchtversuche von anderen Lagerinsassen gescheitert waren. So lag der Vorschlag von Mary Bryant nicht fern, die Flucht über das Meer zum holländischen Stützpunkt Kupang auf der Insel Timor zu wagen.

Genau wie Blighs Reise würden auch diese 3000 Seemeilen durch unbekanntes Meer führen. An Backbord hätten sie immer das australische Festland mit den feindlichen Ureinwohnern und an Steuerbord die Gefahren unbekannter Inseln und Riffe, die ihnen jederzeit den Rumpf aufschlitzen konnten.

Aber wie sollte man als Sträfling am Ende der Welt an ein Schiff, an Karten und Navigationsinstrumente kommen? Auch hier erwies sich Mary Bryant als raffiniert. Als das holländische Handelsschiff *Waaksamheyd* in Port Jackson Anker warf, um, aus Batavia (heute Djakarta) kommend, mit der neuen Kolonie Handel zu treiben, machte sich Mary bei dem Kapitän Detmer Smit beliebt, indem sie allerlei Dienste erledigte, wie Wäsche waschen, Botengänge erledigen, Besorgungen machen. Hierfür erwarb sie nach und nach einen Kompass, einen Quadranten, Seekarten und ein paar Gewehre. All das wurde unter den Fußbodenbrettern der Hütte versteckt.

Im Nachhinein scheint der Tausch wertvoller Instrumente gegen ein paar Dienstleistungen am Ende der Welt ein ungleicher Tausch gewesen zu sein. Es ist anzunehmen, dass die gewiefte Mary Bryant Kapitän Smit auch andere Dienstleistungen anbot, die nicht in die Annalen eingegangen sind.
Was lag näher, als den Kutter zum Transportmittel ihrer Flucht vorzusehen? Am 28. März 1791 übernahmen die Bryants mit sieben anderen Sträflingen den kleinen sechs-ruderigen Kutter. Nachts ruderten sie heimlich aus der Bucht, setzten auf dem offenen Ozean die Segel und legten Kurs Nord an.
Fast genau zwei Jahre vorher begann Captain William Bligh seine Reise, deren navigatorische Leistung die Welt später erstaunen ließ. Beide Boote waren offen, beide Reisen führten durch die Gewässer des westlichen Pazifiks, die zur damaligen Zeit nicht kartiert waren. Auf dem Kutter der Sträflinge waren zusätzlich zwei Kinder, eines noch ein Baby, das die Milch der Mutter benötigte. Am Anfang der Reise konnten die Flüchtlinge noch genügend Wasser und Essbares auf Inseln und an der Küste finden. Danach machten es ihnen die feindlichen Ureinwohner Australiens unmöglich, an Land zu gehen. Ein Sturm trieb sie weit aufs Meer hinaus. Dann wieder war es ein Leck, das sie mit Seife dichten mussten. Im Boot war alles nass, sodass sie kein Feuer machen konnten. Sie hatten über drei Wochen nichts zu essen. Irgendwann fanden sie an der ihnen unbekannten Küste wilden Reis. Trinkwasser zu bekommen, wurde ein Problem, das über Leben oder Tod entschied. Die Mutter und ihre zwei Kinder waren in bedenklichem Zustand.
Es waren die Männer, die über die Aufgabe des Fluchtunternehmens sprachen, und immer wieder war es Mary Bryant, die sie anspornte, ihnen Mut zusprach. Das englische *Annual Register of Events* (Jahrbuch der besonderen Vorkommnisse) veröffentlichte folgende Passage: Die Entschlossenheit der Frau hatte keine Parallelen. Eines Tages brach der Anker, die Wellen waren so hoch, dass die Männer ihre Ruder weglegten, sich vor Furcht im Boot duckten und sich ihrem Schicksal ergaben. Da stand die Amazone auf, nahm einen der Hüte der Männer und schrie: „Habt keine Angst!“ Sofort fing sie an, mit dem Hut das Wasser aus dem Boot zu schöpfen. Man folgte ihrem Aufruf und half ihr, das Boot vor dem Sinken zu bewahren. Das Unwetter trieb ihren Kutter auf eine unbewohnte Insel, wo sie eine Schildkröte töten konnten. In den nächsten Tagen fingen sie noch mehr Schildkröten und trockneten das Fleisch als Reiseproviant.
Am 5. Juni 1791 kamen sie in Timor an. 69 Tage hatten sie für 3250 Seemeilen benötigt, ohne ein einziges Crewmitglied zu verlieren.
Für den holländischen Gouverneur von Kupang, Timor, klang ihre Geschichte, dass sie Schiffbrüchige seien, durchaus glaubhaft. Man hieß sie willkom-

men, verwöhnte sie mit gutem Essen, und kleidete sie neu ein. Sie brauchten nur noch auf das nächste Schiff gen Westen zu warten. Wenn nicht Ex-Sträfling William Bryant im Suff über die wahren Hintergründe ihrer Reise von Port Jackson nach Kupang geplaudert hätte. Am nächsten Tag war es aus mit der kurzen Freiheit, und die Kutterbesatzung kam ins Gefängnis.

Historisch gesehen schließt sich ein interessanter Kreis: Wenige Monate später, im September 1791, erreichte der englische Kapitän Edward Edwards auf dem Schiff *HMS Pandora* Kupang. Er war von der britischen Admiralität ernannt worden, die Meuterer der *Bounty* zu fangen und sie nach London zu bringen. Diejenigen, die in Tahiti geblieben und nicht mit Fletcher Christian zur abseits gelegenen Insel Pitcairn gesegelt waren, nahm er gefangen und sperrte sie in eine Art Hütte, der „Pandoras' Box", auf dem Achterdeck seiner *HMS Pandora*. Auf dem Weg in die Heimat lief sein Schiff südlich von Papua-Neu Guinea auf ein Riff und sank. 31 Crewmitglieder und vier Gefangene gingen mit dem Schiff unter. Kapitän Edwards und 98 Seeleute schafften in vier Booten die beschwerliche Reise durch die Torres-Straße nach Kupang auf Timor.

Sogleich ließ Edwards die Bryant-Mannschaft in Eisen legen und schaffte sie mit dem nächsten holländischen Ostindienfahrer nach Batavia. Wie viele vor ihnen starben auch William Bryant und Sohn Emanuel hier an Fieber. Auf der nächsten Etappe zum Kap der Guten Hoffnung starben weitere drei Sträflinge. Den Strapazen erlag auch die kleine Charlotte, Mary Broads erstes Kind. Es wurde auf der Insel Ascension im Südatlantik beerdigt.

Allein in England angekommen, wurde Mary in das Gefängnis von Newgate gebracht, aber ihr Fall und ihre besonderen Erlebnisse erregten in der Öffentlichkeit große Aufmerksamkeit. Selbst Captain Bligh ließ sich später vom holländischen Gouverneur von Timor die Aufzeichnungen von William Bryant geben, um sie somit für die Archive zu erhalten.

Mary Broads Leben machte eine Kehrtwendung. Der damals bekannte Autor und politische Lobbyist James Boswell bedrängte die Behörden, sie zu entlassen. Im Mai 1793 wurde Mary Broad auf freien Fuß gesetzt. Mr. Boswell vermachte ihr eine lebenslängliche Pension von 10 Pfund jährlich, und es schien, als ob Mary Broad endlich einen Zipfel des Glücks ergriffen hätte, nach dem sie ihr Leben lang suchte.

Nach einer Schiffsreise, die mit Rum-gegen-Sex begann, mit Vergewaltigungs-Massakern *down under* ihren Tiefstpunkt erreichte, die in einer Zweckehe Beschützer-gegen-Sex mündete, endete ihr Leben nach dem Tod ihrer beiden Kinder in Fowley, Cornwall. Ihrem Heimatort, da wo alles begonnen hatte.

Bonny und Read plünderten Schiffe, 200 Jahre bevor Bonny und Clyde Banken ausraubten

(zirka 1650 bis 1720)

Anne Bonny und Mary Read waren Piratinnen. Es gab auch andere, aber sie waren die bekanntesten. Von weiblichen Piraten weiß man schon von den Römern, im Mittelalter gab es sie bei den Franzosen, in Irland hatte die berühmte Grace O'Malley das Sagen auf Schiffen und später bei den Chinesen die berüchtigte Dame Cheng (siehe Seite ...). Piratinnen waren also nichts Besonderes. Aber in diesem Fall trifft ein weiblicher Pirat in der Karibik einen anderen Piraten. Und dieser Seemann entpuppt sich ebenfalls als Frau.
Diese beiden Frauen konnten die Geschichtsschreiber nicht übergehen, denn an ihrem delikaten Lebenslauf war schon 1724 das englische Volk interessiert. Damals erschien ein viel gelesenes Buch in England, das auch in andere Sprachen übersetzt wurde: „Umfassende Geschichte der Räubereien und Mordtaten der berüchtigten Piraten“ *(A General History of the Robberies and Murders of the most Notorious Pyrates)* verfasst von einem gewissen Captain Charles Johnson. Inzwischen nimmt man an, dass sich hinter diesem Pseudonym Daniel Defoe, der Autor von *Robinson Crusoe,* verbarg. Er schrieb darin auch ein Kapitel über das Leben der beiden Piratinnen.
Seit dieser Zeit liefern Anne Bonny und Mary Read Stoff für Romane, Theaterstücke und Filme (*Anne of the Indies*, in den Hauptrollen Jean Peters und Louis Jordan). Natürlich ist das Leben dieser beiden Damen immer wieder in feministische Schriften eingegangen.

Anne Bonny wurde in Irland geboren, Mary Read in England. Beide steckte man bereits als Kinder in Jungenkleidung. Die eine, weil sie unehelich war und als Sohn entfernter Verwandter ausgegeben wurde. Und die andere, weil ihre Mutter eine Erbschaft erschleichen wollte – Mädchen erbten damals nichts. Beide Frauen trieb es später über den Ozean. Und beide lernten sich auf den Bahamas kennen. Beide waren bereits Piratinnen. Das muss ein schicksalhafter Zufall gewesen sein, denn damals operierten etwa viertausend männliche Kollegen in der Karibik.
Anne Bonnys Vater, William Cormac, war ein erfolgreicher Rechtsanwalt in Cork, Irland. Er war verheiratet und ihre Mutter war dessen Haushälterin. Man steckte die Tochter, wie erwähnt, in Jungenkleidung. Als die Nachbarn dahinter kamen, dass ein uneheliches Kind im Haus lebte, verließen die drei ihre Heimat und verschifften sich in die Neue Welt, nach Charleston in South Carolina. Hier brachte es Mr. Cormac als Kaufmann und späterer Plantagenbesit-

zer zu Wohlstand. Aber Anne entwickelte sich zu einem wilden, aufmüpfigen Mädchen. Sie widersprach völlig den damaligen Konventionen: Sie war nicht leise, nicht artig und nicht zurückhaltend.
Tagsüber lernte sie Französisch und Harfe spielen. In ihrer Freizeit verkleidete sie sich wieder als Junge. Gemeinsam mit einem angestellten Indianer trieb es sie in die Wälder. Er brachte ihr bei, mit dem Messer, der Pistole und der Muskete umzugehen. Fechtunterricht erhielt sie bereits im Haus der Eltern. All das sollte später für sie lebenswichtig werden.
Als die Köchin ihr aus Versehen etwas heiße Suppe übergoss, schlug Anne sie im Jähzorn. Die Köchin fühlte sich angegriffen und nahm ein Küchenmesser in die Hand. Und ehe sie sich versah, hatte die 15-jährige Anne Cormac mit ihrem eigenen Messer die Köchin durch einen Stich in die Brust getötet. Der Vater übernahm die Verteidigung, und das Gericht folgte seinem Antrag: Anne Bonny handelte in Notwehr. Kein Wunder, die Köchin war eine schwarze Sklavin.
Im Stadthaus der Eltern verkehrten Kapitäne und auch Piraten. Viele angesehene Familien in Charleston hatten mit Piraten zu tun, denn mit ihnen ließen sich gute Geschäfte machen. Dabei lernte die junge Anne den Seemann James Bonny kennen. Sie verliebte sich in ihn, heiratete ihn heimlich mit dem Ergebnis, dass ihr Vater mit ihr brach und sie aus dem Haus warf.
Inzwischen war ihre Mutter gestorben, und ihr Vater enterbte sie. Aus Wut darüber zündete sie sein Haus an. Er kam in den Flammen um. Sie floh mit ihrem jungen Ehemann auf die englische Insel New Providence – heute ist Nassau auf New Providence die Hauptstadt der Bahamas.
Schon vor 200 Jahren galt dieser Hafen als besonders gut geschützt und war ein wichtiger Handelshafen. Von hier aus beherrschte man die Florida-Straße, den Seeweg, den die meisten Karibiksegler wählten, um zurück in die europäische Heimat zu gelangen. So konnten sie den Golfstrom nutzen und brauchten sich nicht durch das gefürchtete Insellabyrinth der Bahamas zu lotsen. New Providence war damals englische Verwaltungsstadt, Handelszentrum und ein Piratennest, Treffpunkt von buntem Volk und Homosexuellen.
Mr. James Bonny stellte sich hier schnell als Schaumschläger und Denunziant heraus; er passte nicht zu der zielstrebigen und selbstbewussten Anne. Zielen konnte sie. Kaum war sie auf der Insel angekommen, schoss sie einem aufdringlichen Seemann ein Ohr ab. Der Chronist schrieb, dass besagtem Seemann bereits das andere Ohr fehlte. Durch diesen Kunstschuss wurde Anne Bonny zum *talk of the town*.
Der Vorfall lehrte sie auch, dass sie Beistand benötigte, und so wurde die jun-

ge Frau die Mätresse des reichsten Mannes der Insel: von Mr. Chidley Bayard. Der Reeder und Kapitän hatte viele Schiffe laufen, residierte aber bevorzugt an Land. Das Landleben langweilte sie; Anne Bonny wollte zur See fahren.
Zwangsläufig lernte Anne Bonny eine der schillerndsten Persönlichkeiten der Karibik kennen: John Rackam. Weil er so bunt und extravagant angezogen war, nannte man ihn Calico Jack*.
Es ist anzunehmen, dass John „Calico Jack" Rackam bisexuell war. Erst war er Liebhaber, dann Quartiermeister und später Steuermann des bekannten Piraten-Kapitäns Vane gewesen. Calico Jack hatte auch den Ruf, Favorit verschiedener Offiziere der königlich englischen Marine gewesen zu sein. Er und sein schwuler Piraten-Kapitänsfreund Vane nahmen sich der aufstrebenden Anne Bonny an.
Von einem weiteren homosexuellen Freund, einem gewissen Pierre Bouspeut, genannt *Pierre the Pansy Pirate,* Pierre der Weichling-Pirat, erfuhren sie von einem französischen Handelsschiff, beladen mit den schönsten Ballen Stoff. Schöne Stoffe waren mehr die Leidenschaft des homosexuellen Kapitäns Vane und seines Freundes Calico Jack als die ihrer neuen Freundin. Die interessierte sich mehr für praktische Männerkleider.
Ihr gemeinsamer Kaperplan war wie folgt: Sie gossen Schildkrötenblut über ihre Segel, dekorierten im Bug eine blutbeschmierte Puppe, die sie als Frau verkleideten; dazu schwang Anne ein ebenfalls blutverschmiertes Enterbeil. So erschreckten sie nachts bei Vollmond die Franzosen dermaßen, dass sie der Besatzung dieses Dämonenschiffes ohne Gegenwehr ihre Stoffladung überließen.
Die englische Krone verfügte im Jahr 1717, dass Schluss mit der Piraterie sei. Bis dahin gab es neben den Piraten auch Kaperkapitäne, die im Namen verschiedener europäischer Königshäuser auf Beutefahrt gingen. Ein bekannter Kaperkapitän war damals Woodes Rogers, einst Loyalist des englischen Königs Charles II.; danach verfolgte er als britischer Gouverneur der Bahamas selbst Piraten. Er bot allen Piraten, die den Hafen der Insel New Providence nutzten, eine Amnestie im Namen des englischen Königs an.
Aber für Anne Bonny kam diese nicht in Frage, wurde sie doch in Charleston wegen Mordes und Diebstahls gesucht. Im Jahr 1718 durchbrachen Kapitän Vane, sein Geliebter Calico Jack, Anne Bonny und weitere Piraten die Blockade von Woodes Rogers vor dem Hafen des jetzigen Nassau, indem sie ein unbemanntes Schiff nachts in die Blockadeflotte segeln ließen, es ansteckten, sodass das Feuer die mit Nägeln und Schrott geladenen Kanonen entlud und

**** Calico = farbiger Baumwollstoff, Calico kam ursprünglich aus Kalkutta.***

diese verheerende Schäden an der Blockadeflotte anrichteten. In dem folgenden Durcheinander flohen die Piraten und ihr Gefolge.
Es wird berichtet, dass Anne Bonny lediglich flatternde Hosen aus schwarzem Samt trug, die ihr der schwule *Pierre the Pansy Pirate* entworfen hatte. Ihr Oberkörper war entblößt. Eine Hand hatte sie am Griff ihres Säbels, in der anderen hielt sie einen langen seidenen Schal, mit dem sie dem Gouverneur zuwinkte, als sie an ihm vorbeisegelten.
Bald trennten sich Anne und Calico Jack von Vane, und die beiden bildeten ein neues Paar. Calico Jack soll danach langsam dem Suff und zeitweise dem Opium verfallen sein; wohl deshalb übernahm Anne Bonny mehr und mehr Führungsaufgaben. Längst hatte sie sich den Respekt der Mannschaft gesichert. Dazu musste sie unter anderem einen widerlichen Verehrer namens Fitch im Pistolenduell töten.
Mit einem Bein stand jeder Pirat am Abgrund, mit dem anderen in einer Welt des sinnlichen Genusses, deren Freiheiten man ungehemmt auskostete. Dennoch war es verwunderlich, dass Anne Bonny schwanger wurde und ein Baby von Calico Jack erwartete. Der wird in unterschiedlichen Quellen als homo-, dann heterosexuell geschildert. Sehr wahrscheinlich war er einfach bisexuell. Erwiesen ist jedoch, dass Anne Bonny ihr Baby auf Kuba zur Welt brachte und es auch dort zurückließ.
Weiter gingen die Überfälle, speziell auf spanische Schiffe. Inzwischen war Anne Bonny in die Kapitänskajüte eingezogen und trug Männerbekleidung, was ihr größeren Respekt einbrachte. Bei einem ihrer nächtlichen Kontrollgänge an Deck wurde sie auf einen neuen Rudergänger aufmerksam. Er sah gut aus, hatte Manieren und war ihr treu ergeben. Er nannte sich Mark Read und war für einen Piraten recht zierlich gebaut. Anne Bonny näherte sich dem Steuermann wohl so eindeutig, dass der die Flucht nach vorne antrat und sich offenbarte: „Ich heiße nicht Mark, sondern Mary!" muss sie wohl gesagt haben. Vielleicht haben sie sich nach der ersten Überraschung an die Reling gelehnt, die Sterne beobachtet und sich gegenseitig ihr Leben erzählt – zwei als Männer verkleidete Frauen.
Auch Mary Read hatte von einem turbulenten Leben zu berichten. Dabei waren beide Damen erst Anfang zwanzig, als sie sich kennen lernten. Marys Vater war auf See umgekommen. Auch ihr Bruder verstarb, bevor sie zur Welt kam. Die Mutter war mittellos und zog mit ihr aufs Land zur Großmutter. Um die Großmutter beerben zu können, verkleidete die Mutter ihre kleine Tochter als Junge. Aus Mary wurde schon in jungen Jahren Mark. Die Großmutter starb und hatte dem vermeintlichen Jungen nichts vermacht, weil sie ihn für zu wild und zu bockig hielt.

Mary legte ihre Verkleidung gar nicht ab und ging gleich als männlicher Page zu reichen Leuten. Dann heuerte sie als Mark Read auf einem englischen Kriegsschiff an, und schließlich verdingte sich „Mark“ in Flandern bei der Infanterie. Hier verliebte sie sich in einen Soldaten, und die Chronik berichtet, dass beide bei dem Ort Breda eine Gastwirtschaft mit Namen *Zu den drei Hufeisen* aufmachten. Nur in dieser kurzen Zeit konnte Mary wirklich Frau sein. Aber bald darauf starb ihr Mann, und die Zwanzigjährige schlüpfte wieder in Männerkleider.

Damals war es weit verbreitet, dass sich Frauen als Männer verkleideten. Nur so konnten sie aus ihrer sozialen Enge heraus gelangen. Hinzu kam, dass Frauen nicht gleichberechtigt waren. Es war ihnen untersagt, selbständig zu arbeiten, Geldgeschäfte abzuwickeln und die meisten Berufe auszuüben. Man weiß, dass zum Beispiel in England zwischen dem 16. und 19. Jahrhundert Mädchen im Allgemeinen nicht das Schreiben beigebracht wurde. Nur etwa 11 Prozent der englischen Frauen konnten in der Zeit von 1580 bis 1700 ihren Namen schreiben.

Durch das Auftreten in Männersachen suchten viele Frauen einen Ausweg aus ihrem unterprivilegierten Leben. Für einige, die in Häfen lebten, die bereits ihr Geld mit Matrosen verdienten, in Kneipen bedienten oder Huren waren, war es vielleicht eine Art logischer Schritt, dem Drang in die Ferne zu folgen und sich als verkleideter Seemann auf Schiffen einzuschmuggeln – oder gleich auf einem Piratenboot anzuheuern.

Mary Read wurde wieder zu Mark und der heuerte als Seemann auf einem holländischen Schiff an, das Kurs auf Amerika nahm. Bei den Bermudas wurden sie von Piraten überfallen. Maat Mark wechselte auf das Piratenschiff, danach auf andere, bis er sich eines Nachts vor seiner neuen Chefin als Frau bekannte.

So finden sich also zwei junge Frauen – beide in Männerkleidern – in einer Männerwelt. Nicht in irgendeiner Männerwelt, sondern in dem mörderischsten Metier, das es damals gab. Anne hatte bereits die Küchenhilfe, ihren Vater und einen sogenannten Mr. Finch an Bord getötet. Sie hatte bereits Affären mit den windigsten Männern der Karibik gehabt. Ihre letzte Affäre – hinter dem Rücken von Calico Jack – hatte sie gerade Mary anvertraut. Diese beiden Frauen entdecken ihre Gemeinsamkeiten, aber auch ihre Gegensätze. Anne kam aus wohlhabendem Haus, Mary aus ärmlichen Verhältnissen. Beide waren uneheliche Kinder. Beide wurden als Kinder in Jungenkleider gesteckt. Offensichtlich war Anne die Aggressivere, Mary die Sanftere. Sie war eher der Typ eines Transvestiten; denn die meiste Zeit ihres Lebens war diese Frau als Mann verkleidet, auch dann, wenn es nicht lebensnotwendig gewesen war. Jeden-

falls stellten die beiden Frauen fest: es passte. Sie wussten, sie brauchten sich, um in dieser brutalen Männerwelt mithalten zu können.
Waren Anne und Mary nur Freundinnen? Oder hatten sie eine Beziehung, die man heute als lesbisch bezeichnen würde? Hierfür gibt es eine Vermutung. Im Jahr 1813 erschien ein Buch über die beiden Damen mit dem Titel *The Daring Exploits of Henry Morgan* (Die wagemutigen Taten des Henry Morgan). Hierin lässt der Verfasser Mary Read bei ihrer Verurteilung vor Gericht sagen, dass sie nur aus dem Grund auf ein Piratenschiff gekommen sei, weil Anne Bonny ihr *lover* gewesen sei.
Nun mag das Wort auch in einem freundschaftlichen Sinn gebraucht worden sein, wie eine „liebenswerte Freundin". Wir wissen es nicht. Bestimmt ist es auch die Ungewissheit über die Natur ihrer Beziehung, die diese außergewöhnlichen Frauen so faszinierend macht.
Vieles durfte damals nur angedeutet werden. Der Begriff für Homosexualität bei Männern war, wie bereits erwähnt, noch bis ins 18. Jahrhundert Sodomie, und die Liebe unter Frauen nannte man Tribadie (griechisch *tribein* = reiben). Es ist anzunehmen, dass das Volk den Namen Tribadie kaum kannte, kam doch eine lesbische Beziehung eher in Adelskreisen vor. So gibt es zwar historisches Material über Homosexualität aber so gut wie nichts über Lesben.
Besonders Calico Jack muss durch die beiden Frauen verwirrt gewesen sein. Gestern noch stand die Freundin seiner Frau als Mann am Steuer seines Schiffes. Jetzt war seine ehemalige Mätresse die Freundin einer fremden Frau. Welche Schmach für ihn! Anne und Mary wurden unzertrennlich. Längst hieß Mark an Bord Mary und trug wie auch ihre Chefin mal Männer-, mal Frauenkleider. Sie raubten und töteten weiter.
Einen besonderen Coup landeten sie mit dem Überfall auf die *Royal Queen.* Diese gehörte Annes einstmaligem Geliebten Chidley Bayard, dem reichen Reeder von New Providence.
Die *Royal Queen* wurde von einem Kapitän Hudson kommandiert. Anne flirtete mit ihm und verführte ihn dazu, sie an Bord zu einem Rendezvous einzuladen. Damit es geheim blieb, gab Hudson seiner Mannschaft Rum und befahl, jeder Mann sollte unter Deck bleiben. Es wurde ein *candle light dinner* in der Kapitänskajüte arrangiert. Anne schüttete ihm heimlich Schlafmittel (sehr wahrscheinlich Laudanum) in den Wein. Anstatt mit ihr zu schlafen, schlief er alleine. Dann schlich sie an Deck und wässerte das Pulver in allen Kanonen. Sie verließ am Morgen das Schiff, nicht ohne Captain Hudson noch vorher zu versichern, welch außergewöhnlicher Liebhaber er gewesen sei. Stunden später überfielen die Piraten unter weiblichem Kommando die *Royal Queen,* deren Kanonen natürlich schwiegen. In einem

schnellen Gefecht wurde das Schiff gekapert. Nur Kapitän Hudson wurde getötet – natürlich von der eifersüchtigen Mary, die nicht wissen konnte, was sich wirklich in der letzten Nacht in der Kapitänskajüte der *Royal Queen* abgespielt hatte.
Es war das Ende der Piratenzeit; der Gouverneur von Jamaika setzte Schiffe ein, um auch die niederträchtigen Weiber endgültig zu eliminieren. In einer Bucht im Westen Jamaikas stellte Kapitän Barnet die *Dragon*, das Schiff der Piratinnen. Die Chronik besagt, dass nur Anne Bonny und Mary Read an Deck gegen die Überzahl der Marinesoldaten kämpften. In Männerkleidung natürlich. Die meisten männlichen Piraten hatten sich unter Deck versteckt, einschließlich des völlig berauschten Calico Jack.
Es kam zum Prozess auf Jamaika. Die Männer wurden zum Tod durch den Strick verurteilt. Bevor Calico Jack gehängt wurde, richtete Anne die verbrieften Worte an ihn: „Hättest du wie ein Mann gekämpft, müsstest du nicht wie ein Hund sterben." Das hielt ihm eine Frau entgegen, die ihren Mann beim Kampf gestanden hatte – die Mutter seines Kindes.
John „Calico Jack" Rackam wurde in Ketten gefesselt am Galgen aufgehängt. Zur Abschreckung hing sein Leichnam weithin sichtbar auf einer kleinen Insel im Hafen von Kingston. Noch heute heißt die kleine Insel Rackam Cay.
Am 28.11.1720 wurden auch die beiden Frauen zum Tod durch den Strang verurteilt. Aber, clever wie sie waren, nutzten sie eine Gesetzeslücke und *pleaded their bellies* – sie plädierten wegen Schwangerschaft auf Freispruch. Natürlich wusste keiner, ob sie wirklich schwanger waren, aber ein Arzt der *Juwel,* den sie zuvor vor einer Folterbank bewahrt hatten, bestätigte das dem Gericht.
Mary Read starb kurz nach dem Freispruch an Fieber. Anne Bonny ist spurlos aus der Geschichte verschwunden.
Oscar Wilde sagte einmal sinngemäß zu diesem Thema: „Der Einfluss des Kostüms dringt tief in die Seele des Trägers ein." Aber davon wussten die beiden Damen noch nichts, er beglückte uns erst 180 Jahre später.

Kythera und die neue sexuelle Freiheit

(zirka 1767 bis 1808)

In der alten griechischen Mythologie gab es die Insel Kythera. Es war eine paradiesische Insel, auf der Aphrodite, die Göttin der Liebe, geboren wurde. Zweitausend Jahre später griffen Europäer dieses Kythera wieder auf; es wurde für

sie das Land der Verheißung, ihr neues Paradies. Dieser Garten Eden geisterte in den Phantasien der Bürger des 18. Jahrhunderts herum. Es war die Zeit, als man den Pazifik noch nicht erkundet hatte und man den unbekannten Südkontinent, *terra australis*, suchte, das physische Gegengewicht zu den Landmassen auf der Nordhalbkugel.
Es war auch die Zeit, als die engen Städte überquollen von Menschen, in deren Köpfen immer neue visionäre Vorstellungen entstanden, die Zeit kurz vor der Französischen Revolution. Europa brodelte. Der Adel beharrte auf seinen Privilegien und das selbstbewusste Großbürgertum forderte Mitsprache. Sehnsüchte nach einer paradiesischen Welt wurden wach. Jean-Jacques Rousseau traf den Nerv der Zeit. Er verneinte die Frage, ob der Fortschritt der Kultur die Menschheit verbessern würde. Von ihm stammte die berühmte Aufforderung: zurück zur Natur.
Es muss damals eine große Sehnsucht nach Kythera geherrscht haben, nur wusste keiner, wo dieses Paradies lag. Amerika war es nicht, das hatte man inzwischen erkannt, obwohl die Engländer ihre neuen Kolonien mit paradiesisch klingenden Namen wie Virginia, Carolina oder Georgia dekoriert hatten. Wo lag nun dieses Kythera?
Man schickte Schiffe in die unbekannte Welt, jenseits von Kap Hoorn, westlich der Magellan-Straße. Endlich meinte der britische Captain Samuel Wallis im Juni 1767, Kythera entdeckt zu haben. Die Einheimischen nannten es „Otaheiti". Später wurde der Name zu Tahiti verballhornt. Ein paar Jahre danach besuchten auch die Kapitäne Cook, Bougainville und Bligh mit seiner berühmten *Bounty* die Insel. Und jeder berichtete in der Heimat überschwänglich von seinem Kythera, wie es in der Tat anfänglich hieß. Der Inselname Tahiti wurde in Europa schnell zum Synonym für das Paradies auf Erden.
Was war damals auf Tahiti so anders als im Rest der Welt?
Es war der Sex!
Erstmals wurden fremden Seeleuten einheimische Frauen von deren Männern als Gastgeschenk angeboten. Das hatte noch kein Seefahrer irgendwo in der Welt erfahren. Und das Unglaubliche, diese Frauen waren bildschön, sie waren zum Liebesakt bereit und sie kosteten kein Geld. Ja, sie wollten, sie suchten den Sex. Die Frauen nannten das natürlich nicht Sex, sondern *taio,* Freundschaft.
Ein damaliger Seemann aus einer der übervölkerten europäischen Hafenstädte, der fast ein Jahr in einem schmutzigen, dunklen Vorschiff auf vierzig Zentimetern Koje gehaust hatte, dessen Körper und Bekleidung voller Läuse und Flöhe waren, dem Gestank nichts mehr ausmachte, weil er daran unter Deck gewöhnt war, der bestenfalls nicht geschlechtskrank war, der auch bestenfalls nicht mit Gewalt auf dieses Schiff gezerrt worden war, ein Mann, dem trotz junger Jah-

re wegen Skorbuts einige Zähne ausgefallen waren, der bereits durch Kälte und Feuchtigkeit Rheuma hatte, solch ein Mann, der bisher nur mit Frauen Sex hatte, für den er bezahlen musste, solch ein Mann trifft nun im paradiesischen „Kythera“ ein.
Diese Seeleute kannten aus ihrer Heimat nur bis oben hin zugeknöpfte Frauen ohne jeglichen Sexappeal. Und sie kannten Huren. Plötzlich sehen sie diese fast nackten olympischen Körper. Die Polynesierinnen hatten ihre bronzene Haut mit Monoi-Öl eingeölt. Auch ihre schwarzen welligen, hüftlangen Haare ölten sie mit dieser Mischung aus Kokosnussöl und dem gepressten Extrakt der Tiare-Blüte ein. Eine Hibiskusblüte hinter dem rechten Ohr, als Zeichen, dass sie noch frei waren, einen weißen Tiare-Blütenkranz um die Stirn, barbusig, nur mit einem leichten Lendenschurz aus *tapa** bekleidet, stiegen sie aus dem Wasser an Bord der Schiffe. Das Wasser perlte von ihrer öligen Haut und ihren Haaren ab. Doch alles wurde überstrahlt durch ihr Lachen aus einem volllippigen Mund mit makellosen weißen Zähnen. Sie lachten laut und überraschten die Seeleute mit ihrer Mischung aus kindlicher Unschuld und früh gereifter Weiblichkeit. So viel Anmut und Erotik bedeuteten für diese Seeleute, einen kulturellen Schock zu erleben.
Mit Sicherheit erlebten sie keinen Schock, als die Schönen der Südsee nach der ersten kostenlosen Lustwelle für ihren bronzenen Körper später einen rostigen Nagel** verlangten. In ihrem Liebesrausch merkten die Seemänner nicht, dass sie bereits wieder da waren, wo sie in Europa aufgehört hatten: sie zahlten für ihr Vergnügen. Aber was bedeutete schon ein rostiger Nagel?
Etwas jedoch war wirklich anders: Keiner kam ihnen mit der christlichen Moral! Keiner sprach mehr von Sünde, von Frevel, gar von der Hölle, dem Fegefeuer. Kein Pfaffe war in Tahiti in Sicht, keiner brauchte zu büßen. Es gab ja auch nichts zu beichten, denn sie waren im lange gesuchten „Kythera“ angekommen! Endlich lebten sie nach dem Motto: den Himmel auf Erden genießen.
Die Schiffe waren damals klein, die Mannschaft schlief auf engstem Raum, Mann an Mann, jeder hatte nicht einmal einen halben Meter Platz. Man konnte nicht mit seiner neuen Geliebten mal schnell ins Bett gehen. Die Sehnsucht war aber überwältigend, und so sah die Schiffsführung der ersten Entdeckerschiffe weg, wenn sich an Deck und unter Deck Seeleute mit ihren liebesbereiten einheimischen Frauen kopulierend breit machten.
Die Tahitianer dachten bei den ersten Besuchern, dass diese Götter wären oder

**** Tapa ist ein stoffähnliches Gewebe, das aus der Rinde des Maulbeerbaums gefertigt wird, und in Polynesien und anderen ostasiatischen Ländern als Tuchersatz diente.***
***** Polynesier kannten keine Metalle. Sie benutzten Stein- und Muschelwerkzeuge.***

von Gott geschickt. Jedenfalls nahmen die Frauen die Gelegenheit schnell wahr, sich mit einem Gesandten Gottes zu vereinen, mit der Aussicht, einen Halbgott zu gebären. So gesehen war es wirklich wie im mythischen Kythera.
Geblieben ist das Etikett „Südseeparadies". Es soll an die fünfzig Buchtitel geben mit dieser oder einer ähnlichen Bezeichnung für jenen Teil der Welt – abgesehen von Hunderten von Artikeln und Prospekten mit diesem Klischeenamen. Reisende verbinden mit dem Namen Südsee immer noch sexuelle Freiheiten.
Obwohl auf jedem der ersten Entdeckerschiffe Wissenschaftler an Bord waren, behielt nur einer einen kühlen Kopf und bekannte sich zu seinen amourösen Vergnügungen auf Tahiti. Es war Joseph Banks, der wissenschaftliche Begleiter James Cooks, der mit ihm im April 1769 das Kythera der Südsee betrat. Dieser Joseph Banks war damals ein unbekannter junger Naturwissenschaftler. Später wurde er Vorsitzender der Royal British Society und wichtigster Wissenschaftler und Planer im Königreich. Er war zu seiner Zeit eine Koryphäe; ohne Sir Joseph lief in England nichts. Als junger Mann notierte er in sein Tagebuch: „Auf der Insel Otaheiti ist der Liebesakt die Hauptbeschäftigung; sie wird vor allen anderen Tätigkeiten bevorzugt und ist der einzige Luxus der Bewohner. Körper und Seele der Frauen haben die höchste Perfektion dieser angenehmen Kunst erreicht. Müßiggang, der Vater der Liebe, regiert hier in geradezu friedlicher Gelassenheit."
Seine Beobachtung konnte präziser nicht sein. Man kann Sir Joseph aus heutiger Sicht nur danken, dass er sich während der drei Monate in der Matavai Bucht von Tahiti eine Mätresse nahm, und uns seine Beobachtungen mitteilte. Kapitän Bougainville, ebenfalls ein Wissenschaftler, war nur zehn Tage auf Tahiti. Er landete hier im April 1768 und gedachte ernsthaft, die Inseln Neu-Kythera zu nennen. Auch er und seine Männer brachten die Vorstellung eines Paradieses nach Frankreich zurück, wo später Charles Baudelaire dichtete:

C'est Cythère! ... un pays fameux dans les chansons,
Eldorado banal de tous les vieux garçons.

Das ist Kythera! ... das gepriesene Land vieler Lieder,
Ein triviales Eldorado all der alten Männer.

Bougainville schrieb in seinem Buch „Reise um die Welt": „Die Männer suchten uns zu bewegen, eine Frau zu wählen, mit ihr an Land zu gehen, und sie gaben uns zu verstehen, auf welche Art wir uns mit ihr beschäftigen sollten.

Man kann sich vorstellen, wie schwer es angesichts eines solchen Schauspiels ist, 400 junge französische Seeleute, die sechs Monate lang keine Frauensperson gesehen hatten, zu bändigen. Aller Vorsicht ungeachtet, kam ein junges Mädchen auf das hintere Vordeck und stellte sich an eine der Luken über dem Gangspill. Diese Luke stand offen, damit die Leute am Spill frische Luft bekamen. Sie ließ ungeniert ihre Bekleidung fallen und stand vor den Augen aller da wie eine Venus, als sie sich den phrygischen Hirten zeigte. Sie hatte einen göttlichen Körper."

Die Europäer merkten plötzlich, wie eng ihre Moralvorstellungen waren und wie freizügig und unkompliziert die Tahitianer mit Sex umgingen.

Der Botaniker Bougainville notierte weiter: „Die Indianer nötigten sie in ihre Wohnung und gaben ihnen zu essen. Es blieb nicht nur bei der Bewirtung allein, sondern man bot ihnen auch junge Mädchen an. Die Wohnung füllte sich sogleich mit neugierigen Männern und Weibern, welche einen Kreis um den Gast und das junge Opfer der Gastfreundschaft bildeten. Man streute ein Lager von Laub und Blumen, und Musikanten bliesen ein Lied dazu auf der Flöte. Die Göttin der Liebe ist hier zugleich die Göttin der Gastfreundschaft; sie hat hier keine Geheimnisse, und jeder Sinnesrausch ist ein Fest für das Volk. Die Wilden wunderten sich, wenn unsere Leute Bedenken vortrugen, ihr öffentlich zu opfern, welches den europäischen Sitten so sehr zuwider ist. Dennoch möchte ich mich nicht verbürgen, dass keiner seinen Widerstand aufgegeben und sich in dem Landesbrauch bequemt hat."

Sex war bei ihren polynesischen Gastgebern so selbstverständlich wie Essen und Trinken. Sogar Kinder redeten offen darüber. Jedes Körperteil hatte seinen Namen und jeder Name wurde öffentlich benutzt. Die Seeleute merkten schnell, dass polynesische Häuser keine Türen und Wände hatten. Bei ihnen war Sex eine Freude des Alltags. Das größte Ideal der Polynesier war die Schönheit eines Menschen, gleich gefolgt von seiner erotischen Erfahrung. Die erotische Erfahrung war eine Tugend! Das übertraf noch die Ideale der Griechen! Natürlich hörte das freie erotische Leben mit der Heirat auf, aber das interessierte keinen der europäischen Beobachter. Geblieben sind die Vorurteile, die die Seeleute in europäischen Häfen nach ihrer Rückkehr von sich gaben. Wenn wir an Polynesierinnen denken, dann an Frauen in Baströckchen. Aber Baströcke trugen die Damen nur beim Tanzen. Im Alltag trugen sie *tapa*-Röcke oder aus dem gleichen Baumrindenstoff Umhänge, ähnlich denen der Römer.

Die Frauen, mit denen die ersten Seeleute Liebesabenteuer hatten, kamen aus der Unterschicht. Sie handelten in spontaner Freude über die Ankunft der neuen seltsamen weißen Männer. Ihre Offenheit war eine Mischung aus unverdorbener Moral und Neugierde. Die freie Liebe zu den Fremden legte sich

schnell, und schon die nachkommenden Seeleute berichteten weit weniger überschwänglich.
Die Frauen schwammen zu den Schiffen der Europäer, weil ein Tabu besagte, dass Frauen nicht in Kanus Platz nehmen durften (auch in Europa durften Frauen früher nicht in Fischerboote, im Mittelalter war es ihnen sogar untersagt, die Netze anzuschauen – es brächte Unglück). Sie konnten also nicht in *tapa* bekleidet erscheinen, sondern kamen an Bord mit einem leichten Lendenschurz, der sie beim Schwimmen nicht störte. Der Busen wurde sowieso nicht bedeckt, er galt nicht als erogene Zone.
Die Seeleute entdeckten schnell, dass das Liebesleben der Insulaner anders verlief als in ihrer Heimat. Sie bemerkten, dass der Tanz eine wichtige Rolle spielte. Polynesische Tänze sind heute noch sehr erotisch und galten früher als eine Art Vorspiel. Damals wurde nicht gestreichelt und geküsst, sondern viel getanzt und dann geliebt. Küssen war völlig unschicklich und wurde zurückgewiesen. Man rieb sich gegenseitig die Nase. Das langte.
Schnell hatten die Polynesier herausbekommen, wie der Weiße Mann es gerne hat: die Frau unten und der Mann oben. Hierfür schufen sie später den Begriff Missionarsstellung, der sich ja bis heute gehalten hat. Bei dieser Stellung konnte die Polynesierin ihre kreisenden Bewegungen, die sie bereits beim Tanz gezeigt hatte, nicht ausführen und deshalb hieß diese Stellung im Volksmund „sie kann nicht mitmachen".
Wallis, Cook, Bougainville waren Männer, die über ihre Abenteuer aus männlicher Sicht berichteten. Es waren maskuline Ansichten und Beobachtungen, die sie verbreitet haben. In ihren Heimatländern und bald in ganz Europa las man ihre Berichte. Epidemieartig hat sich die Kunde über das lockere Liebesleben mit den leichten tahitischen Mädchen in Europa ausgebreitet. Künstler erhielten neue Visionen und einer der berühmtesten englischen Maler, Watteau, schuf das Bild *Die Einschiffung nach Kythera*. Es war der Beginn eines Jahrhundertmissverständnisses von der Vortäuschung eines freien amourösen Lebens ohne Sorgen.
Die Geschichte der Begegnungen zwischen Polynesierinnen und Weißen ist bis in die Gegenwart voller Missverständnisse und Vorurteile. Ein Vorurteil reimt sich heute noch in hawaiischen Songtexten an das andere: *hula dance* auf *wild romance, tropical night* auf *hold me tight* oder *blue lagoon* auf *coming soon.*
Aber neben der anfänglich freien Liebe entdeckten die Seeleute auf Tahiti noch einen ganz anderen Luxus, der ebenfalls kostenlos war: In ihrer europäischen Heimat musste man im Frühjahr Getreide säen. Im Sommer wurde es geerntet, gedroschen, danach die Spreu vom Weizen getrennt. Man schaffte die Körner zum Müller, sie wurden gemahlen, gelagert, verteilt und irgendwann konn-

te man damit einen Brotteig kneten. Dazu brauchte man einen Ofen; dafür mussten Holz und Kohle beschafft werden. Es gab daheim also viel Arbeit, bis endlich das Brot fertig war. Aber hier auf Tahiti benötigte man das alles nicht. Man ging zum nächsten Baum und pflückte sich ein Brot. Und weil es rund und grün war, nannten es die Seeleute „Brotfrucht".

Die Liebe war umsonst, das Brot war umsonst. Was gab es sonst noch kostenlos in Kythera? Frisches Wasser und schönes Wetter – so angenehm warm wie hier war es nur an wenigen Tagen im Jahr in der fernen Heimat. Hier hatten die Menschen nur einen Lendenschurz an, keiner lief Gefahr sich zu erkälten, keiner musste Holz sammeln, um zu heizen.

Das Wasser in den heimischen europäischen Brunnen war meist schlecht, man trank schon aus diesem Grund lieber Alkoholisches. Noch schlimmer war es an Bord. Bereits nach kurzer Zeit war es ungenießbar. Ganz anders auf Tahiti. Dort genossen die Europäer frisches Regenwasser aus den Bächen und kühles Fruchtwasser von grünen Kokosnüssen. Brot vom Baum, warmes Wetter und reines Wasser waren weitere Genüsse neben dem Sex. So war es auch nicht der Sex allein, der die Männer so faszinierte, es waren die wesentlich besseren Lebensbedingungen.

Nun hatten die Tahitianer zwar ein paar hundert *papalangis*, weiße Männer, erlebt, aber keine Frauen. Die einzigen Frauen waren aus Holz und schauten mit glasigem Blick als Galionsfiguren vom Bug der Schiffe ins Leere. Sie hatten zwar große Brüste, aber keinen Unterleib. Wo denn ihre Frauen seien? Die Europäer taten sich mit einer Antwort schwer. Bis zu dem Zeitpunkt, als die Eingeborenen eine Frau unter den Männern von Kapitän Bougainville entdeckten.

Der Schiffsarzt und Botaniker Philibert Commerson, Mitglied der *Académie des Sciences*, hatte einen jungen Diener an Bord. Es ist leider zu spät, um Monsieur Commerson zu fragen, weshalb er eine Frau an Bord geschmuggelt hat. Während der langen Fahrt hatte sie sich als Mann verkleiden können. Aber die schlauen Tahitianer haben ihre Verkleidung durchschaut, und aus Jean Baré wurde die junge Dame Jeanne Baret. Sie war die erste europäische Frau, die Tahiti zu sehen bekam und sie war die erste Frau, die jemals die Welt umsegeln sollte. Endlich hatten auch die Eingeborenen eine weiße Frau aus Fleisch und Blut vor sich. Ob sie von ihrer knabenhaften Figur enttäuscht waren, ist nicht überliefert, aber anzunehmen; denn das polynesische Schönheitsideal von Frauen ist wesentlich „fülliger".

Spätestens seit einem der drei Filme Die *Meuterei auf der Bounty* wissen wir, dass der ausschlaggebende Zankapfel eine Kokosnuss gewesen war, die Fletcher Christian nachts an Deck entwendet hatte. Dafür erniedrigte Bligh ihn und ließ ihn bestrafen. Daraufhin begann die Meuterei unter dem Anführer Christian. Ganze sechs Monate hatte Bligh in Tahiti gebraucht, um tausend Brotfruchtschößlinge zu sammeln und zu bunkern. Er hatte die Aufgabe persönlich von Joseph Banks übertragen bekommen, diese in die Karibik zu bringen, damit auch dort die Sklaven sich „Brot vom Baum" pflücken konnten. Schon nach ein paar Wochen war dieser Auftrag erledigt. Bligh, der sich aus Gründen der Disziplin genau wie vor ihm Cook keine Geliebte an Land nahm, muss jedoch der Teufel geritten haben, dass er seinen Leuten monatelang ein Leben im Rausch der Lüste auf Tahiti gewährt hatte. Männer desertierten, verweigerten den Dienst, machten eigene Tauschgeschäfte, lebten mit ihren Mätressen an Land.

In einer Biografie des Historikers Richard Hough schreibt dieser, dass Bligh als Kapitän ein einsamer Mann auf dem Schiff gewesen war, meist isoliert von den anderen Männern. Er zitiert Bligh wie folgt: „...wer von den jungen Herren möchte denn heute Abend mit mir speisen...". Nur 32 Jahre alt, muss er das Treiben seiner Offiziere und von Großteilen der Mannschaft mit den Inselschönen mit einem erheblichen Maß an Eifersucht empfunden haben. Besonders auf seinen Freund Fletcher Christian muss er eifersüchtig gewesen sein, auch verbittert und enttäuscht, dass dieser „ihn verlassen" hatte.

Es brauchte nur den berühmten Funken, um die Rebellion auszulösen. Laut der neuesten Interpretation *(Die Bounty – Die wahre Geschichte der Meuterei auf der Bounty* von Caroline Alexander) löste den Funken Fletchers Kater und schlechte Stimmung am Morgen nach durchzechter Nacht aus. Wie auch immer, Stein des Anstoßes war letztendlich die fehlende Kokosnuss. Nach den Beschuldigungen Blighs erinnerten sich die vermeintlichen Diebe, wie viel schöner ein Leben in Tahiti wäre als auf der engen Bounty mit diesem engstirnigen Chef. Dort gab es Liebe und Brot umsonst – und keiner befahl!

Fletcher Christian hat Captain Bligh und 18 Mann bei der tonganischen Insel Tofua in einem Beiboot ausgesetzt. Die Männer kamen nach einer 3000 Seemeilen langen Reise und einer bravourösen navigatorischen Leistung in Kupang auf Timor an.

Auf der *Bounty* blieben außer den Meuterern auch sogenannte Loyalisten, die der Krone und Captain Bligh treu ergeben waren, aber nicht Platz auf der kleinen Schaluppe fanden. Diese setzte Fletcher Christian nach langer Irrfahrt wieder in Tahiti ab. Von hier aus starteten die Meuterer neu, um wochenlang die kleine Insel Pitcairn, damals nur auf einer einzigen Seekarte verzeichnet, zu suchen.

Christian verließ mit acht weiteren Meuterern Tahiti. Mit an Bord hatten sie auch ganz speziellen „Proviant". Fast jeder Mann hatte seine *vahine*, seine tahitianische Frau, dabei. Insgesamt waren neun weiße Männer, sechs Polynesier und zwölf Polynesierinnen an Bord. Ganz klar: für drei Mann gab es keine Frau. Es ist bekannt, dass sie gleich nach ihrer Ankunft auf der unbewohnten Insel Pitcairn die Bounty verbrannten, um alle Spuren zu vernichten. Erst 18 Jahre später betrat der amerikanische Robbenfängerkapitän Mayhew Folger die Insel. Er machte eine bedeutsame Entdeckung: 35 Menschen lebten dort, meist Frauen und Kinder. Es gab nur noch einen Mann, den Seemann Alexander Smith. Der Rest der Männer und einige Frauen hatten sich gegenseitig umgebracht.

Was Folger auch erstaunte: Alle waren äußerst religiös. Alexander Smith war zwar Analphabet, als er auf Pitcairn ankam. Aber der außer ihm letzte lebende Seemann hatte ihm das Lesen beigebracht, so dass er aus dem einzigen Buch vorlesen konnte. Und das war die Bord-Bibel.

Folger fand heraus, dass sie sich wegen der Frauen umgebracht hatten. Sex und Eifersucht waren die Gründe. Erst töteten sich weiße Meuterer gegenseitig, dann Weiße Polynesier, schließlich Polynesier Weiße.

Fletcher Christian und seine acht liebestollen Männer suchten auf Pitcairn das bessere Tahiti, die Steigerung von Kythera. Sie suchten Liebe und Glück mit ihren Südseeschönheiten. Aber sie fanden Hass, Verrat und Tod. Erst haben die Männer um Fletcher Christian die erste Meuterei aus sexuellen Gründen ausgelöst, und als sie alle Freiheiten auf der Insel ihrer Wahl hatten, hat der Sex ihnen den Verstand geraubt.

Ironie des Schicksals: Pitcairn wurde durch Mörder zur ersten christianisierten Insel im Pazifik. Und ihr Anführer Fletcher Christian, der in drei Filmen und vielen Bounty-Büchern als gut aussehender Held geschildert wurde, sah in Wirklichkeit nicht gut aus, hatte O-Beine und Gonorrhöe.

Bei den Seeleuten hießen die Südseeinseln damals „Inseln der Liebe", denn aus Sicht der ersten Besucher wirkten die Polynesier sexbesessen, aber das war die Ansicht von puritanisch erzogenen Menschen. In Wirklichkeit waren nicht die Polynesier sexbesessen, sondern die Neuankömmlinge aus Europa wussten nicht mit ihrer Sexualität umzugehen.

Eine Anekdote mag den Unterschied verdeutlichen: Ein Bischof und sein junger Pfarrer ritten in Neuseeland durch ihre Diözese und kamen abends zu einem Maoridorf. Hier wurde der Bischof als Mann von Rang mit großer Gastfreundlichkeit vom Häuptling empfangen. Das Festmahl, die Gesänge und Tänze währten bis in die Nacht. Als der Bischof und sein junger Pfarrer zu Bett gehen wollten, rief der Häuptling in guter alter Tradition nach einer Frau für den Bischof. Der junge Begleiter war entrüstet und fragte den Häuptling: „Was meinen Sie? Eine Bettgenossin für den Bischof?"

Der Häuptling war irritiert. Für ihn konnte der Einwand nur bedeuten, dass er nicht großzügig genug gedacht hatte. Laut und vernehmlich rief er seinem Diener zu: „Bring dem Bischof zwei Frauen!“

Don Juan in englischen Diensten

(zirka 1724 bis 1779)

Augustus Hervey war einer der größten Casanovas seiner Zeit. Vielleicht ein größerer Casanova als Don Juan es jemals war.
Die Engländer hatten vor 200 Jahren die meisten Schiffe und somit auch die meisten „Sünder auf See“. Ein besonderer „Sünder“ war Captain Hervey. Bei ihm reihte sich eine Affäre an die andere. Außerdem lebte er in Bigamie. Hervey steht für Lust und Laster, für Treue zum Vaterland und Untreue zum anderen Geschlecht. Seine Amouren waren typisch für Offiziere und Aristokraten in der Royal Navy. Hervey war wohl der bemerkenswerteste Liebhaber seiner Zeit. Seine Biografie liest sich wie eine Lustreise auf Schiffen der Royal Navy durch die Betten von Adeligen, Huren, Nonnen und Bürgerlichen im Alten Europa.
Augustus Hervey hatte das schicksalhafte Glück, die meisten Jahre in Friedenszeiten bei der Royal Navy zu dienen. Er nahm als Kapitän eher repräsentative Aufgaben wahr. Es waren die Zeiten, in denen man genügend Mannschaft hatte und keine Männer an Bord pressen musste. Herveys Aufgabe war es, die Stärke Englands zu demonstrieren und gute Stimmung für das Vaterland zu machen, im Ernstfall auch militärisch einzugreifen. Das nannte man „Flagge zeigen“.
Er war genau der Richtige für diesen Job: Augustus Hervey hatte Charme, Geld, einen Adelstitel und er muss wohl Sexappeal gehabt haben. Vieles ist authentisch, denn der Casanova hat die wichtigsten Jahre in einem Tagebuch festgehalten.
Augustus Hervey wurde 1724 in London geboren. Sein Vater war Baron Hervey of Ickworth. Seine Mutter hieß Mary Lepell; sie soll so schön gewesen sein, dass sogar Voltaire ihre Schönheit gepriesen hat. Augustus war der zweite von drei Brüdern. Wie üblich, übernahm der Älteste den Titel, der Zweite ging in jungen Jahren als Kadett zur Royal Navy, und der Dritte wurde Geistlicher.
Als Sechszehnjähriger bestand Hervey das Leutnantsexamen. Er diente unter dem Kommando seines Onkels William auf dem Kriegsschiff *Superb*, als sie Lissabon besuchten. Hier hatte er sein erstes Liebesabenteuer mit einer Dame namens Ellena Paghetti. Er beschreibt sie als eine italienische Sängerin, berühmt für ihre Stimme und ihre Schönheit.

Hervey diente danach in der Karibik. Auf Urlaub in England lernte er im Sommer des Jahres 1744 Elizabeth Chudleigh kennen. Sie war 24 Jahre alt und vorgesehen für die Rolle der Ehrenjungfrau bei der anstehenden Hochzeit der Prinzessin von Wales. Die beiden verliebten sich und, ungestüm wie sie waren, heirateten sie heimlich. Die Hochzeit fand nachts mit nur vier Zeugen in einer kleinen Kapelle statt. Der Grund dafür waren 400 £, die Mrs. Chudleigh als Ehrenjungfrau zustanden, nicht aber als verheiratete Frau. Direkt nach der Hochzeit musste Hervey wieder an Bord antreten. Abgesehen von einem kurzen Wiedersehen verloren sich die beiden aus den Augen. Jeder von ihnen machte eine erstaunliche Karriere in Sachen amouröser Begegnungen.
Miss Chudleigh erschien 1749 bei einem Ball des Venezianischen Botschafters in London in einem durchsichtigen Kleid, bei dem man fast jeden Teil ihres schönen Körpers erkennen konnte. Der König und sein männliches Gefolge waren begeistert, nicht aber die Damen. Die Prinzessin von Wales legte ihren eigenen Umhang über Schultern und Busen ihrer „Ehrenjungfrau". Mrs. Montagu bemerkte: „Miss Chudleigh's Bekleidung beziehungsweise ihre Nicht-Bekleidung war bemerkenswert; sie wirkte wie das Opfer Iphigenie, aber so nackt, dass der Hohe Priester ohne Weiteres ihre Eingeweide begutachten konnte."
Inzwischen hatte sich Hervey in seiner Welt der Affären gut eingerichtet. Er war 1747 zum Kapitän ernannt worden und man übertrug ihm nach einigen kleineren Kommandos das über das 70-Kanonen-Schiff *Princessa.*
Auf diesem Linienschiff segelte er im Geschwader von Admiral Byng ins Mittelmeer. Der Krieg mit Frankreich war beendet. Man wollte wieder Flagge zeigen. Es gab Musiker auf den Schiffen, und man war darauf vorbereitet, in den Mittelmeerhäfen Feste und Dinnerpartys zu geben. Eine hervorragende Gelegenheit für Seeoffiziere, sich den Damen der Gastländer zu nähern. Die Schiffe von Admiral Byng besuchten unter anderem Genua und Pisa. Im italienischen Hafen Livorno (die Engländern nennen ihn Leghorn) lud Hervey den Gouverneur, dessen Mätresse und 28 Mitglieder des Adels zu einem Dinner ein. Musik wurde gespielt. Er ließ die Brücken im Hafen mit Fackeln beleuchten. Seine Gäste wurden in dekorierten Ruderbooten an Land gebracht, neue kamen an Bord. Es wurde ein üppiges Fest, und die Gegeneinladungen ließen nicht auf sich warten.
Danach fand Hervey die Damen in Florenz besonders galant, ihre Männer als die am wenigsten eifersüchtigen. Er muss sich hier wohl mit zwei adligen Damen amüsiert haben: Marchesa de Pecori und Marchesa Acciaiola nennt er in seinen Notizen, ob gleichzeitig, ist nicht sicher belegt. In Livorno begegnen ihm auch zwei Frauen von ansässigen Kaufleuten. In seinem Tagebuch heißt

es: „Mit der Ersten hatte ich jeden Spaß, den ich mir wünschen kann. Sie war sowohl hübsch als auch unterhaltsam.“ Immerhin schenkte sie ihrem englischen Galan ein Portrait von sich sowie einen Ring mit Diamanten.
Im Herbst 1748 legt die Flotte wieder in Lissabon an. Noch einmal trifft Hervey seine erste Liebe, Ellena Paghetti. Seine Jugendliebe war wohl nicht mehr das Maß aller Dinge, denn er schaute sich schnell nach anderen um. So kommt er auch in das Kloster Odivellas. Hier hatte der König von Portugal zwei Mätressen untergebracht, die beide von ihm ein Kind hatten. Harvey bemerkte schnell, dass viele der Nonnen besonders attraktiv waren. Über einen späteren Besuch im Kloster bemerkte er: „Wir blieben lange und liebten uns.“
Nur ein paar Zeilen weiter schrieb er, dass er Prostituierte mit zwei Gentlemen aufgesucht hatte. Gemeinsam mit dem Duke of Bagnos und Charles Gravier, dem späteren Außenminister Ludwigs XVI., besuchten sie ein Bordell. Er notierte: „Wir hatten nur Umhänge um. Wahrlich, ich glaube, es waren 30 Damen im Haus, ich wählte meine Damen des Vergnügens.“
Herveys aristokratischer Hintergrund öffnete ihm Tür und Tor. Er verließ sein Schiff in Lissabon, fuhr nach Paris, wurde der Königin vorgestellt und auch von Madame Pompadour empfangen. Um fit zu sein, tanzte er jeden Morgen nach dem Aufstehen für eine halbe Stunde, ging drei Mal die Woche reiten. Er muss es in Paris toll getrieben haben, bis er sich im November 1749 in Susanne-Félix Lescarmot verliebte. Sie war eigentlich als Mätresse für den König gedacht, aber man entschied, Madame Pompadour würde besser zu ihm passen. So heiratete Frau Lescarmot einen gewissen Monsieur Caze. Hervey und sie lernten sich auf einem Maskenball kennen. Kapitän zur See Augustus Hervey wusste auch, wie man an Land in hochgelegene Zimmer von Damen gelangte und bestand hierbei die größten Abenteuer, bis endlich Monsieur Caze ins Kabinett des Königs gerufen wurde, und der Kapitän nicht mehr die Hauswand hoch entern musste, sondern des Nachts den Nebeneingang benutzen konnte.
Zurück in England, erhielt der englische Casanova 1752 ein kleineres Schiff, die *Phoenix*, mit Order, wieder ins Mittelmeer zu segeln. Als er sie im heimatlichen englischen Hafen ausrüstete, empfing er von Madame Caze sein „Abdankungsschreiben“.
Wieder in Lissabon, wird ein bestimmtes Verhaltensmuster bei Hervey deutlich. Er nimmt zuerst Kontakt zu seinen alten Liebschaften auf, um dann, von sicherem Terrain aus nach neuen Abenteuern zu suchen. So begab er sich bald wieder zum Kloster Odivellas und frischte alte Liebschaften zu einigen Nonnen auf.
Im August ankerte die *Phoenix* im alten Hafen von Marseille. Sogleich hat Her-

vey eine Madame Sarazin gekapert. Sie wiederum war die Mätresse eines französischen Offiziers und bestand darauf, mit an Bord zu kommen. Er lud sie ein, mit ihm nach Menorca, Gibraltar und Lissabon zu segeln. Dort mietete er ein Haus und so konnte er sie besuchen, wann immer er wollte. Aber er wollte nicht immer, denn Lissabon war für ihn zum bevorzugten *place d'amour* geworden. Bemerkenswert ist, dass englische Kapitäne Frauen an Bord von Kriegsschiffen mitnahmen. Offensichtlich wurde das Offizieren in Friedenszeiten gewährt. Hervey vertraute seinem Tagebuch an, dass er eines Tages in Lissabon von einem reitenden Boten aufgesucht wurde, der ihn bat, zu einer Dame der Gesellschaft zu kommen. Zuerst dachte er an einen Hinterhalt. Man brachte ihn zu einem Palais, wies ihn an, im Garten zu warten, führte ihn dann in einen Flügel, wo er auf eine attraktive Dame traf. Sie erklärte ihm, dass die Zeit kurz bemessen sei, und sie ins Schlafzimmer gehen sollten. Später schrieb er, dass sie ihn bereits so sehr „angefeuert" hätte, dass er mit ihr ins Bett ging, nicht jedoch ohne vorher seine Pistole unters Kopfkissen gelegt zu haben. Dann verbrachte er eine höchst vergnügliche Nacht. Nach mehreren heimlichen Rendezvous fand er heraus, dass ihn die Herzogin de Cadaval begehrte, eine Prinzessin des Hauses Lorraine.
Der Leser mag die vielen ihm unbekannten Namen entschuldigen. Es ist anzunehmen, dass die erwähnten Damen nur der Gipfel des Eisberges sind, die dieser Casanova der britischen Admiralität erfreut hat, beziehungsweise die ihn beglückt haben.
Im August 1754 lag die *Phoenix* in Genua vor Anker und zeigte Flagge. Hier traf er Signora Pellinetta Brignole, eine gut aussehende, intelligente Frau aus bester Genueser Familie. Sie hatte Hervey so für sich eingenommen, dass sie für längere Zeit das einzige Objekt seiner Begierde wurde. Natürlich war sie verheiratet, was ihn bei One-Night-Stands niemals gestört hatte. Madame Brignole ließ sich etwas Besonderes einfallen, sie täuschte bei ihrer Familie eine Augenentzündung vor, sie müsse daher im Dunkeln liegen. Hervey kam zu ihr ins Bett, legte sich unter die Decke, verharrte hier – kaum atmend –, wenn ihr Mann ihr Gute Nacht sagen wollte. „Nach einigen ängstlichen Augenblicken, als ihr Mann gegangen war, war ich mit der aufregendsten Frau zusammen, die ich je begehrte. Ich war bis morgens bei ihr und vollbrachte wahre Wunder." Bei einer anderen Gelegenheit musste sich unser Kapitän zur See über zwei Stunden unter der Bettdecke verstecken, bis die Luft rein war.
Inzwischen waren Hervey Frauen, ob verheiratet oder nicht, nicht genug. Er suchte auch nach minderjährigen Teenagern. Er fand sie, wie er seinem Tagebuch anvertraute, nach Kirchenbesuchen, in Tavernen, in Kontoren.

Zwischen den Jahren 1756 und 1760 musste Hervey Dienst tun. Bei Urlaubsaufenthalten in London folgte er sofort wieder seinem Liebesdrang und begann neue Affären. Bekannt wurde seine Liaison mit der stadtbekannten Kurtisane Kitty Fisher. Dem Maler Sir Joshua Reynolds diente die schöne Kitty Fisher als Modell für ein Cleopatragemälde. Von einer anderen Kitty bekam er einen Sohn, den er auch Augustus nannte. Die Mutter hieß Kitty Hunter, sie war die Tochter eines der Lords der Admiralität.
Herveys letzte große Liebe war eine Mrs. Mary Nesbitt. Anders als fast alle ihre Vorgängerinnen kam sie aus kleinsten Verhältnissen. Man sagte ihr nach, in einer Schubkarre geboren worden zu sein, was sie nicht davon abhielt, einen der bedeutendsten Banker Londons zu heiraten. Auch sie war bildschön, und auch sie wurde von Sir Joshua Reynolds als Modell bevorzugt. Sie muss wohl eine Nymphomanin gewesen sein; aber Kapitän Hervey konnte ihr Zügel anlegen – oder sie ihm. Denn ab 1770 waren sie unzertrennlich bis zu seinem Tod.
Hervey trat jedoch nicht von der Bühne ab, ohne vorher für einen der größten Bigamie-Prozesse Englands im Jahr 1773 zu sorgen. Seine heimlich geheiratete Frau, Elizabeth Chudleigh, wurde die Mätresse des Duke of Kingston. Sie betrachtete ihre Heirat mit Hervey, der inzwischen den Titel seines älteren verstorbenen Bruders, Earl of Bristol, trug, als schäbiges Ereignis und erklärte der Kirche gegenüber, sie sei eine ältere Jungfer. Man heiratete. Sie wurde die Duchess of Kingston. Als der Duke vier Jahre später starb, fochten seine Erben die Heirat an, denn die Duchess sei ja bereits mit Augustus Hervey, dem jetzigen Earl of Bristol, verheiratet gewesen.
Es ging darum, ob Mrs. Elizabeth Chudleigh jetzt die Duchess of Kingston war oder die Countess of Bristol; ein Fall, der im House of Lords entschieden werden musste. Es gab in London ein so starkes Interesse an dem Fall, dass das House of Lords dem Andrang nicht gewachsen war und die Verhandlung in die größere Westminster Hall verlegt wurde. Die Königin, der Prince of Wales, die Aristokratie und die Londoner Gesellschaft waren anwesend. Miss Chudleighs Ehe mit Hervey wurde als legal bezeichnet, und sie wurde der Bigamie beschuldigt, allerdings nicht verklagt.
Miss Chudleigh starb 1788 in Paris. Captain Hervey zog sich nach Nizza zurück. Er starb 1779 mit 54 Jahren im Haus seiner Familie am St. James Square als wohlhabender Mann.

Was holländische Frauen unter „Antreten zum allgemeinen Dienst" zu verstehen hatten

(1628 bis 1630)

Im Jahr 1628 schickte die reiche und mächtige holländische VOC *(Vereenigde Oostindische Compagnie)* eine Flotte von sieben Schiffen von Amsterdam zu ihrem Hauptstützpunkt Batavia auf Java, ins heutige Indonesien. Das Flaggschiff hieß ebenfalls Batavia. An Bord waren über 340 Menschen, Schatztruhen voller Silber, Münzen und Edelsteine, wertvolle Handelsware, Kanonen, Waffen und Munition sowie Verpflegung für knapp ein Jahr. Selbst den Schiffsballast nutzten die Handelsherren noch für Nützliches. Anstatt üblicher Ballaststeine handelte es sich um 137 große vorgehauene Sandsteinblöcke, die, zusammengebaut, das neue Tor der Festung von Batavia bilden sollten. Allein diese Blöcke machten ein Gewicht von 37 Tonnen aus.
Der nagelneue Dreimaster war bis über den Wasserpass an seine Grenzen beladen. Insgesamt konnte die *Batavia,* ein sogenanntes *Retourschip*, 600 Tonnen Ladung aufnehmen. Sie war 48 Meter lang. Neben der *Batavia*-Klasse, die sowohl Ladung als auch Passagiere befördern konnte, gab es bei der Flotte auch kleinere Schiffstypen wie die *Fluyt* oder die *Jacht.*
Die *Batavia* war im Herbst 1628 in der Rekordzeit von nur neun Monaten fertig gestellt worden und kostete die VOC, die reichste Handelsgesellschaft der damaligen Welt, 100.000 Gulden. Das entspricht einem heutigen Wert von zirka 8.000.000 . Die Bauaufsicht hatte der berühmte holländische Schiffsbauer Jan Rijksen.
Die VOC hatte frühzeitig erkannt, dass der lukrative Handel von Gewürzen aus Fernost in portugiesischen Händen lag. Portugiesen und Spanier hatten 1494 im Vertrag von Tordesillas die Welt unter sich aufgeteilt. Spanien bekam den Teil westlich eines bestimmten Längengrades bei den Kapverdischen Inseln und Portugal den östlichen Teil. Die ersten Reisen der Holländer nach Fernost um das Jahr 1600 brachten im Handel mit Gewürzen bereits Gewinnspannen von über hundert Prozent. Es gab spätere Reisen mit Spannen von mehr als tausend Prozent. Diese Pfründe wollten die Holländer festigen und benannten den Rat „Herren XVII". 17 Kaufleute wachten über die Geschicke der VOC und bauten im Fernen Osten die VOC-Handelshäfen mit dem Zentrum Batavia aus, dem heutigen Djakarta.
Die VOC-Herren wollten das Geschäft direkt ab Holland kontrollieren und das Ruder in der Hand behalten. Deshalb erhielt nicht der Kapitän – wie üblich – das Kommando, sondern ein Oberkaufmann. Auf der *Batavia* hieß der Oberkaufmann Francisco Pelsaert, sein Stellvertreter, der Unterkaufmann, war ein bankrotter

Apotheker mit Namen Jeronimus Cornelisz. Der Kapitän der *Batavia* hieß Adriaen Jacobs. Über diese dramatische Reise gibt es viele alte Tagebücher und Aufzeichnungen, aber auch neuere Literatur. Das wohl umfassendste Buch hat der Engländer Mike Dash geschrieben: *Der Untergang der Batavia.*

Die Reise wurde auf neun Monate angesetzt. Als einziger Zwischenhafen war Kapstadt vorgesehen, um Ochsen und Schweine zu schlachten, frisch einzupökeln und natürlich, um Obst, Gemüse und Frischwasser zu bunkern. Die Tiere tauschte man gegen ein paar Nägel und metallene Werkzeuge bei den Hottentotten, die am Kap lebten, ein. Im 17. Jahrhundert hieß Kapstadt, die Siedlung am Südkap Afrikas, bei den Seeleuten nur „die Ozeankneipe", offensichtlich wegen der sehr guten Verpflegungsmöglichkeiten.

Auf der *Batavia* gab es zirka 22 weibliche Passagiere, die meisten verheiratet. Einige Frauen wollten zu ihren Ehemännern, andere begleiteten sie. Hinzu kamen wenige unverheiratete Dienerinnen und Töchter von Mitreisenden. Aber es waren auch einige alleinreisende junge Frauen dabei.

Da die meisten Männer in den Handelsstationen des VOC im späteren Indien, in Sri Lanka, Malaysia und Indonesien unverheiratet waren, nahmen sie sich oft einheimische Frauen oder Geliebte. Die konservative calvinistische VOC sah das nicht gern. Andererseits hatten die „Herren XVII" auch kein Patentrezept, wie man jungen Männern im heiratsfähigen Alter, die sich oft auf fünf Jahre für den Dienst in Fernost verschrieben hatten, mit Frauen zusammenbringen konnte. Man versuchte es mit einheimischen Sklavinnen, was jedoch zum Scheitern verurteilt war. Es musste sich im Mutterland schnell herumgesprochen haben, dass Männer in Batavia hinter weißen Frauen her waren „wie hinter gebratenen Tauben".

Ein Versuch schlug fehl, junge unverheiratete Frauen aus der Heimat nach Batavia zu schicken. Der VOC Generalgouverneur von Batavia, Pieter Both, hatte 36 Frauen nach Java mitgenommen, die sich aber als Ex-Prostituierte erwiesen. Der spätere Gouverneur Coen, ein Mann, der auch vor seinen „Herren XVII" kein Blatt vor den Mund nahm, beschwerte sich schriftlich, dass man ihm nur den Abschaum schicken würde.

Jedenfalls bewirkte sein Schreiben einen weiteren Versuch der VOC. Man sichtete in Waisenhäusern von Amsterdam geeignete junge „Fräuleins" und nannte sie „Töchter der Kompanie". Die meisten von ihnen waren zwischen 12 und 20 Jahre alt. Ohne ihr Einverständnis einzuholen, wurden sie auf Schiffe der VOC gebracht. Hier kümmerte sich eine einzige Gouvernante um eine Heerschar junger Waisenmädchen – die ideale Konstellation, um für Unruhe auf einem Handelsschiff zu sorgen, das fast ein ganzes Jahr unterwegs war. Jedenfalls müssen heißspornige Seeleute sich jedes Tricks bedient haben, um

mit diesen jungen Dingern in engeren Kontakt zu gelangen. Was als hehre Idee bei der VOC geboren war, erledigte sich spätestens bei der Ankunft auf Java von selbst. Wieder war ein Versuch der „Herren XVII“ fehlgeschlagen. Es scheint, dass die „Pfeffersäcke“ mehr von Geschäften verstanden als von Menschen. Ab dem Jahr 1628 durften nur noch Ehefrauen und Töchter leitender Angestellter mitreisen. Und nur in Ausnahmefällen gewährte man unverheirateten Frauen die Mitreisemöglichkeit unter strengster Aufsicht.
So ist anzunehmen, dass es sich auf der *Batavia* bei den unverheirateten Frauen um blinde Passagiere gehandelt haben dürfte. Anders als in heutigen Zeiten, gab es früher wesentlich häufiger blinde Passagiere, da die Schiffe viel mehr Möglichkeiten zum Verstecken boten und an Tagen vor der Abfahrt sich viel fremdes Volk an Bord herumtrieb.
Einige Wochen nach der Abfahrt der Flotte, zu der die *Batavia* gehörte, verließ eine gleich große Flotte unter dem Ratsherren Specx holländische Gewässer. Auch sie wollte nach Java. Auf diesen Schiffen entdeckte man eine Schar von Huren. Noch aus der Biskaya berichtete Specx seiner Zentrale von den widerlichen Frauenzimmern, die man auf allen Schiffen seiner Flotte gefunden hätte.
Auf der *Batavia* herrschte ein Verhältnis von fünfzehn Männern zu einer Frau. Bis auf ganz wenige Ausnahmen war keine dieser Frauen „frei“. Eine der schwierigsten Aufgaben auf dieser neunmonatigen Reise war es, die Geschlechter zu trennen, Spannungen zu vermeiden.
Wie auf anderen Kauffahrteischiffen, wie man Handelsschiffe nannte, die lange Reisen unternahmen, kam es auch auf den Schiffen der VOC zu gleichgeschlechtlichem Sex. Die calvinistischen Herren der VOC konnten das nicht dulden und hatten ihre Oberkaufleute, auch *Commandeurs* genannt, sowie die Kapitäne zu strengsten Strafen an Bord und an Land angehalten. Während man auf britischen Handelsschiffen meist einen Unterschied machte, wer der Verführer war und wer der Verführte, wonach sich das Strafmaß richtete, zählte das bei den Calvinisten nicht. Die Strafe war so hart wie abschreckend: Beide Beteiligten wurden lebend in ein Segeltuch genäht und ins Meer geworfen. Sex unter Männern kam auf holländischen Schiffen weniger bei der Mannschaft vor; denn in deren Gemeinschaftsraum vor dem Mast war es zu eng – jedermann konnte alles beobachten. Vielmehr kam es bei Offizieren und höher gestellten Kaufleuten vor, die alle kleine Kabinen im Achterschiff besaßen. Für die moralischen Aufpasser war es schwierig, hinter jeder Kabinentür einen homosexuellen Akt zu vermuten, so dass die Techtelmechtel im Achterschiff kaum ans Tageslicht kamen.
Zu den allein reisenden Frauen auf der *Batavia* zählte eine gewisse Lucretia

Jans. Sie wollte ihrem Mann, der bereits in Batavia war, hinterher reisen. Es ist nicht geklärt, ob die VOC auf einer Begleitung für Frau Jans bestand, da sie, wie erwähnt, alleinreisende Frauen ablehnte, oder ob diese aus eigenen Erwägungen eine Anstandszofe dabei hatte – was bei besser gestellten Damen durchaus üblich war.
Jedenfalls wählte Frau Jans als Begleiterin eine junge Frau namens Zwaantie Hendricx aus. Beide Frauen konnten nicht unterschiedlicher sein. Die eine sehr schön, gebildet, zurückhaltend, von besten Manieren, aus dem obersten Stand und verheiratet. Die andere jung, vergnügt, hübsch, lebensfroh und unverheiratet. Was sich recht bald auf der Reise herausstellte: Beide Frauen mochten sich nicht. Die VOC hatte wohl angenommen, dass die Konstellation Herrin/Zofe keine Schwierigkeiten bereiten könnte. Aber sie hatte sich getäuscht. Mit Frau Jans und Fräulein Hendricx fingen die Konflikte an Bord der *Batavia* an.
Kapitän Adriaen Jacobs machte der Dame Lucretia Jans während der Etappe nach Kapstadt den Hof. Sie wies ihn jedoch ab. Darauf machte er sich an ihre Zofe. Zwaantie Hendricx ging auf die Offerten des Kapitäns ein. Schließlich war sie ungebunden und sah in dem Kapitän eine gute Partie. Beide mochten Lucretia Jans nicht – der Kapitän, weil sie ihn abgelehnt hatte, die Zofe, weil sie sich von ihr herumkommandiert fühlte. Dass Kapitän und Zofe sich näher gekommen waren, war ursprünglich ein Gerücht, wurde aber bestätigt, als der Unterkaufmann Jeronimus Cornelisz eine der beiden engen Toiletten im Achterschiff benutzen wollte und er den Kapitän mit der Zofe kopulierend vor sich sah. Somit kannte Cornelisz ein Geheimnis des Kapitäns.
Zwaantie Hendricx muss dem damaligen holländischen Schönheitsideal nahegekommen sein. Seinerzeit waren üppige Fräuleins mit rosigem Teint in. Ein Zeitgenosse beschrieb es plastisch: Sie muss „ein Fass mit ihren Hinterbacken und einen Badebottich mit ihren Brüsten füllen konnten“.
Als die Geliebte ihrem Kapitän berichtete, dass sie wahrscheinlich schwanger wäre, kam der in Nöte. Dabei wird er sich sicherlich an das geflügelte Wort der VOC-Bediensteten erinnert haben: „Südlich des Äquators gibt es keine Zehn Gebote.“ Er befahl einem seiner Getreuen nach einer gemeinsamen Zecherei, auch mit Zwaantie Hendricx in die Koje zu gehen, damit die Vaterschaft nicht ausschließlich ihm zugeschrieben werden konnte.
Inzwischen hatte auch *Commandeur* Pelsaert von der Affäre des Kapitäns mit der Zofe Wind bekommen, und der rügte den Kapitän. Kapitän Jacobs fühlte sich in seiner Ehre gekränkt und vertraute sich in nächtlichen Wachen immer mehr dem Ex-Apotheker und jetzigen Unterkaufmann Cornelisz an. Dieser hatte seine Frau verlassen, um im Fernen Osten sein Glück zu machen. Zuvor hatte er sich in Haarlem von dem Gedankengut einer Sekte anstecken lassen,

deren Glaubensbekenntnis unter anderem war, dass es keine Hölle gäbe und alles gottgewollt sei – alles: das Gute wie das Böse!
Aus den Vertrauten Jacobs und Cornelisz wurden Verschworene. Beide lehnten sie den Oberkaufmann Pelsaert ab und planten eine Meuterei. Die Motivation des Kapitäns dürfte verletzte Ehre gewesen sein, die des Unterkaufmanns war Macht und Gier nach Reichtum, basierend auf seinem sektiererischen Gedankengut. Kapitän Jacobs und Unterkaufmann Cornelisz suchten auf der Fahrt von Kapstadt bis zum Ziel Batavia auf Java ganz gezielt jene Männer aus, die bereit waren, diese Meuterei mit ihnen durchzuführen.

Aber bevor es zur Meuterei kommen sollte, wollte sich Kapitän Jacobs bei Lucretia Jans für die erlittene Zurückweisung rächen. Komplize war sein neuer Vertrauter Cornelisz, der dem verhassten Oberkaufmann Pelsaert eine Warnung zukommen lassen wollte. Sie ließen Frau Jans von ihrer Meutererbande überfallen. Die Männer beschmierten ihren Körper, ihre Scham und ihre Kleider mit Teer und Kot. Der Oberkaufmann nahm diesen Vorfall als das was er war: eine Warnung an ihn. Jetzt wusste er, dass er Feinde an Bord hatte.
Wie alle Kapitäne seiner Zeit hatte Jacobs ein großes navigatorisches Handicap zu überwinden. Er wusste nämlich nicht genau, welche Strecke sie von West (Kapstadt) nach Ost (Längengrad von Java) zurückgelegt hatten. Nur durch das einfache Messen der sogenannten Mittagsbreite, mittags am höchsten Stand der Sonne, konnte der Kapitän den Breitengrad errechnen, auf dem sich das Schiff befand. Hierzu benötigte er nur den Oktanten, sein Winkelmessgerät, keinen genau gehenden Chronometer. Was allen Kapitänen der damaligen Zeit aber nicht möglich war, war das Ermitteln des genauen Längengrades. Dazu brauchte man entweder die Monddistanzberechnung* oder die genaue Zeit, um den Unterschied zwischen einem angenommenen Längengrad (heute ist es weltweit der Nullmeridian von Greenwich, London) und dem errechneten, auf dem man sich befand, zu ermitteln. Die Monddistanzberechnung hatte sich nicht durchgesetzt und die ersten genauen Chronometer kamen erst Ende des 18. Jahrhunderts auf.
Schnell hatten die Holländer herausgefunden, dass der beste Weg nach Osten in den Breiten südlich des 38. Breitengrads verläuft, denn da herrschten meist westliche Winde, Starkwinde bis hin zu Stürmen. Diese trieben die breiten, bauchigen Schiffe schnell voran und konnten eine Fahrt um mehrere Monate verkürzen.

Im Jahr 1514 beobachtete der deutsche Astronom Johannes Werner, dass man die Mondbewegungen zur Positionsbestimmung verwenden kann.

Auf der Fahrt der *Batavia* von Kapstadt aus hatte sich Kapitän Jacobs um mehrere hundert Seemeilen verrechnet – sie waren weit östlicher als er glaubte. Spätestens als der Bug der *Batavia* auf ein Riff auflief, das Schiff gegen Korallenbänke geschleudert wurde und im Nu ein Chaos entstand, erkannte der Mann sein navigatorisches Missgeschick. Und ihm und seinem Mitplaner Cornelisz war klar, dass es zu spät war, die Meuterei durchzuführen.
Die *Batavia* war auf ein Riff 50 Seemeilen westlich von der australischen Küste aufgelaufen. Heute heißen diese flachen Inseln die Houtman Albrolhos Islands. *Commandeur* Pelsaert übernahm nach dem Schiffbruch sofort das Kommando. Er ließ die 258 Überlebenden auf eine kleine Insel bringen, ebenfalls die Schatztruhen und Fässer mit Trinkwasser, Verpflegung und Ausrüstungsteilen, bevor der Rumpf auseinanderbrach. Dann machte er sich mit Kapitän Jacobs und 48 Überlebenden in einem knapp 11 Meter langen offenen Boot auf die fast 2000 Seemeilen lange Reise nach Java, um Hilfe zu holen. Eine bemerkenswerte nautische Leistung.
Von diesem Zeitpunkt an übernahm Unterkaufmann Jeronimus Cornelisz das Kommando über die 210 Überlebenden auf drei kleinen Koralleninseln. Dank genauer Tagebuchaufzeichnungen ist gut nachvollziehbar, was sich im Einzelnen dort abgespielt hat. In kürzester Zeit baute der Ex-Apotheker und Besessener eines abstrusen Sendungsbewusstseins ein Machtzentrum des Grauens auf. Die auf See nicht zustande gekommene Meuterei vollzog er jetzt an Land. Aber mit einer blutrünstigen Effizienz, die eher an ein Konzentrationslager erinnern lässt als an ein Notlager von gemeinsam Gestrandeten. In einem Blutrausch ließ er von seiner Meutererbande im Laufe mehrerer Wochen 96 Männer, 12 Frauen und sieben Kinder umbringen. Er selbst beteiligte sich nicht – erst später erdrosselte er eigenhändig ein Baby.
Sein Plan war es nach wie vor, mit seinen Männern ein Piratenleben zu beginnen. Sein Traum: unendlich großer Reichtum. Dazu wollten sie das Rettungsschiff kapern, das sie aus Java erwarteten, um damit der Piraterie im Indischen Ozean nachgehen zu können. Cornelisz, ein Mann von großer Überzeugungskraft und Charisma, war in manischer Weise davon überzeugt, dass zu viele Mäuler mit den wenigen Lebensmitteln und dem begrenzten Wasservorrat zu stopfen wären. Man würde verhungern oder verdursten, ehe Hilfe käme – also mussten die „Kranken, Kinder, Nichtsnutze, Untreuen, Überflüssigen“ sterben, damit sie, die Starken, überleben konnten.
Gott sehe auch Mord vor – alles sei gottgewollt: das Gute wie das Schlechte –, denn es gebe keine Hölle, bläute der Ketzer seinen Vasallen ein. Es muss ein Rausch des Tötens stattgefunden haben. Selbst Männer, die niemals an einen Mord gedacht hatten, begingen ihn, um nicht selbst getötet zu werden.

Es waren zu Anfang nur Männer und Kinder, die getötet wurden.
Von den ursprünglich 22 Frauen waren die meisten bei der Havarie verunglückt, an den Strapazen gestorben, oder bei Massakern getötet worden. Übrig blieben noch sieben Frauen, die man einteilte. Jede von ihnen musste auf der Insel „Batavia Friedhof", wie sie inzwischen hieß, „zum allgemeinen Dienst" antreten. So nannten es Cornelisz und seine Ergebenen, wenn sich zwei, drei Seeleute eine Frau teilten.
Aber dabei blieb es nicht. Jeder aus dem engeren Kreis um Cornelisz konnte sich jederzeit eine Frau nehmen und sie musste stets „zum allgemeinen Dienst" bereit sein. Wehe, sie verweigerte ihn. Sie würde nicht den nächsten Tag erleben.
Lucretia Jans hatte sich der Unterkaufmann in sein Zelt genommen – der, der seine eigene Frau hatte sitzen lassen. Er war so pervers, dass er von seiner Gefangenen erwartete, dass sie selbst Zuneigung und Liebe zu ihm entwickelte. Er warb um sie, schrieb ihr Gedichte, gab ihr Wein, während um sie herum gemordet wurde. Der Ex-Apotheker zwang sie, Opium zu nehmen, machte sie willenlos und gefügig. Er zog sie aus und starrte stundenlang ihren nackten Körper an.
Der selbsternannte Inselkapitän, Herrscher dieser dämonischen Diktatur, befahl seinem Stellvertreter Wouter, sich in seinem spärlich beleuchteten Zelt auszuziehen, einen dieser selbst gefertigten Fantasiehüte überzustülpen und vor ihm und der zu Tode verängstigten Lucretia Jans auf und ab zu stolzieren. Solange, bis er seinem willigen Stellvertreter die Anweisung gab, sie erst zu peitschen und danach die Verängstigte zu vergewaltigen. Dabei muss er seinem Mann noch vielerlei Anweisungen gegeben haben, wie er sich im Einzelnen zu verhalten habe. Denn die Fantasien des Unterkaufmanns gingen noch weiter: Er wähnte sich in diesem Moment in seiner eigenen Hochzeitsnacht mit Lucretia Jans. So ähnlich jedenfalls interpretiert die englische Schriftstellerin Arabella Edge in ihrem Buch „Der Unmensch" *(The Company)* diesen Akt der Erniedrigung.
Zwei Monate wüteten Cornelisz und seine Bande auf der Insel „Batavia Friedhof". Wenige Monate später kam die Rettung durch *Commandeur* Pelsaert und seine Hilfstruppe auf dem Schiff *Sardam*, der es nach Java und zurück geschafft hatte. Die Meuterer und Mörder wurden gehängt beziehungsweise in Gefangenschaft genommen und später in Batavia dem Richter vorgeführt. Dem Anführer Cornelisz wurden vor dem Hängen beide Hände abgetrennt, seinen wichtigsten Mordgehilfen jeweils die rechte. Nicht jeder Gehängte starb schnell durch Genickbruch. Viele erstickten langsam. Dabei entleerten sich Darm und Blase und es konnte zu einer Erektion im Augenblick des Todes kommen.

Die Überlebenden des „Batavia Friedhofs" sowie Flüchtlinge, die auf benachbarte Inseln geflohen waren, wurden von Pelsaert und seinen Männern auf der *Sardam* mit nach Batavia gebracht.
Es ist historisch nicht zu belegen, ob durch die Konstellation zweier alleinreisender Frauen die Initialzündung zu der aufkommenden Unzufriedenheit und den späteren Meutereiplänen gelegt worden war. Wenn dem so ist, dann hat sich aus der fatalen Mischung erlittener Zurückweisung, ungezügelter Lust, Gier nach Reichtum und einer sektiererischen Verblendung dieses Inselinferno ergeben.
Die Tagebucheintragungen des *Commandeur* Pelsaert und die anderer Überlebender über das Grauen auf der Insel „Batavia Friedhof" dürften Zeugnisse eines der blutigsten Kapitel in der Geschichte der Seefahrt sein.

Schützte Bibeltreue vor Promiskuität?

(zirka 1770 bis 1870)

Bei Jonas – Walfänger war einer der härtesten Berufe, der zu vergeben war! Eine Reise in Walfanggebiete konnte vier Jahre währen. Gelockt wurden meist junge Männer mit übertrieben hohen Versprechungen am Erlös des Walöls. Jeder Mann an Bord war mit einem kleinen Prozentsatz am Verkauf des Trans beteiligt. Aber meist stellte sich bei der späteren Abrechnung heraus, dass deren Anteile eher enttäuschend gering ausfielen. Natürlich berechneten die Schiffseigner ihnen die Kosten für Proviant, Ausrüstung oder Medizin zu weit höheren Beträgen, als sie selbst dafür ausgegeben hatten. Auch beim Erlös für das Öl wurden sie oft betrogen. Viele Männer fuhren jung und unerfahren aufs Meer und kamen enttäuscht zurück.
Fingen die Männer Wale in tropischen Gewässern, wohin die Wale zum Paaren schwimmen, konnte man die harte Arbeit des Jagens, des Zerteilens und des Kochens vor Hitze kaum ertragen. Folgten die Schiffe den wandernden Walen in arktische oder antarktische Gewässer, waren diese Arbeiten von brutalsten Stürmen und ewiger Kälte begleitet. Viele Walfänger jagten in südlichen Breiten (bis zu 50° Süd), in einem Gebiet mit treibenden Eisbergen, tagelangem Nebel und Stürmen, die ihnen den Namen *Thundering Fifties* (Tobende Fünfziger) gaben.
Einer langen Anfahrt um die halbe Welt folgte wochenlanges Suchen nach Walen, manchmal dauerte es monatelang. Kam ein Wal in Sicht, rief der Ausguck: *„There she blows!"*. Dann folgte in mehreren offenen Booten die lebensgefährliche Jagd. Schnell hatte sich ein Bein oder ein Ruder in einem ausrau-

schenden Harpunenseil verheddert, was zum Verlust eines Mannes oder des Bootes führen konnte. Immer bestand die Gefahr, dass der Wal im Todeskampf mit seiner Flosse die offenen Boote zertrümmerte. Es kam sogar vor, dass Wale das Mutterschiff angriffen und versenkten. War ein Wal nach stundenlangem Kampf erlegt, musste das Schiff an seine Seite verholt werden. Manche Wale hatten die Länge des Schiffes. Männer mussten ins eiskalte Wasser, um Seile und Ketten um den Walkörper zu legen, um ihn an das Mutterschiff zu fesseln. Es gab kein Ausruhen. Gleich danach mussten sie, auf dem schwankenden Kadaver stehend, mit langen Flensmessern große Brocken Blubber, Speckstreifen, herausschneiden. Diese wurden an Deck gehievt, zerkleinert und in großen kupfernen Kesseln gekocht, deren Feuer Tag und Nacht brannte. Das Deck war glitschig von dem Fett, dem Blut, den Fleischresten. Es stank fürchterlich. Das Schiff schwankte im Wellengang, schnell konnte einer der Kessel mit dem heißen Öl umkippen, besonders dann, wenn das heiße Öl in Segeltuchschläuchen in die Fässer unter Deck gefüllt wurde. Ein Wal füllte zirka 30 Fässer mit Tran. Allein diese schweren Fässer so zu verstauen, dass sie sich auch bei Sturm nicht bewegen und Schaden anrichten konnten, war Teufelsarbeit. Jeder Handgriff konnte Verletzungen mit sich bringen, jede Arbeit war schwierig; hilfreiche Geräte außer Flaschenzügen und Haken gab es kaum. Viele Walfänger wurden krank oder verletzten sich. Ihre Arbeit mussten sie meist verschwitzt oder vom Meerwasser durchnässt erledigen. Und ständig roch es aus den Fässern nach ranzigem Öl, was nicht gerade zur Linderung der Seekrankheit beitrug.

Die Mannschaft war ein bunter Haufen. Den größten Teil bildeten Abenteurer, von zu Hause fortgelaufene junge, ungelernte Männer, Arbeitslose oder desertierte Seeleute. Kein Wunder, dass häufig Meutereien dokumentiert wurden, ganz anders als bei der Handels- oder gar Kriegsmarine. Immer wieder desertierten Männer von Walfangbooten. Desertionen müssen so überhand genommen haben, dass man später gerne Seeleute der Azoren, der Kapverden oder Polynesier an Bord nahm, weil man ihnen auch nachsagte, sie wären seemännische Naturtalente, seien zäher, kräftiger, belastbarer.

Walfangkapitäne hatten anders als bei der Handels- oder Kriegsmarine keine klassische Offiziersausbildung hinter sich. Sie rekrutierten sich aus der Mannschaft, kamen aus dem Vorschiff, hatten ganz unten als Jungmänner angefangen. Sie kannten den Job von der Pike auf, oder wie die Neu-Engländer es nannten: *They went through the hawse-pipe* (Sie kamen durch das Klüsenrohr). Walfangkapitäne waren Miteigner des Schiffes, auf dem sie fuhren. Viele Walfangschiffe und deren Mannschaften kamen aus Mystic, New London, Nantucket und anderen kleinen Orten Neu-Englands. Aber die meisten Schiffe kamen aus New Bedford, der Hochburg der Walfänger. Das große Jahrhundert des Walfangs lag zwischen 1770 und 1870. Walfänger folgten direkt den ersten großen Entdeckern wie Wallis, Cook und Bougainville. (Erst nach den Walfängern kamen die Händler, Missionare oder die Sandelholzsucher.) Mehr noch, viele von ihnen wurden selber zu Entdeckern, segelten in unbekannte, unkartierte Gebiete, entdeckten Inseln, machten da Station, wo noch kein Mensch – zumindest kein Weißer – vor ihnen Anker geworfen hatte.

Nach nur wenigen Jahrzehnten waren die neuen Jagdgründe zum Teil ausgeraubt und nicht mehr sehr ergiebig. Immer tiefer in arktische und antarktische Gewässer trieb es die Jäger, denn die Nachfrage nach Walen, ihrem Tran, ihrem Amber und anderen Nebenprodukten boomte. Petroleum, das Walöl als Lichtquelle ablöste, wurde erst 1859 entdeckt. Ein Kapitän eines Walfangschiffes konnte erst wieder nach Hause segeln, wenn seine Fässer voll Öl waren – und sollte es mehrere Jahre dauern.

Spätestens seit Hermann Melvilles Captain Ahab ist bekannt, dass Walfangkapitäne äußerst gottesfürchtige Männer, meist Quäker, waren. Ganz im Sinne ihrer strengen christlichen Erziehung hatten sie fast alle Namen aus dem Alten Testament: Isaac, Jonathan, Samuel oder David. Jeder von ihnen kannte die alttestamentarische Geschichte von Jonas und dem Wal. Viele Walfangboote lichteten niemals am ersten Montag im April den Anker, denn an diesem Tag wurde Kain von seinem Bruder Abel erschlagen.

Im heimatlichen Neu-England gab es damals für fromme Männer keinerlei Versuchungen durch das andere Geschlecht. Die Damen waren bis zum Kinn hochgeschlossen gekleidet, die vielen Röcke fielen bis auf die Knöchel, und selbst die waren den Blicken der Männer verwehrt. Sex gab es nur hinter verschlossenen Türen und Fenstern, nur im Dunkeln – und nur unter Verheirateten.

Wie treu und sittsam haben sich diese pietätvollen Kapitäne auf ihren Reisen benommen? Neuere Untersuchungen wie das Buch *Petticoat Whalers* der Autorin Joan Druett, belegen, dass für viele Kapitäne und Seeleute Bibeltreue nur im Schatten ihrer Kirchturmspitze galt. Tausende von Seemeilen entfernt, warfen sie ihre Moral über Bord. Im entfernten Pazifik zählte das Wort Gottes und der Treueschwur ihren Frauen gegenüber nicht mehr viel. Es scheint, als ob auf tropischen Inseln für viele Quäker Anstand und Würde, Moral und Treue, Gesetz und Ordnung vergessen waren.

Im Jahr 1855 lagen in dem Versorgungshafen Honolulu, Hawaii (damals hießen sie noch Sandwich-Inseln, wie sie James Cook benannt hatte), über 500 Walfangschiffe! Vor dem anderen wichtigen Versorgungsplatz, dem kleinen Ort Kororareka, in der Bay of Islands an der Nordinsel Neuseelands, kamen jede

Woche Dutzende von Schiffen an. Nach dem Vertrag von Waitangi von 1840, zwischen neuseeländischen Maoris und Engländern, wurde aus der winzigen Ansiedlung Kororareka, die nur aus ein paar Häusern bestand, der Ort Russell, die älteste Ortschaft Neuseelands. Ankert man heute hier, sieht man auf der anderen Seite der Bucht, ein einsames, stattliches weißes Holzhaus stehen. Es war eines der Bordelle der Walfänger. Kaum zu glauben, dass das schmucke, provinzielle Russell früher als *whorehouse of the Pacific* (Hurenhaus des Pazifiks) galt.
Beide Walfängerstützpunkte, Honolulu und Kororareka, lagen strategisch sehr günstig, von hier aus konnte man den Walen bei ihrer Migration in tropische wie auch in arktische beziehungsweise antarktische Gewässer folgen. Aber es war nicht nur die strategisch günstige Lage dieser beiden Versorgungsplätze; Walfänger hatten auch an ganz egoistische Vorteile bei der Wahl dieser Häfen gedacht. Lebten doch hier Polynesier, deren Frauen es noch in der ersten Hälfte des 19. Jahrhunderts offensichtlich Vergnügen bereitete, für ein kleines Geschenk Sex mit Seemännern zu haben. Weitaus günstigere Versorgungshäfen wie Lahaina auf Hawaii oder Papeete auf Tahiti, mieden die Walfänger. Denn hier hatten bereits die Missionare das Sagen und die sorgten schnell dafür, dass einheimische Frauen ihrer Gemeinde „zugeknöpft" gekleidet waren. Stätte wie Honolulu und Kororareka, das spätere Russell, waren genau nach dem Geschmack bigotter Walfangkapitäne und frauenentwöhnter Seeleute. Kam ein Walfänger nach monatelanger Fahrt, nach entbehrungsreicher Reise und härtester Arbeit an einen dieser polynesischen Naturhäfen, war der Anker noch nicht unten, als die Mädchen schon an Bord kamen. Der amerikanische Konsul in der Bay of Islands, an dessen Ufer der Ort Russell liegt, schrieb in sein Journal: „Gnädiger Himmel! Kommt ein Schiff in die Bucht, ist das Deck sofort voller Frauen – eine schwimmende Festung der Prostitution. Aber wie kann es anders sein, wenn der Kapitän und seine Offiziere Vorbild sind."
Natürlich kamen Walfänger auch zu entlegenen pazifischen Inseln, auf denen sie ähnlich freizügig von Frauen empfangen wurden, wie kurz vor ihnen die Seeleute der Entdecker. Auch für Walfänger war der erste Sexkontakt kostenlos, danach wurde meist mit Nägeln bezahlt, später wurden die Geschenke immer aufwändiger.
Tauchten nun die nackten, hübschen, bronzefarbenen Körper der Mädchen und Frauen aus dem türkisfarbenen Wasser der Lagune auf, hangelten sich diese über Strickleitern oder Ankerketten an Bord, und standen sie schließlich vor ihnen, das Wasser von ihrer mit Kokosnussöl eingeriebenen Haut abtropfend, war das für puritanische Quäker mehr als erfrischend anzusehen. Auch die Ober-Quäker, die Kapitäne, schauten nicht weg.

Die Entdeckung der Walfänger, dass Sex als Geschenk von den einheimischen Frauen empfunden wurde, war anfänglich für sie unbegreiflich. Ein Walfängermatrose namens Perkins schrieb 1846 in sein Tagebuch: „Die Missionare können nicht verhindern, dass die Frauen bereits vor ihrer Heirat Verkehr mit Männern haben. Es gibt auf Hilo (Hawaii-Insel) keine *pookapa* (Jungfrau) mehr, die älter als neun Jahre ist. Jede Frau ist offen für die Wünsche der Matrosen."
Ein anderer schrieb 1861 beim Besuch des Kure Atolls, Hawaii: „Wir sahen, dass sich Kanus mit Frauen und Männern näherten. Kurz bevor sie unser Schiff erreichten, sprangen die Frauen über Bord und schwammen zu uns. Danach sprangen auch die Männer ins Wasser und halfen höflich den Frauen, die Ankerkette hochzuklettern, indem sie sie an den Haaren hochzogen. An Deck deuteten sie auf ihre Frauen und sagten ‚Tabak'. Die Männer waren vollständig nackt und die Frauen hatten ein Grasbündel um die Hüfte gebunden, das bis zur Mitte ihrer Oberschenkel reichte. Für ein 2,5 cm langes Tabakstück konnte jeder an Bord eine Frau haben. Den Tabak gaben sie an ihren Mann, Vater oder Begleiter weiter. Während die Frauen mit dem Geschlechtsverkehr beschäftigt waren, gingen die Männer zur Crew, boten ihr Hüte, Matten und Kokosnüsse an."
Und noch eine überlieferte Geschichte aus dem jetzigen Kiribati: „Als das Deck gewaschen war, kamen einige Kanus mit zwei Frauen längsseits. Eine von ihnen konnte alle Männer leicht befriedigen, was sie bei einigen auch tat. Danach suchte sie nach weiteren Matrosen für ein Stück Tabak pro Kopf."
Jede Quäkerfrau im fernen Neu-England hätte einen Schock bekommen, wenn sie von dem Treiben auf dem Schiff ihres Mannes geahnt hätte. So waren Kapitäne gut beraten, sich zurückzuhalten, wenn ihre Mannschaften an Bord „die Puppen tanzen ließen". Aber so mancher Quäker-Kapitän konnte nicht widerstehen, selbst bei den Orgien mitzumachen.
Damit er keine Zeugen hatte, die ihn später in der Heimat bloßstellen konnten, nahm Kapitän Dexter von dem Walfänger *Cavalier* in Ponape, Karolinen-Inseln, die einheimischen Mädchen mit in seine Kabine – gleich zwei auf einmal. War er ihrer überdrüssig, holte er sich neue und gab die anderen an seine Offiziere ab. Die wiederum gaben sie nach geleistetem Liebesdienst an die Mannschaft weiter. Ein Besatzungsmitglied namens William Wilson schrieb am 26. Mai 1850, dass sich Kapitän Dexter sehr beschwerte: *„We are half drunk the other half fucked to death."* (Wir sind halb betrunken, die andere Hälfte hat sich zu Tode gebumst).
Viele Walfänger auf der *Cavalier* hatten Syphilis, oder wie Seeleute diese Geschlechtskrankheit auch nannten: *Lady's fever* (Damenfieber).
Nun war es sicherlich für einen gottesfürchtigen Mann wie Dexter nicht einfach, in der Gewissheit nach Hause zu segeln, dass seine Mannschaft daheim

über ihre gemeinsam erlebten Liebesabenteuer plaudern würde. Aber noch komplizierter konnte es in der Heimat werden, wenn er und seine Mannschaft geschlechtskrank zurückkehrten. Es ist nicht bekannt wie die Familie eines Kapitäns namens Daggett von der *Globe*, der sich das *Lady's fever* geholt hatte, reagierte. Lediglich die Eintragung seines Maats ins Logbuch der *Globe* ist überliefert: „Eine junge Dame aus Maui (Anm.: Hawaii) gab ihm das, was es nicht im Geschäft zu kaufen gibt."

Was auf Hawaii als *Lady's fever* bezeichnet wurde, nannte man in der Bay of Islands *New Zealand fever.* Beide Bezeichnungen sind unzutreffend, waren es doch die Herren der Schöpfung, die den Damen das „Fieber" gebracht hatten, außerdem kam es nicht aus Neuseeland, sondern wurde durch Seeleute dorthin gebracht.

In der Blütezeit des Walfangs waren viele Inseln und Länder des Pazifiks noch nicht kolonialisiert; es gab keine Landeshoheit, keinen Richter, keine Polizei. Seeleute wachten am nächsten Tag mit einer Einheimischen auf, waren verliebt, und am zweiten Tag waren sie bereits mit ihnen „verheiratet". Das nahm man aber von beiden Seiten nicht besonders ernst; denn genauso schnell ließ man sich wieder „scheiden", „heiratete" eine neue Einheimische. Matrosen waren kreative Geschöpfe, denn sie mussten sich ständig neu anpassen; sie nannten diese Ehefrauen auf Zeit *season wives* – ähnlich den *ship's wives* in den fernöstlichen Häfen.

Natürlich waren nicht alle polynesischen Frauen freudig erregt, wenn sie einen weißen Matrosen sahen. Viele Frauen wurden auch unter Androhung von Schlägen durch Brüder oder Väter zu den Schiffen der weißen Männer getrieben. Für Frauen aus dem Familienkreis von Häuptlingen waren weiße Männer grundsätzlich tabu. Auf den Tonga-Inseln, deren Sitten als besonders konservativ galten, war es einem Weißen nur möglich, eine Einheimische zu heiraten, wenn er mit seinem Schiff durch viele Besuche bekannt war und er eine bessere Anstellung an Bord hatte als die eines einfachen Seemannes.

Im Pazifik, fern der strengen puritanischen Gesetze der kleinen frommen Gemeinden, aus denen die Seeleute meist stammten, im warmen Klima der Tropen, konnten die Männer das Leben genießen. Was sie darunter verstanden, war klar: Trinkgelage und Frauen. Die Trinkgelage in Stätten wie Honolulu, Sydney, Hobart, Russell oder Papeete waren legendär. Es gab zum Beispiel in dem Versorgungshafen Russell *grog shops* (auch *groggeries* genannt), die meist von geflohenen Sträflingen aus Sydney geführt wurden, aber die hatten oft nicht genug Grog vorrätig für Hunderte durstiger Seeleute, die monatelang trocken gewesen waren. Die bigotten Quäker-Kapitäne hatten rechtzeitig ein gutes Nebengeschäft vorausgeahnt und fässerweise Rum an Bord geführt, um es in fernen Ländern meistbietend zu verkaufen. Trickreich wurden die Fässer als „Leergut“ an Land geschafft, wenn es darum ging, frisches Wasser in diesen Fässern für ihre Schiffe zu bunkern. Oft bekamen die Missionare den Schmuggel erst mit, wenn die Seeleute und die Gemeinde berauscht waren.

Später kam den Walfängern ein britisches Gesetz in Neuseeland zugute: *„The law forbids everyone to sell less than two gallons“* (Das Gesetz verbietet jedem, weniger als zwei Gallonen zu verkaufen). Also war man gezwungen, mehr als dieses Quantum zu erwerben, Alkohol gleich in großen Gebinden zu kaufen. Das war quasi ein Gesetzesaufruf zum Trinken und all den Folgen, die oft damit verbunden waren.

Mitte des 19. Jahrhunderts passierte dann etwas, was die gesamte Seefahrt revolutionierte – nicht nur die der Walfänger. Ungefähr ab 1845 fuhren erstmals offiziell vereinzelt Frauen mit – und zwar die Frauen der Kapitäne. Vielen Familien war die jahrelange Trennung zu viel.

Eine Frau an Bord muss für die meisten Seefahrer unvorstellbar gewesen sein. Die Kameraden von den Handelsschiffen, bei denen auch erstmals Kapitänsfrauen an Deck gesichtet wurden, haben sich wohl als Erste gefangen und waren sogleich mit neuen Wortschöpfungen für das Unbegreifliche zur Stelle: *hen-fregates* oder *petticoat ships* (Hennen-Fregatten oder Unterrock-Schiffe) wurden Schiffe abwertend betitelt, bei denen Kapitänsfrauen mitfuhren. Natürlich sollten diese Wortschöpfungen jene Männer an Bord beleidigen, die unter Kapitänsfrauen zur See fuhren. Denn das hieß ja, einen Aufpasser, eine moralische Instanz, die Wächter spielte, an Bord zu haben. Das bedeutete für Walfänger: Schluss mit dem Fluchen, mit dem Singen obszöner Lieder, mit dem Erzählen von schmutzigen Witzen, mit Saufgelagen, Schluss mit *season wives* an Bord, keine Liebesorgien mehr – kurzum, Schluss mit Sex.

Man hörte Walfänger sagen: „Dann hätten wir auch gleich einen Pfaffen an Bord nehmen können.“ Seit alters her waren auch Pfaffen an Bord nicht gelitten; es hieß, sie brächten nichts als Unglück.

In wenigen Jahren wurden auf vielen Walfängerschiffen Kapitänsfrauen zur neuen Selbstverständlichkeit. Im Jahr 1853 war in Honolulu auf jedem sechsten Walfänger eine Frau an Bord. Es ist dokumentiert, dass viele von ihnen ihre Männer auf langen Reisen selbst in die Antarktis begleiteten, dass sie Kinder auf dem Schiff gebaren, andere hatten bereits ein Kind bei der Abreise dabei. Auch ist bekannt, dass Kapitäne vor gefährlichen Fahrten in antarktische Gewässer ihre Frauen in der Bay of Islands für etliche Monate absetzten, damit sie sich hier erholten, die Kinder versorgen konnten. Oft warteten in Russell mehrere Kapitänsfrauen gemeinsam. Es gab aber auch Frauen, die ihren Männern ein ganzes Berufsleben lang zur Seite gestanden haben. Bekannt wur-

de Nancy Grant aus Nantucket, die 32 Jahre mit ihrem Mann Charles Grant zur See fuhr. Er selbst verbrachte 56 Jahre auf dem Deck von Schiffen.
Es gibt frühe Fotos von diesen Frauen; meist sehen sie ziemlich verhärmt und grimmig aus, wie im Übrigen auch ihre Männer.
Wie ausgeprägt das Unverständnis der puritanischen Frauen aus Neu-England war, als sie auf die einheimischen Polynesier trafen, verdeutlicht eine Journaleintragung der Kapitänsfrau Mary Lawrence vom Schiff *Addison* aus Hawaii: „Viele gehen nackt. Beide Geschlechter baden auch gemeinsam nackt. Während ich diese Zeilen schreibe, befinden sich zwei Einheimische in der Nähe ohne einen Fetzen Bedeckung, so dass ich meinen Kopf abwenden muss." Den zugeknüpften Kapitänsfrauen, die selbst noch in den Tropen eine haubenartige Kopfbedeckung trugen, muss das Häkelzeug aus den Händen gefallen sein, als sie die wohlgeformten, bronzefarbenen Körper der Polynesier zum ersten Mal gesehen haben.
Kamen die Frauen der Kapitäne an Bord, weil die Moral auf Walfängerschiffen so verkommen war, wollten sie hier ein Regulativ sein? Das lässt sich schwerlich beantworten, ist aber anzunehmen. Es scheint wohl, dass die Anwesenheit von Ehefrauen an Bord die sexuellen Seitensprünge ihrer Kapitäne unmöglich machte, aber nicht das Liebesleben der Matrosen eindämmen konnte. Der Missionar Luther Gulick, der auf der pazifischen Insel Ponape von 1852 bis 1859 wirkte, beschrieb das Lotterleben auf Walfangschiffen in der Zeitschrift *Boston Journal of Missions* im Jahre 1857 wie folgt: „Ich möchte der Welt klar machen, dass auch durch die Anwesenheit der Kapitänsfrau kein Unterschied festzustellen ist, was die Hurereien an Deck der Schiffe ihrer Ehemänner angeht." Und im selben deutlichen Stil fährt er an die Adresse der Schiffseigner fort: „Sie sind sich offensichtlich nicht im Klaren, dass die meisten Schiffe, die sie auf die Ozeane schicken, die übelsten und unmoralischsten Pesthäuser sind. Nicht nur, dass die Matrosen jedem Verbrechen zugeneigt sind, auch die Kapitäne mit fast allen ihren Offizieren geben sich dem Laster hin, das bereits zur Zerstörung von Sodom und Gomorrha führte."
Natürlich gab das Zunder bei den Kapitänen Neu-Englands, und so hieß es im *New Bedford Whalemen's Shipping Paper*, dass sich ein Missionar aus diesen Dingen heraushalten solle, das gehöre nicht an die amerikanische Öffentlichkeit.
Aber Missionar Luther Gulick ließ nicht locker. Er räumte zwar ein, dass einige Kapitäne durchaus fromm und rechtschaffen seien, entschuldigte sich auch, falls er Unschuldige in seinem Artikel verletzt haben sollte. Aber er hakte nach: „Nachdem all das von mir bemerkt wurde, lassen Sie mich jetzt Fakten nennen. 74 Schiffe haben die beiden Volksstämme besucht, für die ich seit September 1852

hier missioniere. Nur 10 Schiffe wurden in dieser Zeit nicht zur neuen Heimat der einheimischen Frauen. Bei den anderen Schiffen wurden die Kabinen zu ihrem ständigen neuen Wohnort, bei anderen war es das Steuer- oder das Vordeck."

Gulick präsentierte eine Liste mit all den Schiffen, auf denen Kapitänsfrauen an Bord waren. Er zitierte sogar die Namen der Kapitänsfrauen, die Zeuge von Prostitution an Deck namentlich genannter Walfangschiffe waren. Wir erfahren aber auch, dass auf dem Walfänger *Arab* nur dann die einheimischen Mädchen an Bord durften, wenn Mrs. Grinnell, die Frau des Kapitäns, das Schiff verlassen hatte.

In alten Tagebüchern ließt man, dass viele Kapitäne polynesischen Frauen den Zutritt an Bord erlaubten – egal was das „liebe Weib" dazu gesagt hatte. Trotz Anwesenheit der Kapitänsfrau durften die Walfänger tanzen, singen, feiern, trinken, über schmutzige Witze lachen, grölen, flirten und das Wichtigste: mit einheimischen Frauen Sex haben.

Walfängerkapitäne wussten, dass ihre Männer nach monatelanger Entbehrung Feste wie diese brauchten ...

Die Lust auf weibliche Passagiere

(zirka 1620 bis 1900)

Die meisten frühen Ozeanreisen unter Segeln dienten dazu, Fracht zu verschiffen: Gewürze von den Molukken-Inseln nach Amsterdam, Kokosnussöl von Papeete nach Marseille, Kakaobohnen von Accra nach Hamburg, Tee von Kanton nach London oder Walöl vom Ochotskischen Meer nach Boston.

Seit die ersten hundert Passagiere mit der *Mayflower* 1620 England in Richtung Amerika verließen, siedelten immer mehr Menschen in der Neuen Welt oder im fernen fünften Kontinent Australien. Bis zu Anfang des 19. Jahrhunderts beförderten Frachtschiffe, die im Vorschiff ein Zwischendeck hatten, zusätzlich auch kleinere Gruppen von Passagieren beziehungsweise Auswanderern.

Die Situation änderte sich jedoch in der ersten Hälfte des 19. Jahrhunderts, als Millionen von Menschen aus politischen und sozialen Gründen Europa verließen, um bevorzugt nach Nord- und Südamerika auszuwandern. Später gab es eine weitere Siedlungswelle in Amerika – von der Ost- zur Westküste der Vereinigten Staaten, rund Kap Hoorn, um am Goldrausch und seinen Nebengeschäften zu partizipieren.

Auf dem Höhepunkt der Auswandererwelle, im Jahr 1855, kamen zirka 1600 Segelschiffe aus Europa in amerikanischen Häfen an, viele mit bis zu tausend Passagieren an Bord. Die Reise dauerte durchschnittlich 35 bis 40 Tage – bei schlechtem Wetter doppelt so lange. Auf einem 1000 Tonnen großen Segelschiff konnte man 800 Menschen unterbringen. Das war ein großes Geschäft für die Reedereien und die Kapitäne, die auf diesen Schiffen alles taten, um in die eigenen Taschen zu wirtschaften.
Die ersten Segelschiffe waren nicht für den Transport von vielen Menschen gebaut. Oft wurde zwischen Laderaum und Hauptdeck ein Zwischendeck eingebaut. Dafür stand natürlich nur eine geringe Höhe zur Verfügung. Manch eingezogenes Zwischendeck war nur 1,65 m hoch. Auf dieser Höhe hatte man drei Kojenebenen eingebaut, jede nur 55 cm hoch, so dass man sich noch nicht einmal setzen konnte. Erst nach heftigsten Beschwerden baute man zwei Kojenetagen ein, die eine Deckenhöhe von zirka 1,80 m hatte. Die Kojen selber waren oft nur einen halben Meter breit.
Diese überbelegten Zwischendecks hatten keine Bullaugen zum Öffnen. Luft kam nur durch die Hauptluken. Doch die mussten geschlossen werden, wenn es regnete oder Gischt überkam. Meist war das Deck überspült, denn man segelte gegen die vorherrschenden Westwinde an.
Als Toiletten dienten Kübel, mit oder ohne Sitz. Bei starkem Seegang hingen die Menschen über den Kübeln und erbrachen sich. Die wenigen Kübel reichten bei Starkwind und Sturm nicht aus, sodass viele sich im Bett übergeben mussten. Der Gestank der Toiletten, der des Erbrochenen, das ewig stinkende Bilgenwasser, die fehlende Belüftung, das miserable Essen, das ständige Halbdunkel sorgten für Krankheiten. Viele kamen bereits mit Ruhr, Pocken, Typhus oder Cholera an Bord. Die Statistik berichtet, dass 10 bis 16 Prozent der Auswanderer auf See starben.
Hinzu kam die gänzlich unzulängliche Nahrungsmittelhygiene. Legten die Schiffe von Liverpool ab, übernahmen sie oft Flusswasser aus dem Mersey, denn das kostete die habgierigen Kapitäne nichts und wurde in alten Weinfässern als Trinkwasser gebunkert. Das Wasser war also von vornherein schlecht. Oft reichte der Wasservorrat nicht bis zum Zielhafen. Es ist bekannt, dass Schiffe im St.-Lorenz-Strom in Kanada brackiges Wasser aufnehmen mussten, um die Reisenden vor dem Verdursten zu bewahren. Die Passagiere nahmen ihre Essensvorräte für die lange Überfahrt selbst mit. Eine Kantine oder Ähnliches kannte man nicht. Kochstellen gab es nur auf Deck. Bei schlechtem Wetter konnte nicht gekocht werden. Die wenigen Kochstellen waren stets besetzt und wurden nach dem Prinzip des Stärkeren eingenommen. Viele Familien, Ältere oder Alleinstehende kamen überhaupt nicht zum Kochen,

mussten ihre Lebensmittel roh essen, hungern oder den Schiffskoch bestechen.
Überhaupt herrschte auf diesen Seelenverkäufern viel Streit. Gewalt und Bestechung waren an der Tagesordnung. Für viele ging es schlichtweg ums Überleben. Im Jahr 1848 sollte in England ein Passagierschiffsgesetz eingeführt werden, das für bessere Bedingungen sorgen sollte, aber Reedereien und Kapitäne lehnten dies ab, ignorierten es.
Selbst in der großen Epoche der Auswanderung des 19. Jahrhunderts hießen diese Schiffe nicht Passagier- oder Auswanderungsschiffe, sondern lapidar Paketschiffe. Und genau das drückte die offizielle Bezeichnung treffend aus: Stückgut und Pakete gingen vor. Der Mensch galt damals nicht viel mehr als ein Paket.
Ganz anders ging es in der Kabinenklasse zu. Hier gab es Teppiche, helle Beleuchtung, gute Belüftung, Bäder, Stewards, bestes Essen bis hin zum Luxus. Zwischendeck- und Kabinenklasse-Passagiere waren streng voneinander getrennt. Keiner konnte die anderen sehen und besuchen.
Allerdings endete nicht jede Überfahrt für die Zwischendeckpassagiere im Desaster. Bei gutem Wetter, sommerlichen Temperaturen und günstigen Winden kam trotz aller beschriebenen Widrigkeiten gute Stimmung auf. Oft wurde – wenn das Wetter es zuließ – gegen Abend Musik gemacht, Männer und Frauen tanzten an Deck. Einer machte den Zeremonienmeister, und wer hatte, schenkte Alkohol aus.
Das war die Stunde der Matrosen. Diese mischten sich unter die Passagiere und gaben bei den Partys auf Deck den Ton an.
Vor 150 Jahren benötigte man jeden Seemann, den man bekommen konnte, um die großen Paketschiffe schnell über den Atlantik zu bringen. Es war ein lohnendes Geschäft. Die Matrosen kamen aus vielen Ländern zusammen. Es waren harte Burschen, die die Welthäfen kannten. Vielleicht waren einige verheiratet. Aber wie lange hatten sie ihre Ehefrau nicht mehr gesehen, wie oft sie betrogen? Welcher Seemann konnte nach monatelanger Fahrt im Zielhafen darauf verzichten, ein Bordell zu besuchen? Schon Tage vor dem Einlaufen hatten seine Kameraden von den Nächten an Land geschwärmt. Der eine wollte eine exotische Schwarze besitzen, ein anderer sich an der „Glut einer Brasilianerin verbrennen“, ein Kojennachbar träumte von den Liebestricks einer Rothaarigen in der Battery von New York – die Männer putschten sich gegenseitig auf. Unaufhörlich kreisten ihre Gedanken, Sprüche, Witze um das Thema Sex. Jede ihrer Bemerkungen war doppeldeutig, jeder Blick eindeutig. Aber was tun, wenn der nächste Hafen noch Wochen entfernt lag, wenn die Frauen ihrer Träume noch Hunderte von Seemeilen weit entrückt waren, wenn Nebelbänke, Stürme und Flauten überbrückt werden mussten? Weshalb in die

Ferne schweifen, wenn das Glück so nah' lag? Die Matrosen machten sich an die weiblichen Passagiere heran. Ihnen war jedes Mittel, jeder Trick recht, um mit den jungen Mädchen der Auswanderer anzubändeln. Meist fuhren diese mit ihren Familien, kaum eine reiste alleine. Es gab bei tausend Passagieren stets genug Frauen an Bord, die für Matrosen in Frage kamen.
Diese Frauen erlebten auf den Paketschiffen etwas völlig Neues. Zum ersten Mal lebten fremde Männer mit fremden Frauen in einem Raum. Genauso ungewöhnlich war, dass sie erstmalig in ihrem Leben Freizeit hatten. Das kannten sie nicht, hatte doch jeder Passagier, außer den kleinen Kindern, von Jugend an ununterbrochen gearbeitet. Aber hier jedoch war außer der Essenszubereitung wochenlang kaum etwas zu tun.
Neu für die Schiffspassagiere war auch die körperliche Nähe zu Fremden und besonders zum anderen Geschlecht. Schiffe – auch in der Kabinenklasse – ließen dem Individuum wenig Platz. Man begegnete sich mehrfach täglich, kam sich zwangsweise näher. Neben der Enge spielte auch der Faktor Zeit eine Rolle. Eine Reise über den Ozean zog sich in ungewohnte Länge. Man fühlte sich wochenlang an eine schwimmende Herberge gebunden, entdeckte gemeinsam diese neue Art der Langeweile, die zwangsläufig zu einem engeren Kontakt führte. Und noch ein Phänomen unterstützte das nähere Kennenlernen. Die Reise auf einem Schiff war ungewohnt und unberechenbar. Für die Landmenschen bedeutete das Meer eine Gefahr. Daher schmiegte man sich fester zusammen, meinte bei Sturm, das letzte Stündlein sei für alle gekommen, desto stärker die Sehnsucht nach einem körperlichen Kontakt – auch zu Fremden.
Oft wurde gefeiert, gesungen, getrunken, getanzt, was zu Hause nur ein-, zweimal im Jahr vorkam. Neu war auch die ungewohnte Enge. Man war dem anderen Geschlecht sehr nahe und hatte auf einmal Zeit, dem Fremden zuzuhören, selbst wenn man dessen Sprache kaum verstand.
Diese Situation haben die erfahrenen Matrosen ausgenutzt. Sie mischten sich unter die Passagiere, wann immer diese bei gutem Wetter Gelegenheit hatten, zu feiern oder zu tanzen. Sie boten den Mädchen Alkohol an, betörten sie, täuschten sie, belogen sie, erzählten von ihrer Einsamkeit, ihrer Treue und von einer eventuellen gemeinsamen Zukunft in der Neuen Welt. Sie waren raffiniert und welterfahren, jedenfalls mehr als die Frauen, die meist vom Land kamen, nie aus ihrer Gemeinde heraus gekommen waren und den Schlichen der Seeleute bei Weitem nicht gewachsen waren.
Besonders auf den Fahrten nach Südamerika, die zirka einen Monat dauerten, haben sich viele Liebesabenteuer, begünstigt durch das tropische Wetter, ergeben. Diese milden Abende kannten Mittel- und Nordeuropäer kaum. Man

ist das erste Mal im Leben leicht bekleidet, hat alle Sorgen hinter sich gelassen, ist dem Neuen offen und trifft dann als junge Frau auf einen feurigen Matrosen oder Mitsegler.
Natürlich kam es auch zu Auseinandersetzungen, Eifersuchtsszenen, Messerstechereien und zu Vergewaltigungen. Aber darüber hat die Nachwelt genauso wenig erfahren wie über die Nächte des Glücks. Denn von keinem Seemann, Offizier oder Reisenden eines Paketschiffes sind Aufzeichnungen über sein oder ihr Liebesleben bekannt. So sind wir auf wenige Andeutungen angewiesen.
Erst mit dem Aufkommen der Dampfschiffe kam ein neuer Typus von weiblichen Passagieren auf, die den Spieß umdrehten: Das waren ältere, allein reisende Damen, spezialisiert auf rassige Matrosen und geile Stewards.

Hinter den Gardinen einer bigotten Gesellschaft

(zirka 1649 bis 1870)

Dieses Buch ist aus dem Blickwinkel geschrieben, die zur See gehenden Männer und ihr sexuelles Verhalten zu beobachten. Aber es will auch gleichzeitig feststellen, wo sich in deren Umfeld Frauen aufhielten, und wie sie zueinander standen. Dass Frauen auf Schiffen und in Häfen eine mindere Rolle gespielt haben – besonders dann, wenn sie aus der Unterschicht kamen – ist belegt. Zu ungleich waren noch die sozialen Rollen beider Geschlechter im klassischen Zeitalter der Segelschiffe.
Aber es gab bereits vor über zweihundertfünfzig Jahren eine Gesellschaft, die eine Rollenteilung der Geschlechter anstrebte – weit vor den ersten Rufen nach Gleichberechtigung, lange vor dem Auftreten der Suffragetten. Die gegenseitige Achtung ergab sich aus ihrem christlichen Glauben: sie waren Quäker.
Die Quäker sind eine evangelisch-puritanische Bewegung, die der Engländer G. Fox 1649 gründete. Viele Gläubige wanderten nach Neuengland, USA, aus. In der Neuen Welt war es William Penn, der 1683 den Staat Pennsylvania mit der Hauptstadt Philadelphia gründete und dort die Ideen der Quäker verbreitet hatte. Quäker setzten sich besonders für die Gleichberechtigung der Frauen ein. Als Pazifisten standen sie für eine friedliche Nachbarschaft mit den Indianern und verdammten die Sklavenhaltung. Ihre Anerkennung fanden sie spät durch die Verleihung des Friedensnobelpreises im Jahr 1947. Quäker nennen sich auch heute noch *Society of Friends* (Gesellschaft der Freunde). Alle „äußerlichen Lustbarkeiten“ lehnen sie ab.

Ein Mikrokosmos der Quäker hat sich auf der Walfängerinsel Nantucket über viele Generationen erhalten. Schon durch ihre Kleidung fielen sie als Sektierer auf: Männer und Frauen gingen im 18. und 19. Jahrhundert in Schwarz gekleidet. Die Männer trugen lange Bärte, lange Mäntel und breitkrempige Hüte. Von den Frauen erblickte man nur die Hände und das Gesicht, die Haare steckten unter bestickten Hauben. Ihre langen Röcke oder Kleider reichten bis zum Boden. Alle trugen Vornamen aus dem Alten Testament. Besonders die Männer sahen eher wie Missionare als wie Walfänger aus. Ihr Leben drehte sich nur um zwei Themen: die Bibel und den Walfang. Letzteres war ein blutiges Geschäft, denn mit dem Schlachten von Walen verdienten sie sich ihren Wohlstand.
Hermann Melville hat eine meisterliche Milieuschilderung der Walfänger in seinem Buch *Moby Dick* wiedergegeben. Ebenfalls sehr genau stellt der Autor Nathaniel Philbrick in seinem Buch *„Im Herzen der See – Die letzte Fahrt des Walfängers Essex“* die Hintergründe zu Melvilles Roman dar. Denn der Untergang der *Essex,* die 1820 im Pazifik von einem Wal zertrümmert wurde, diente Melville als Vorlage für seinen Roman. Nathaniel Philbrick rekonstruierte nicht nur die Tragödie der *Essex,* er untersuchte auch die sozialen Hintergründe der Walfänger und ihrer Frauen.
Es war üblich, dass die Männer zwei bis vier Jahre auf Walfang fuhren. Sie konnten erst zurückkommen, wenn – wie erwähnt – alle Fässer in der Last des Schiffes voller Öl waren. Manche hatten Glück, andere nicht. Die Faustregel besagte: drei Jahre auf See, drei Monate zu Hause. Sie waren also nur kurze Zeit mit ihren Frauen zusammen – vielleicht zu kurz, um eine vertrauensvolle Intimität aufzubauen. Es bleibt fraglich, ob eine Ehe mit solch langen Intervallen der Trennung als eine glückliche bezeichnet werden kann. So waren es auch die Kapitänsfrauen, die die lange Trennung nicht akzeptieren wollten und – neu in der Geschichte der Seefahrt – offiziell mit ihren Männern zur See fuhren. Das Verständnis für diese Ansätze der Gleichberechtigung verdankten sie ihrem Quäkerglauben. Aber es waren nur ein paar Kapitänsfrauen, die mitfuhren, die meisten Frauen blieben allein zurück.
Wie ist es den allein gelassenen Frauen ergangen? Wir wissen aus neueren Untersuchungen, dass auch Frauen von Seemännern und Fischern, deren Männer viele Wochen oder Monate auf See sind, unter dem sexuellen Entzug leiden. Heute können Frauen darüber offen reden, aber damals war das in Nantucket sicherlich nicht möglich. Im Ort Nantucket auf der gleichnamigen Insel und in anderen Walfängerhäfen waren nachts die Gardinen besonders dicht gezogen, Fensterläden und Türen fest verschlossen. Aber auch in dieser geschlossenen Christengemeinde, deren puritanischer Habitus ihrem strengen Glauben entsprach, öffneten sich Spalten, durch die Zeitgenossen und Histo-

riker blicken konnten. Und so entdeckten Männer wie Melville, Philbrick oder der Autor J. Hector St. John de Crèvecoer *(Letters from an American Farmer),* dass auch in dieser Gesellschaft Sex nicht nur nachts unter der Bettdecke stattgefunden hat.
Hinter vorgehaltener Hand wurde auf Nantucket darüber gesprochen, dass zurückgebliebene Frauen sexuelle Hilfsmittel benutzen würden. Es gab sogar einen Begriff dafür – „Mann im Haus". Hierbei handelte es sich offensichtlich um Dildos*. Es blieb nicht beim Gerücht: Im Jahr 1979 wurde im Ortskern von Nantucket ein historisches Haus renoviert. Dabei entdeckte man in einem Versteck im Kamin folgendes Geheimnis einer Dame: einen Gipsabdruck eines erigierten Penis, ein paar intime Briefe und eine Flasche Laudanum, also Opiumtinktur. Hätte man dieses Versteck zu Lebzeiten der Dame gefunden, wäre diese sehr wahrscheinlich in der damaligen Gesellschaft verachtet und ausgeschlossen worden. Aber für Historiker war die Entdeckung des Opiums viel interessanter als die des Gips-Dildos. Crèvecoer schrieb, dass viele Bewohner von Nantucket zur Blütezeit des Walfangs opiumsüchtig waren: „In all diesen Jahren haben sie die asiatische Gewohnheit angenommen, jeden Morgen eine bestimmte Dosis Opium zu nehmen, und daran haben sie sich inzwischen so gewöhnt, dass sie in arge Verlegenheit kämen, wenn sie plötzlich auf diesen Genuss verzichten müssten."
Auch eine weitere Meldung von der prüden Walfängerinsel Nantucket lässt aufhorchen: Im Jahre 1810, also zur Blütezeit des Walfangs, wurden auf der Insel 47 uneheliche Kinder registriert.
Sicherlich hat der Inselcharakter und das ungewöhnlich lange Getrenntsein der Ehepartner zu manch bizarren Gebräuchen geführt. So soll es einen weiblichen Geheimbund auf Nantucket gegeben haben. Seine Mitlieder verpflichteten sich, nur Männer zu heiraten, die länger als ein Jahr auf Walfang gewesen waren. Die begehrtesten Junggesellen waren die Steuermänner der kleinen offenen Walfangboote, die vom Mutterschiff ausgesetzt wurden. Sie waren meist athletisch gebaut, mutig, mit der Aussicht, bald selbst Kapitän zu werden und somit gut zu verdienen. Damit es den Damen leicht gemacht wurde, war es bei diesen Kandidaten Sitte, ein Zeichen am Revers zu tragen: zwei kleine Holzstifte, die Holzpflöcke symbolisierten, die auf den Walfangbooten dafür sorgten, dass die Harpunenleine nicht am Bug heraussprang.
Eine geschlossene Gesellschaft lässt sich nicht in die Karten schauen. Besonders nicht auf einer Insel. Sicherlich kam vieles nicht ans Licht, aber ge-

Dildos kannten schon die alten Griechen. Da hießen sie Oilisboi und waren Nachahmungen des erigierten männlichen Gliedes, gefertigt aus feinem Leder.

nug, um zu sagen: Hinter den Gardinen der Walfängergesellschaft Neuenglands gab es Bigotterie. Oder anders ausgedrückt: Die „äußerlichen Lustbarkeiten“ lehnten die walfangenden Quäker zwar ab, aber sicherlich nicht die innerlichen.

Seeleute und ihr Verkehr mit Abhängigen

(zirka 1500 bis 1860)

Am Weltfrauentag, dem 8. März 2004, erklärte die UNICEF: „In Konflikten der jüngeren Zeit wird sexualisierte Gewalt gegen Mädchen und Frauen systematisch als Kriegswaffe eingesetzt. Zusammen mit Gräueltaten und Plünderungen gehörte diese zur Strategie von Kriegsherren, die die Zivilbevölkerung durch Terror unterwerfen wollten.“ Die UNICEF forderte die Staatengemeinschaft auf, alles zum Schutz von Mädchen und Frauen zu unternehmen. Sexualisierte Kriegsgewalt müsse als Kriegsverbrechen und Verbrechen gegen die Menschlichkeit verfolgt werden.
Auch zur Blütezeit der Segelschiffe gab es sexuelle Gewalt gegen abhängige Frauen. Und Seeleute vieler Nationen stellten die Täter. Leider gibt es darüber wenige Zeugnisse. Denn welcher Matrose oder Marinesoldat schrieb auf, dass er mit Wilden, Heiden, Ungläubigen, Überfallenen oder Sklaven Sex gehabt, sie gar vergewaltigt habe? Seeleute und Marinesoldaten waren bei den Entdeckungen und Eroberungen immer dabei und hinterließen in vielen Ländern der Welt ihre Spuren.
Einer der ersten Vorfälle von sexuellen Ausschreitungen wird uns von den spanischen Schiffen Magellans berichtet. Er und seine Männer waren auf ihren fünf Schiffen die ersten Weißen, die am 13. Dezember 1519 in einer wunderschön gelegenen südamerikanischen Bucht den Anker warfen. Sie gaben ihr den Namen Bahia Santa Lucia, an deren Gefilden das heutige Rio de Janeiro liegt. In dieser Bucht muss eine besondere erotische Energie auf die Seeleute übergegangen sein, denn als sie dabei ertappt wurden, dass sie engsten sexuellen Verkehr mit einheimischen Indianerfrauen hatten, und für deren Liebesdienste wichtige Ausrüstungsgegenstände der Schiffe in Zahlung gaben, mussten die Kapitäne eingreifen. Es ist anzunehmen, dass in diesen Handel Sex gegen Ware auch höher gestellte Mannschaftsgrade verwickelt waren, denn es kam zu Kommandoenthebungen.
Besonders schlimm muss es der Segelmacher von Magellans Flaggschiff Victoria getrieben haben, denn laut Logbucheintragung wurde er hingerichtet. Er

hatte sich nicht am Tausch von einem Messer oder einem Beil gegen indianische Liebesdienste beteiligt, sondern sich in sodomitischer Weise an einer Kuh vergriffen, die dem Kapitän der *Victoria*, Kapitän Luis de Mendoza ‚Frischmilch liefern sollte.

Ein weiteres authentisches Dokument ist die Aufzeichnung von James Cooks Schiffsarzt David Samwell von der *Discovery*. Gemeinsam mit der *Resolution* lag sie 1778 geschützt im Nootka Sound, am westlichen Teil des jetzigen Vancouver Island, British Columbia, Kanada: „Montag den 6 April. Die Indianer trieben wie gewöhnlich Handel beim Schiff. Wir fanden den Mars des Fockmastes so beschädigt, dass wir ihn zur Reparatur an Land bringen mussten. Diese Arbeit und das Kalfatern der Schiffsseiten beschäftigte die Zimmermänner beider Schiffe. Bis jetzt hatten wir keine ihrer jungen Frauen gesehen, obwohl wir den Männern zu verstehen gegeben hatten, wie wir uns über ihre Gesellschaft freuen würden und wie lohnend es für sie selbst sein könnte. Schließlich brachten sie zwei oder drei Mädchen zu den Schiffen. Obwohl diese hübsche Gesichter hatten, waren sie so furchtbar schmutzig, dass ihr Anblick nicht besonders anziehend war.
Unsere jungen Männer waren aber durch einen Mangel, der mit Seife und warmem Wasser beseitigt werden konnte, nicht zurückzuhalten. Bei der ‚Reinigungszeremonie' legten sie selbst Hand mit an. Es muss zu ihrem Lob gesagt werden, dass sie mit viel Rücksichtnahme und Eifer zu Werke gingen und ihnen die Aufgabe, eine nackte Frau in einem Fass mit warmem Wasser zu säubern, genauso viel Vergnügen bereitete wie einem jungen Beichtvater, eine schöne Jungfrau, die diese Bezeichnung gerade opfern wollte, freizusprechen. Diese Zeremonie kam den Mädchen sehr seltsam vor. Sie hatten sich, um uns zu gefallen, besondere Mühe gemacht und das Haar und das Gesicht mit Ocker gefärbt, was wir jetzt zu ihrem Erstaunen mit großer Sorgfalt wieder wegwuschen. So unterschiedlich sind die Auffassungen von Schönheit und Sauberkeit in den verschiedenen Nationen.
Die Mädchen wurden dazu bewegt beziehungsweise von ihren Vätern oder Verwandten gezwungen, an Bord der Schiffe zu schlafen. Sie waren in ihrem Benehmen sehr bescheiden und scheu, worin sie sich sehr von den Mädchen der Südsee unterschieden, denn diese sind meist unverschämt und laut.
Ihre Väter, die sie begleiteten, erledigten den geschäftlichen Teil und erhielten die Bezahlung für die Prostitution ihrer Töchter in Form eines gut polierten Zinntellers für die Nacht. Als die Indianer merkten, dass dies ein lohnendes Geschäft war, brachten sie weitere Frauen zu den Schiffen. Dabei sparten sie sich die Mühe, die Mädchen anzumalen, so dass wir sie nicht wieder abzuwaschen

brauchten. Die Mädchen reinigten sich selbst, bevor sie zu uns kamen, und waren dadurch willkommenere Besucher.
Schließlich hatten sie unsere jungen Männer von ihrer gesamten Küchenausrüstung befreit. Als wir diesen Hafen verließen, hatten viele von ihnen keinen einzigen Teller mehr, von dem sie ihr Fleisch essen konnten."
Sicherlich hatten sie sich vielen Männern der Besatzung hingegeben und mussten lernen, dass ihre „Leistung" gegen eine Ware getauscht wurde, die ihnen ihre väterlichen „Zuhälter" wieder abnahmen. Abgesehen davon, dass sie bereits bei der ersten Begegnung mit den weißen Seeleuten erkennen mussten, dass ihre Sitte des Schminkens nicht nur nicht gewürdigt wurde, sondern überflüssig war.
Handelt diese Geschichte noch von der Übervorteilung einheimischer Frauen, erzählt die Folgende von Gewalt gegen einheimische Frauen: Der einzige deutsche Pirat, der wirklich im internationalen Geschäft mitgemacht hatte, hieß Richard Sievers. Er hinterließ Aufzeichnungen, die nachzulesen sind in dem Buch *Piratenleben*. Richard Sievers hatte sich gar nicht erst in die Karibik begeben, denn da tummelten sich bereits zu viele Konkurrenten. Als Sievers in den Jahren 1694 bis 1699 sein Unwesen trieb, war sein Einsatzgebiet der Indische Ozean. Hier lauerten er und seine Leute am Bab-el-Mandeb, dem Tor der Tränen, indischen Mekkapilgern auf, deren reich beladene Schiffe die schmale Zufahrt zum Roten Meer passieren mussten.
Sievers ankerte mit anderen Schiffen bei der Insel Pemrin und wartete auf die indische Pilgerflotte. Aber arabische Fischer hatten ihre Glaubensbrüder vor den europäischen Piraten gewarnt und so segelten die Inder nachts und unerkannt durch das Tor der Tränen. Eine Piratenflotte aus deutschen, amerikanischen und englischen Kapitänen folgte den Indern bis zu deren Heimatküste. Sievers schrieb, dass Kapitänkollege Every an Bord der *Fancy* als erster das indische Schiff *Ganj-i Sawai* traf.
„Nach ungefähr zwei Stunden erbitterten Kampfes brachte aber ein Treffer aus einem Piratengeschütz den Großmast der Angegriffenen zum Einsturz. Dies verursachte ein heilloses Durcheinander an Bord, das Every sofort auszunutzen wusste. Er ließ die *Fancy* längsseits gehen, und seine Mannschaft konnte die etwa fünfhundert Tonnen große *Ganj-i Sawai* entern. Die indischen Seeleute flüchteten in heller Panik in die unteren Decks. Einige Besatzungsmitglieder stellten sich noch dem Ansturm der Seeräuber entgegen, aber sie wurden einfach niedergemetzelt.
An allen Ecken und Enden fanden die Piraten wehrlose Passagiere, die sich zwischen der Ladung ängstlich versteckt hielten. Sie wurden gezwungen, alle ihre Wertsachen herauszugeben, dann zogen die Räuber weiter. Viele Frau-

en wurden dabei brutal vergewaltigt. Um einer solchen Schmach zu entgehen, stürzten sich einige von ihnen über Bord, andere töteten sich mit dem Dolch. Den Männern dürfte sich ein entsetzlicher Anblick geboten haben, doch die Gier machte sie wahrscheinlich blind für das Leid ihrer Opfer.

Zwei Tage zogen die Piraten plündernd und vergewaltigend durch die dunklen Decks der *Ganj-i Sawai.* In dieser Zeit raubten sie beträchtliche Mengen an Gold, Silber und Juwelen. Auch ein mit Rubinen besetzter Sattel, der als Geschenk für den Mogul gedacht war, fiel den Seeräubern in die Hände. Um schließlich die letzten Verstecke weiterer Schätze zu erfahren, wurden einige indische Seeleute erbarmungslos gefoltert. Erst als das Schiff bis auf den Kiel geplündert war, ließen die Piraten von ihren Opfern ab, und die Inder durften die Fahrt nach Surat fortsetzen. Nur einige Frauen wurden auf der *Fancy* mitgenommen. Sie mussten wahrscheinlich den Männern zur Befriedigung ihrer Gelüste dienen."

Besonders deutlich wird der Zusammenhang zwischen Gewalt und Sex beim Umgang mit Sklavinnen. Mit derselben Brutalität, mit der man zum Beispiel schwarze Sklaven und Sklavinnen in Afrika einfing und in Schiffe einpferchte, verging man sich an den Frauen. Während der Überfahrt an Bord der Transportschiffe nach Amerika wurden viele von ihnen von Seeleuten vergewaltigt. In Amerika angekommen, gingen die sexuellen Belästigungen durch ihre neuen Dienstherren und deren Mitarbeiter weiter.

Besonders da wo Seeleute Neuland betraten, folgten sie ähnlichen Verhaltensmustern. Frauen wurden missbraucht. Dies war so bei den Arawak- und Carib-Indianerinnen in der Karibik nach der Landung von Kolumbus und all den nachfolgenden Bootsbesatzungen, wie auch in Mittel- und Südamerika durch erobernde spanische Seeleute und Krieger. Keine Rücksicht nahmen Seeleute auch auf Frauen in Madagaskar, auf die der Aborigines von Australien, auf Indianerfrauen oder solche auf einsamen tropischen Inseln, ja selbst Eskimofrauen wurden gegen Tausch von Glasperlen „eingehandelt", missbraucht und im Alkoholrausch vergewaltigt.

Richard H. Dana *(Zwei Jahre vor'm Mast)* schrieb 1835 über die fast unbesiedelte kalifornische Küste, an der es nur ein paar mexikanische Missionen und Handelsstationen gab: „Ich habe häufig beobachtet, dass ein Indianer seine ihm kirchlich angetraute Frau zum Strande herunterbrachte und das Geld, das sie von den Seeleuten erhielt, mit ihr teilte. Wenn irgendeines der jungen Mädchen wegen schlechten Lebenswandels dem Alkalden (Anm.: Ortsvorsteher, Bürgermeister) vorgeführt wurde, dann wurde sie gepeitscht...".

Janmaat und *Jack Tar* wussten noch nichts von Menschenwürde und Menschenrechten, wurden sie doch selbst oft genug menschenunwürdig behan-

Gelage mit Seeleuten und ihren Huren auf dem Kanonendeck eines Kriegsschiffes. Wurde ein Sohn gezeugt, dann hieß er „son of a gun". *W. Elmes, 1812*

Von Land werden Huren zu den auf Reede liegenden Kriegsschiffen „exportiert". Manche Seeleute bestellten gleich zwei, so dass oft mehr Huren als Männer an Bord waren. *E. Williams*

Die meisten Seemänner suchten an Land Wein, Weib und Gesang und gaben dafür ihre Heuer bereitwillig hin.
Thomas Rowlandson
© National Maritime Museum, London

Ein Mann betrachtet lüstern das Treiben an Bord eines Ankerliegers, während seine Frau einen anderen küsst.
(Engl. Titel: Stolen Kisses)
Thomas Rowlandson

Britische Marinesoldaten sind in London, dem Hafen des Vergnügens, angekommen.
Künstler unbekannt,
Datum: 25. April 1791
© National Maritime Museum, London

Anne Bonney und Mary Read, zwei als Männer verkleidete Piratinnen in der Karibik. Ihr Leben wurde 1951 in dem Hollywoodfilm „Anne of the Indies“ verfilmt. Illustration aus dem Buch „Historie der Engelsche zeerovers“, Amsterdam 1725

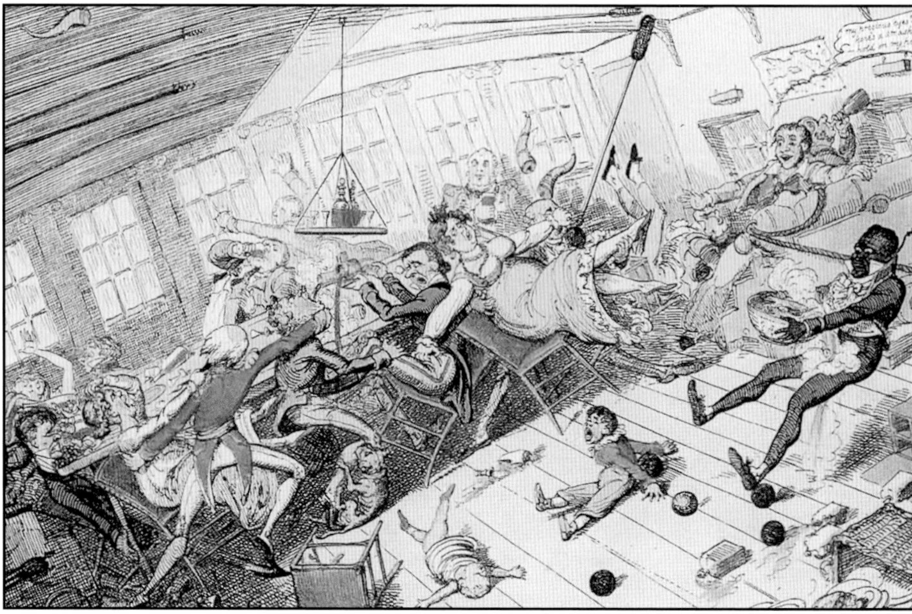

Schwere Krängung auf einem Ostindienfahrer nach einem üppigen Ess- und Trinkgelage. Nur das kardanisch aufgehängte Tablett mit Getränken schwebt horizontal. Diese Karikatur schuf der Künstler George Cruikshank 1818 nach einer Zeichnung des Kapitäns Frederick Marryat.

Als „Love à-la-mode, or Two dear friends" wird diese Zeichnung unterschrieben. Es thematisiert das skandalöse Gerücht, dass Lady Hamilton, Admiral Nelsons Geliebte, und die Königin von Neapel, Maria Carolina (links), ein Verhältnis haben sollen. *Gillray*

Links: Ein britischer Seemann kommt an Land und sogleich heißt es bei den beiden Huren: Erst das Geld, dann das Vergnügen!
Thomas Rowlandson
© National Maritime Museum, London

Unten: Hafenkneipe in Wapping bei London, am Nordufer der Themse. Hier reihten sich um 1800 Kneipen neben Bordellen.
Thomas Rowlandson
Datum: September 1807
© National Maritime Museum, London

Zwei Seeleute wollen ihre Geliebten aufs Schiff entführen. Mit englischem Humor beschreibt der Künstler die Szene, wobei das Wort „enter“ eine Doppelbedeutung hat.
***Thomas Rowlandson* © Fine Arts Museums of San Francisco**

Eine britische Hure winkt ihrem Ex-Geliebten auf dem in See stechenden Schiff zu. Treffender als die Bildunterschrift des Künstlers kann man es nicht ausdrücken: Goodbye!
Thomas Rowlandson

Abschiedsszenen im englischen Kriegshafen Portsmouth. Hier sollen um das Jahr 1820 zwanzigtausend Huren gelebt haben. *Thomas Rowlandson*
© National Maritime Museum, London

Verklärte Darstellung von zwei Meerjungfrauen und einem badenden Seemann.
Thomas Rowlandson © Courtauld Institute of Art Gallery, London

Mit dieser Illustration und der polarisierenden Unterschrift „Civilisation et Syphilisation" wollte die Regierung die französischen Soldaten davor abhalten, mit den Frauen der Kolonien Verkehr zu haben. *Jules Grandjouan*
Aus „L'assiette Au Beurre" © Central Saint Martins College of Art and Design, London

delt. Damals standen Frauen unter ihrer eigenen sozialen Stufe. Wie tief unter ihnen stehend müssen Matrosen demnach erst einheimische Frauen eingeschätzt haben?

Der ewige Traum vom Paradies

(zirka 1861 bis 2000)

Es war einmal ein geiler Seemann. Den hatte es in die Südsee verschlagen. Genauer gesagt, auf die Insel Penrhyn, die heute zu den Cook-Inseln gehört. Sein Name war William Marsters. Man schrieb das Jahr 1861, als er eine hübsche junge Polynesierin kennen lernte und sie heiratete. Damals war der Ex-Walfänger bereits 41 Jahre alt, höchste Zeit, eine Frau zu nehmen, sich sesshaft zu machen.

Die ersten Weißen, die nach den Eroberern, Walfängern und Missionaren zu den pazifischen Inseln kamen, waren die Händler. Solch einen Händler lernte William Marsters auf der Insel Penrhyn kennen. Sein Name war Brander. Offensichtlich kannte Brander den Pazifik gut und muss mit Marsters über die vielen noch unbesiedelten Atolle und Inseln gesprochen haben. Abenteuerlich wie beide dachten, planten sie, dass Branders Schiff eine dieser Inseln anlaufen und seinen Kumpan William Marsters dort als Siedler absetzen sollte. Es war beabsichtigt, dass Marsters *bêche-de-mer* (Seegurken) sammeln sollte, eine Köstlichkeit, für die Chinesen hohe Preise zahlten. Später wollte Brander seinen Freund und die gesammelten *bêche-de-mer* wieder abholen.

Im Jahre 1862 überredete William Marsters seine Frau zu der Reise, was sicherlich nicht schwierig war, denn die Reiselust ist den Polynesiern in die Wiege gelegt. Damit sich seine junge Frau nicht so einsam fühlen sollte, nahm er auch deren Schwester mit. So segelten sie los und landeten auf der Insel Manuae, eine der südlichen Cook-Inseln. Diese sagte ihnen jedoch nicht besonders zu, weil sie bereits besiedelt war. Aber was Marsters hier gefiel, war eine dritte Frau.

Weiter ging die Reise mit Marsters und drei Frauen. Brander kannte wohl das unbewohnte Palmerston und musste von diesem Atoll mit seinen acht Inselchen geschwärmt haben. Jedenfalls endete dort die Reise für das Quartett im Jahr 1863. Einer war schon vor ihnen da gewesen. Denn wie uns die Geschichte lehrt, ist James Cook kaum eine Insel im Pazifik entgangen. Auch dieses ovale Atoll, zirka 5,5 x 7,5 km groß und nur so hoch wie seine Palmen, entdeckte der Ausguck am 16. Juni 1774 auf einem der beiden Schiffe *Resolution* und

Adventure während Cooks zweiter Pazifikreise. Keine Seele lebte auf einer der kleinen *motus*, wie die Polynesier kleine Inseln nennen, die sich auf einem Riff gebildet haben. Cooks Ausguck konnte deutlich hinter dem Riff und den vereinzelten *motus* die türkisfarbene große Lagune erkennen. Wie Perlen einer Kette gruppieren die *motus* sich um die Lagune, die eine Art flacher Binnensee bildet. Eine Einfahrt in die Lagune für Schiffe gab es nicht. Nur kleine, flache Boote können die Passage ohne Grundberührung bewältigen.

Cook benannte das Atoll nach Lord Palmerston, einem der Lords der Britischen Admiralität. Die Seekarte, die Cook damals anfertigte, ist mit der heutigen Seekarte von Palmerston fast identisch. Fünf Jahre später lagen Cooks Schiffe, diesmal die *Discovery* und die *Resolution,* wieder beigedreht in Lee von Palmerston. Vier Tage lang sammelten sie laut Logbuch Futter für das Vieh an Bord, 1200 Kokosnüsse und reichlich Fisch. Am 14. April 1777 verließen sie Palmerston.

86 Jahre später betrat am 8. Juli 1863 der erste weiße Siedler, William Marsters, mit seinen drei polynesischen Frauen den Strand von Palmerston. Sein Freund Brander sollte danach nie wieder hier auftauchen. Der geschickte Schiffszimmermann Marsters hatte Setzlinge, Samen, Haushaltsgeräte, Feuersteine, Walöl für die Lampen, Baumaterial und Werkzeug mitgenommen. William Marsters war ein frommer Mann, denn er baute neben den Wohnhäusern auch eine Kapelle. Und er war ein fleißiger Mann, denn schnell wurde aus der *home island*, der Hauptinsel, eine Kokosnussplantage.

William Marsters machte sich an sein Lebenswerk. Mit jeder Frau gründete er eine Familie. Und jede Familie bekam ein eigenes Haus von ihm. Am Schluss baute er für sich ein viertes Haus. Die Sprösslinge wuchsen fast so schnell empor wie seine Palmen. Siebzehn Kinder nannten ihn Papa. Heute gibt es Hunderte von Marsters-Nachkommen auf den Cook-Inseln.

Palmerston Island ist bis heute die einzige Cook-Insel, auf der ausschließlich Englisch gesprochen wird. Allerdings ist es ein schwer zu verstehender Dialekt aus dem 19. Jahrhundert, ein sogenannter *burr*, der im Wörterbuch als „unartikulierte Aussprache, üblich im Westen von England“, definiert wird. Verständlich, denn Marsters kam aus Gloucester.

Der Ex-Seemann, Ex-Walfänger aus Gloucester war, wie gesagt, ein geschickter Mann. Er konnte mit Werkzeug gut umgehen und hatte auch genügend Bauholz zur Verfügung, denn im Laufe der Zeit fand er acht Wracks auf den langen Riffs.

Das Wrack des französischen Seglers *La Tour d'Auvergne* war so gut erhalten, dass seine Söhne im Jahr 1914 aus den Türen und den Decksbalken ein Gotteshaus bauten. Ebenfalls aus Wrackteilen fertigte Marsters die Wohn- und

Küchenhäuser. Diese Gebäude baute er so stabil, dass sie mehrere Zyklone überstanden. Sogar solche, die ganze *motus* weggewaschen und die Atolllandschaft verändert haben.
Von William Marsters gibt es Fotos. Sie zeigen den am 22. Mai 1899 im Alter von 78 Jahren Verstorbenen als Mann in der Tradition des Alten Testaments – so, als ob er aus einer Missionarsfamilie stammen würde. Er trug einen breiten Hut, war weiß gekleidet und hatte einen langen Vollbart; natürlich war er von der Tropensonne braun gebrannt. Um ihn herum die Heerschar seiner Nachkommen oder wie es heißt „die Früchte seiner Lenden". Seine männlichen Nachkommen auf Palmerston tragen heute noch eine gestutzte Variante des „Marsters-Bart". Und in bester Tradition erklingt sonntags vor dem Gottesdienst die Schiffsglocke der *La Tour d'Auvergne.* Marsters lebte mit seinen Frauen nicht in den Tag hinein. Er achtete auf Disziplin und Gesetze. Eines der wichtigsten Gesetze hieß: Meine Nachkommen dürfen nicht innerhalb des Clans heiraten. Jeder der drei Clans bekam ein bestimmtes Stück Land auf dem *home island.* Auch die kleineren *motus* wurden aufgeteilt. Die Kinder wurden christlich unterrichtet und streng erzogen. Über tausend Kokospalmen hatte er zu Lebzeiten angepflanzt. Viele der Nachkommen sind auf andere Inseln gezogen, denn das Atoll konnte nicht alle ernähren. Heute leben auf Palmerston ungefähr 60 Marsters. Zwei sind Prediger, sprechen aber seit Jahren nicht mehr miteinander.
Die Geschichte vom Seemann William Marsters, der sein Glück gleich mit drei Frauen auf einer einsamen Südseeinsel versuchte, hätte auch ganz anders ausgehen können. So wie die Geschichten vieler Seeleute, die sich mit einheimischen Frauen an romantischen Plätzen dieser Welt niederließen, meist unglücklich geendet haben. Die Chroniken sind voll von Berichten desertierter oder abgemusterter Matrosen, die, betört von der exotischen Schönheit einheimischer junger Frauen, meist ein schlechtes Ende nahmen.
Marsters ging es offensichtlich zu Anfang um die Befriedigung seiner Sinne und seiner Träume. Er suchte Sex mit den Polynesierinnen, hat dies auch durch die Wahl von gleich drei Frauen bewiesen. So gottesgläubig er auch gewesen sein mag, der Treueschwur – nur mit der ersten Frau war er christlich getraut worden – hinderte ihn nicht, Vielweiberei zu betreiben. Man muss festhalten, dass William Marsters ein Mann war, der seine eigenen polygamen Gesetze schuf.
Aber Marsters hatte eine Vorstellung von einem geordneten Lebenskonzept. Das unterschied den Palmerston-Patriarchen von Hunderten Matrosen, die auf Schiffen der Eroberer, der Walfänger, der Piraten, der Sandelholzfäller oder Händler an Land mit ihren einheimischen Schönen gescheitert waren. Sie wa-

ren nicht fähig, in der Ferne ein geordnetes Leben zu führen. Ob sie es als Meuterer der *Bounty* auf der Insel Pitcairn probiert haben, als Piraten in den ersten europäischen Siedlungen auf Madagaskar, mit Indianerfrauen Nordamerikas, mit schwarzen Frauen an der Sklavenküste Ghanas oder mit den Einheimischen der Karibikinseln – fast immer gab es ein böses Ende.

Ménage à trois? Oder das Zusammenleben von zwei Lords und einer Lady

(zirka 1798 bis 1805)

Englands größter Sexskandal nach den Auswüchsen Heinrichs VIII. löste ausgerechnet ein Seemann aus. Es war nicht irgendein Seefahrer, sondern sein bedeutendster Admiral, ein Seeheld *par excellence*. Er düpierte die Royal Navy, die oberste Admiralität, seine getreuen Untergebenen, sein Land, das ihm zu Füßen lag und seinen König aufs Schmerzlichste. Die außereheliche Liebesaffäre des verheirateten Admirals Lord Horatio Nelson mit der verheirateten Lady Emma Hamilton erschütterte England zutiefst. Es blieb nicht nur bei einer Affäre, noch schlimmer: Zwei Lords und eine Lady beschlossen zusammenzuleben, gingen eine Ehe zu Dritt ein. Höhepunkt des Skandals war ein Kind, das Lady Hamilton heimlich gebar und es ausgerechnet auf den Namen Horatia taufte. Dabei hat die arme Horatia niemals in ihrem Leben erfahren, ob Horatio wirklich ihr tatsächlicher Vater gewesen war. Immerhin musste sie 81 Jahre mit dieser Ungewissheit leben.

Wie fing alles an? Nelson hatte 1798 den Erbfeind Frankreich geschlagen. Er hatte Napoleon schwer gedemütigt, denn unter Nelsons genialem Kommando besiegte die englische Flotte die der Franzosen in der Schlacht von Abukir, genannt nach einem Dorf vor der ägyptischen Küste. Genial deshalb, weil Nelson einen Teil seiner Flotte zwischen die ankernde französische Flotte und dem nahen Land auf nur einer 4-Faden-Linie (ca. 7,2 m) – in den Rücken des Feindes – einlaufen ließ. Es war Nacht, und die Franzosen waren von der Taktik überrascht. Ehe sie reagierten konnten, wurden sie auch von See aus vom zweiten Teil der englischen Flotte angegriffen. Sie waren in die Zange genommen worden. Niemals hätten sie geglaubt, dass zwischen ihren ankernden Schiffen und dem Land noch Platz für Feindesschiffe wäre. Ihr Fehler – sie hatten zu weit seewärts geankert! Nur dem Taktiker Nelson konnte so ein Geniestreich einfallen.

Nach der siegreichen Schlacht lief sein Flaggschiff *Vanguard* in die Bucht von Neapel ein. Hier residierte der italienische König Ferdinand IV. von Neapel und Sizilien. Ferdinand IV. und der englische König George III. besaßen einen gemeinsamen Feind: Frankreich. Das napoleonische Frankreich hatte bereits halb Italien besetzt und wollte noch mehr. Durch die verlorene Schlacht von Abukir hatten die Franzosen jedoch auf den letzten italienischen Bissen die Lust verloren. Ferdinand IV. verdankte dem Sieg Nelsons sein Königreich und sein Leben. Als Nelson nach Neapel kam, war er nicht nur *persona grata*, sondern auch ein Volksheld.

Der britische Gesandte Sir William Hamilton und seine Gattin Emma hatten ihn eingeladen. Neapel hatte viel Charme: die liebenswerte Mittelmeerlandschaft mit dem Vesuv im Hintergrund, Capri nicht weit entfernt, mediterranes Essen, Weine im süßen Zeitgeschmack, schmeichelnde Musik, ein milder Spätsommer. Und zwei außergewöhnlich großzügige Persönlichkeiten luden ihn ein, sich in ihrem Stadthaus von den Strapazen der Seeschlacht zu erholen. Schließlich war Nelsons Flaggschiff, die arg gebeutelte *Vanguard*, „mit letzter Kraft" in die Bucht eingelaufen. Als Lord Nelson an Land ging, spielte das Orchester der Oper *Rule Britannia* und *See the Conquering Hero.*

Der Gesandte Sir William Hamilton war geehrt, diesen außergewöhnlichen Gast beherbergen zu dürfen. Aber von Beginn an nahm Lady Hamilton das Verwöhnen des Admirals in ihre Hände. Wie jedermann weiß: Die beiden verliebten sich. Sir William war 68 Jahre alt, seine Frau 33 Jahre jung. Sie hatte, wie man damals in englischen Kreisen sagte, „Vergangenheit". Sie war schön und sie war vital. Man munkelte, sie sei die Mätresse etlicher Gentlemen gewesen. Seit sieben Jahren war sie damals mit Sir William verheiratet.

Noch auf See sandte sie Lord Nelson eine persönliche Botschaft: „Wäre ich König von England, ich würde Sie zum edelsten, mächtigsten Herzog Nelson, Marquis Nil, Grafen Alexandria, Vicomte Pyramide, Baron Krokodil und Prinz Sieg ernennen."

Die Nächte verbrachte Lady Hamilton mehr im Gästehaus als im eigenen Palais. In ihr Tagebuch notierte sie: „Ich kleide mich von Kopf bis Fuß à la Nelson. Selbst mein Schal ist blau und über und über mit goldenen Ankern bestickt. Meine Ohrringe sind Nelsons Anker, kurz, wir sind alle nelsonverrückt."

Aber die Wogen schlugen hoch. Besonders in London. Die Lords und Admirale der Royal Navy murrten. Lady Hamilton wurde im Stil der Zeit als taktlos, vorlaut, ungeschliffen, anmaßend und eitel bezeichnet. Aber Lord Nelson stand zu ihr. Er war der uneingeschränkte Held Englands.

Lord Nelson schickte Briefe an seine in England wartende Ehefrau Fanny Nelson, in denen er auf fast schon geschmacklose Weise Lady Hamilton lobte.

Lady Nelson, ganz Dame, ertrug ihren Schmerz im gemeinsamen Haus bei London. Während ihr Mann in Neapel von „Tagen der Ruhe und Nächten des Vergnügens“ sprach.
Sir William Hamilton war in seinem hohen Alter nicht eifersüchtig, jedenfalls zeigte er es nicht. Im Gegenteil, er fühlte sich wohl geehrt, eine so große Persönlichkeit an der Seite seiner Frau zu wissen. Ihr sagte man „unerschöpfliche Vitalität“ nach. Das war die Umschreibung der Oberschicht für das, was man heutzutage als nymphoman bezeichnen würde.
In Neapel erhielt der Held Briefe von seinem Marineminister, von Freunden und sogar von Untergebenen, die ihn in den damals üblichen umständlichen Formulierungen um Aufgabe seiner Liebschaft baten; er möge wieder zu seinen Pflichten zurückkehren. Stattdessen machte er mit den Hamiltons Lustreisen zu See und reiste schließlich mit ihnen durch mehrere europäische Länder. In Hamburg charterte er ein Schiff, das ihn an die englische Ostküste nach Yarmouth brachte. Hier bereitete man ihm einen triumphalen Empfang. Engländer entwickelten italienisches Temperament; sie spannten die Pferde seiner Kutsche aus und zogen seinen Wagen per Hand zum nächsten Wirtshaus. Das Volk wollte mit seinem Helden feiern. Und die Wirtin fragte ihn, ob sie Ihren Pub „The Nelson's Arms“ nennen dürfte. „Das geht doch gar nicht“, scherzte Nelson, „ich habe doch nur einen Arm.“
König Georg III. empfing ihn nur kurz mit großer Zurückhaltung. Seine Frau Fanny war geradezu eisig zu ihm. Und so wohnte Lord Nelson im Hause der Hamiltons in London. Er war erst 42 Jahre alt und dachte daran, seine Karriere zu beenden. Da durchkreuzte Napoleon seine Pläne. Er hatte die Ostseestaaten dazu gebracht, den Handel mit England zu beenden. Das war ein genialer diplomatischer Schlag, denn er traf England an einem schwachen Punkt. Ohne skandinavische, baltische und russische Lieferungen von Hanf für Seile oder Bäume und Holz für den Schiffsbau konnte es seine Flotten nicht ausbauen. England wäre gelähmt gewesen. Deshalb rüstete die Royal Navy gegen die Blockadeländer.
Das Geschwader sollte Sir Hyde Parker leiten, an seiner Seite kein Geringerer als Lord Nelson. Es kam im Jahr 1801 zur Schlacht von Kopenhagen, bei der Nelson eine ähnliche Kriegslist anwandte wie in der Schlacht von Abukir. Er nahm auch hier die ankernden dänischen Schiffe in die Zange. England siegte. Dabei hatte Lord Nelson einen Befehl von Sir Hyde ignoriert, der zum Rückzug aufforderte. Wegen seines grandiosen Sieges kam es jedoch nicht zu einer Verhandlung vor dem Kriegsgericht. Lord Nelson wurde zum unbestrittenen Helden Englands.
Über seine Geliebte kaufte er in der Nähe von London das 30 Hektar große

Landgut Merton. Zum Entsetzen der englischen Gesellschaft wohnte Lord Nelson hier mit Lord und Lady Hamilton und der kleinen Horatia zusammen. Für ihr Leben zu dritt hatten sie ein lateinisches Motto gefunden: *Tria juncta in uno!* (Drei in einem vereint.)

Auf Merton waren sie dem direkten Zugriff der Öffentlichkeit entzogen. Lady Emma Hamilton, eine begnadete Gastgeberin, lud mit Nelson an ihrer Seite die bekanntesten Persönlichkeiten Englands an ihre Tafel. Viele Gäste waren einfach neugierig, die beiden Lords und ihre Lady unter einem Dach zu sehen. Andere waren auch angewidert. Zwischen angezogen und abgestoßen gingen die Meinungen hin und her. Der Mann, der die wichtigsten Schlachten gewonnen hatte, der jeden Feind ausmanövrieren konnte, war dieser Frau erlegen. Englands größter Held war einer Frau verfallen, über die man sich in aller Öffentlichkeit erzählen konnte, dass sie „monströs in ihrer Ungeschlachtheit" sei.

Der alternde Lord Hamilton konnte das aufregende Leben auf Merton nicht länger ertragen und zog sich nach London zurück.

Auch Nelson musste Merton verlassen. Man gab ihm den Oberbefehl in der Seeschlacht, die später als Schlacht bei Trafalgar bekannt wurde. Vor den Trafalgar-Felsen, auf der atlantischen Südseite Spaniens, ging es 1805 für die Engländer gegen die vereinigte französisch-spanische Flotte. Hier sollte Lord Nelson noch einmal seine Kriegskunst demonstrieren. Inzwischen war er 47 Jahre alt. Vor der Schlacht ließ Nelson von seinem Flaggschiff *Victory* aus an alle Schiffe signalisieren: *England expects that every man will do his duty* (England erwartet, dass jedermann seine Pflicht tut). Ein Satz der in die Geschichte eingegangen ist.

Lord Nelson wurde tödlich auf seinem Achterdeck getroffen. Seine letzten Worte, in Anwesenheit seines besten Freundes und Kapitäns der *Victory,* Sir Thomas Masterman Hardy, wurden weltberühmt. „Sie wissen ja, was sie zu tun haben", flüsterte Nelson ihm ins Ohr. „Kümmern Sie sich vor allem um Lady Hamilton. Küssen sie mich, Hardy."

Sein Freund kniete sich und küsste Nelson auf die Wange. „Jetzt bin ich zufrieden", hauchte Nelson. „Gott sei Dank, habe ich meine Pflicht getan."

Der Bordgeistliche Scott hörte noch, wie Nelson sagen konnte: „Doktor, ich bin kein großer Sünder gewesen." Seine letzten Worte waren: „Vergessen sie nie meine Horatia."

Um kaum einen Menschen hat England je so tief getrauert wie um Lord Nelson. Die Nation brachte es fertig, nur den Helden zu verehren, ihn völlig von seinem Privatleben zu trennen. König Georg III., der ihn einst eisig empfang hatte, brach auf Schloss Windsor in Tränen aus. Londoner Prostituierte tran-

ken „auf unseren Nel“. Seeleute aus Nelsons Mannschaft zerrissen seine St. George-Flagge, die den Sarg in St. Pauls Kathedrale bedeckte, in Stücke und stopften sie unter ihre Uniform über ihr Herz.
Man hatte Nelsons missbilligte Liaison mit Lady Hamilton vergessen, sie verdrängt. Dem Helden waren seine Sünden, seine Liebesaffäre, verziehen.
Die lebenshungrige Emma war inzwischen der Spielleidenschaft verfallen. Sie verspielte Haus und Hof, das Vermögen ihrer beiden Männer, und starb 1815 verarmt in Calais als Alkoholikerin. Nur ihre Tochter Horatia war bei ihr. Nelsons Tochter?

Na, wo gibt’s denn so was? Petticoats auf Kriegsschiffen!

(zirka 1796 bis 1819)

Es ist keine drei Generationen her, als die ersten größeren Segelyachten vor den Küsten Europas und der Vereinigten Staaten von Nordamerika auftauchten. Die ersten von ihnen nannte man auf dem Kontinent Luxusyachten, in England *gentlemen’s yachts.* Man war sich offensichtlich an Land nicht klar darüber, was sich dort draußen abspielte. Denn ein Schiff auf dem Wasser zu segeln, ohne dass es der Arbeit diente, das gab es bis dato nicht. In Verkennung der Tatsachen nannte man diese Yachten auch „Lustyachten“, ein Begriff, der sich bis in die 30er-Jahre des vergangenen Jahrhunderts hielt.
Zu abrupt fand zu Beginn des 20. Jahrhunderts eine Entwicklung statt, dass man Frauen an Bord nahm, die nichts anderes taten, als sich zu amüsieren. Um wieviel überraschender muss es dagegen gewesen sein, als bereits im 18. Jahrhundert, Frauen als Gäste auf Kriegsschiffen auftauchten?
Betsey Wynne war jung, hübsch und verwöhnt. Mit ihren Eltern und Geschwistern bereiste sie Europa. Vater Wynne war halb Venezianer, halb Waliser, die Mutter Französin. Die Eltern hatten ihren Besitz in England verkauft und zogen ein Leben auf dem europäischen Festland vor. Mit von der Partie war eine Entourage von Dienern, Mägden, Köchen, Tanzlehrern, Sekretären und Stallburschen. Die Wynnes amüsierten sich auf Maskenbällen und Partys, sie besuchten Opern und Konzerte. Was man so tat, wenn man reich war.
Eigentlich störte sie nur das Kriegstreiben Napoleons, der sich des Königreichs Neapel bemächtigen wollte. 1796 hielten die Wynnes Hof in Florenz, zogen weiter nach Livorno, das damals Stützpunkt der britischen Flotte war. Hier suchten sie Schutz vor den vorrückenden napoleonischen Truppen, wollten sich nach England einschiffen. Allerdings nicht sehr zielstrebig, denn das *dolce far niente*

Italiens hatte sie bereits angesteckt. Die Töchter führten Tagebuch, und so weiß man, wie die Petticoats der Wynne-Töchter die Admirale und Offiziere der Britischen Krone ganz schön durcheinander wirbelten.
Die Großfamilie bestieg im Juni 1796 in Livorno, das wie gesagt von Engländern Leghorn genannt wurde, die Fregatte *Inconstant.* Kaum an Bord, schrieb die 18-jährige Betsey Wynne, dass sie eigentlich nie eine Seereise unternehmen wollte, aber hier an Bord sei alles so sauber und komfortabel. Die Offiziere seien bewundernswert höflich, Kapitän Freemantle allerdings sei einfach hinreißend gewesen. Er gefiel ihr so wie noch kein Mann zuvor. Freemantle war wohl kein besonders gut aussehender Mann, aber seine glühenden schwarzen Augen, so das Tagebuch, haben Betsey eingefangen. Vielleicht war es auch seine schmucke Uniform oder die Party, die er noch am selben Tag an Deck für sie arrangieren ließ? Bestimmt hat auch seine Umsicht dazu beigetragen, den Wynnes die besten Kajüten zuzuteilen. Es ist sogar anzunehmen, dass Freemantle seine Kapitänskabine zur Verfügung stellte, denn Betsey schrieb, er habe kein Bettlager gehabt.
Klar ist, dass der dreißigjährige Freemantle seinen feurigen Blick auf Betsey geworfen hatte, und Betsey das wohlige Gefühl verspürte, vom Richtigen begehrt zu werden. Der Kapitän war Junggeselle, aber wie viele britische Seeleute hatte er im Sündenpflaster Livorno seine Geliebte oder, wie man damals ein nicht eheliches Verhältnis nannte, eine Mätresse.
Was erstaunt, ist die Selbstverständlichkeit, mit der bestimmte Zivilisten auf britischen Kriegsschiffen als Gäste akzeptiert und bevorzugt behandelt wurden. Sicherlich lag der Schlüssel hierzu im Reichtum von Vater Wynne und dem Charme seiner fünf Töchter.
Freemantle war ein langjähriger Freund von Horatio Nelson, er gehörte zu Nelsons *Band of Brothers.* Anders als sein Vorgesetzter, war er ein eingefleischter Junggeselle, der sich offensichtlich in Livorno prächtig amüsierte. Für englische Seeleute war eine Versetzung nach Livorno mit einer Geliebten an Land verbunden. Der italienische Hafen war Stützpunkt britischer Kriegsschiffe, die unter anderem von hier aus die Belagerung des französischen Mittelmeerhafens Toulon durchführten.
Auch Admiral Nelson machte längere Zeit Station in Livorno. Anders als seine Schlachten war sein Privatleben hier nicht gut geordnet. Nelson war in England mit Francis Nisbet verheiratet. Sie war Witwe und hatte einen Sohn aus erster Ehe namens Josiah. Auch Josiah gehörte zur britischen Kriegsmarine und war, wie es der Zufall wollte, an Bord der von Kapitän Thomas Freemantle befehligten Fregatte *Inconstant.* Der Name des Schiffes bedeutet „unstet“ und so ähnlich kann man auch das wankelmütige, amouröse Leben in Livorno be-

schreiben. Nelson hatte sich die Opernsängerin Adelaide Correglia zur Mätresse genommen. Natürlich muss sein Stiefsohn davon erfahren haben, denn die Liaison war offiziell. Madame Correglia beglückte offensichtlich auch andere Offiziere der Kriegsmarine, so dass das Gerücht umging, sie sei eine Spionin.

Als La Correglia auch auf dem Schiff des Flottenkommandanten Nelson nächtigte, bemerkte sein Freund Freemantle warnend, dass er sich mit der Dame lächerlich mache. Gemeint war wohl: vor seinem Stiefsohn Josiah. Kaum hatte Nelson das Verhältnis mit der begehrten Opernsängerin beendet, erkor sein Freund Thomas Freemantle sie zu seiner eigenen Geliebten. Diese Liebschaft bestand noch, als er Betsey Wynne und ihren Clan an Bord aufnahm – es muss damals ein mächtiges Durcheinander im Terminplan des englischen Kapitäns geherrscht haben.

Jedenfalls hatte sich Betsey Wynne schwer geirrt. In der Nacht, als der galante Freemantle ihrer Familie das beste Quartier auf seinem Schiff errichten ließ und sie ihn irgendwo auf harten Planken schlafend wähnte, lag der Kapitän im weichen Bett seiner Opernsängerin.

Auch damals sagte man schon, dass Schiffe und Seeleute im Hafen verrotten und schon bald hieß die Order der Admiralität, die englische Flotte habe Leghorn zu verlassen. Betsey Wynne fuhr mit. Mal auf der *Inconstant,* mal mit ihrer Großfamilie auf der *Lively,* mal machte Freemantle Urlaub und man sah ihn und Betsey Wynne auf dem Hundertkanonen-Schiff *Britannia.* Sie tauchten vor dem belagerten Toulon auf, gerieten bei Flaute fast in Reichweite französischer Kanonen, segelten dann nach Korsika und schließlich nach Neapel. Das alles spielte sich in wenigen Sommermonaten ab. Im August 1796 schenkte Kapitän Freemantle Miss Wynne einen Ring. Der rasante Aufstieg der Betsey Wynne in der britischen Kriegsmarine war nicht mehr aufzuhalten. Selbst der kantige Admiral Sir John Jervis, über 70 Jahre alt und Oberbefehlshaber der Mittelmeerflotte, lud sie zum Dinner auf sein Flaggschiff ein, der berühmten *Victory.* „Mit unendlicher Freude“ akzeptierten Freemantle und seine Auserkorene die Einladung. Der Admiral bat sie, ein Duett zu seiner Erbauung zu singen. Ein Wunsch, den man bei „Hanging“ Jervis – so lautete sein Spitzname wegen seiner drakonischen Disziplinarstrafen – nicht vermutet hätte. Noch befremdlicher war das frühe Abschiednehmen direkt nach dem Dinner, denn Sir John beliebte, sehr früh ins Bett zu gehen, um bereits um zwei Uhr morgens aufzustehen.

Nach den Seereisen, Abendessen, Partys und Empfängen drängte es den Junggesellen Freemantle, Betsey Wynne zu heiraten, denn andere Männer, wie Kapitän Foley, interessierten sich inzwischen auch für sie. Er bat Vater Wyn-

ne um ihre Hand. Aber der wusste bereits, dass Freemantle kein Vermögen besaß und reagierte zögerlich. „Hanging" Jervis, der gewiefte Admiral, versicherte dem vermögenden Vater, dass sein Schwiegersohn *in spe* auf dem besten Weg sei, selbst ein wohlhabender Mann zu werden. Denn er werde ihn und seine Flotte in Gebiete schicken, in denen feindliche Schiffe aufgebracht würden und Prisengelder zu gewinnen seien. Er klärte den Vater auf, dass Prisengelder unter dem Kapitän und der Mannschaft im Verhältnis $^3/_8$ zu $^4/_8$ aufgeteilt wurden. Da der Oberkommandierende – in diesem Fall Admiral Jervis – noch mit $^1/_8$ selbst beteiligt war, ist anzunehmen, dass er mit Freemantle seinen besten Kapitän auf die Jagd beordert hatte.
Ein halbes Jahr nach ihrem Kennenlernen und fast ständigem Aufenthalt auf den Planken von Kriegsschiffen willigte Vater Wynne in die Heirat seiner Tochter Betsey mit Kapitän Thomas Freemantle ein.
Kein Geringerer als der Britische Botschafter Lord William Hamilton und seine Frau Lady Hamilton, die spätere Geliebte von Lord Nelson, richteten die Hochzeit in ihrer Villa aus. Kapitän Freemantle hatte mit seinem wohlhabenden Schwiegervater eine Mitgift von 8000 Pfund ausgehandelt.
„Hanging" Jervis behielt Recht. Freemantle wurde ein reicher Mann. Und er wurde ein glücklicher Ehemann. Betsey Freemantle zog zehn Kinder auf ihrem Anwesen in Buckinghamshire groß, während ihr Mann Karriere machte, in der Schlacht bei Trafalgar neben seinem Freund Nelson erfolgreich kämpfte und schließlich Lord der Admiralität wurde. Als man ihn zum Oberkommandierenden der Mittelmeerflotte ernannte, kam seine Frau nach 25 Jahren Landleben wieder an Bord zu ihm zurück. Es war eine weise Entscheidung, war sie doch bei ihm, als er 1819 in Neapel starb, in dem Ort, an dem sie geheiratet hatten.

„Unnatürliche Vergehen werden mit dem Tode bestraft"

(zirka 1700 bis 1900)

So lautete der Artikel 29 der englischen Kriegsmarine. Diesen Artikel kannte jeder englische Seemann, der auf einem *man-of-war,* einem Kriegsschiff, diente; denn an jedem Sonntag wurden die *Articles of War* vom Kapitän vor versammelter Mannschaft verlesen. Unter „unnatürlichen Vergehen" hatte ein Seemann eines Kriegsschiffes Meuterei, Desertion, Ungehorsam oder Homosexualität zu verstehen.

Erstaunlicherweise wurde dieser Artikel nur bei ganz wenigen Fällen homosexueller Delikte angewandt. Das lässt darauf schließen, dass es entweder kaum schwule Mariners gab, dass schwul sein nichts Außergewöhnliches war, oder dass homosexuelle Akte bewusst übersehen wurden, weil man in den Kriegsjahren jeden Mann an Bord benötigte. Beide hier beschriebenen Fälle fanden zu Kriegszeiten statt – vielleicht waren sie mehr die Ausnahme als die Regel. Der erste Fall wurde im Jahr 1761 verhandelt, also zur Zeit des Siebenjährigen Krieges (1756 bis 1763), den Engländer u. a. gegen Nordamerikaner führten, und der zweite im Jahr 1807, nachdem Englands Royal Navy im ersten Napoleonischen Krieg gekämpft hatte.
In seinem Buch *Women Sailors and Sailor's Women* beschreibt der Marinehistoriker David Cordingly beide Prozesse, die vor damaligen britischen Kriegsgerichten verhandelt wurden. Es zeigt sich, dass die Royal Navy in beiden Fällen mit großer Entschiedenheit durchgriff und den Artikel 29 *Unnatural offences to be punished by death* in seiner ganzen Strenge anwandte.
Im ersten Prozess wurde gegen den älteren Seemann George Newton und den Jungen Thomas Finley verhandelt. Beide Matrosen hatten auf der *HMS Ocean* gedient. Der Prozess fand am 2. Juli 1761 an Bord der *Princess Royal* statt, die damals in der Themsemündung ankerte. Dem Kriegsgericht stand der Admiral William Boys vor, der vier Kapitäne, quasi als Schöffen, zur Seite hatte. Die Verhandlung wurde in der großen Kabine am Heck der *Princess Royal* abgehalten. Es ging dem Kriegsgericht nur um die Frage: Waren die beiden Angeklagten schuldig oder nicht schuldig?
Die Angeklagten wurden vorgeführt und vorgestellt. Anschließend wurde von ihrem Vorgesetzten, Kapitän Langdon der *HMS Ocean,* ein Brief zu dem Fall vorgelesen. Danach begann man mit der Zeugenvernehmung.
Der erste Zeuge war der schwarze Seemann Charles Ferrett. Als sein Name aufgerufen wurde, protestierte der angeklagte George Newton, dass ein schwarzer Heide nicht gegen einen Christen unter Eid aussagen könne. Daraufhin befragte der Vorsitzende den Zeugen, und der erklärte, dass er in Portsmouth auf der *Maidstone* getauft worden und der bekannte Commodore Keppel dabei anwesend gewesen sei. Er könne zwar nicht lesen und schreiben, was unter Seeleuten damals nicht unüblich war; aber er sei ein freier Mann und stünde auf der Lohnliste der *HMS Ocean*. Das reichte, um ihn als Zeugen zuzulassen.
Der Seemann Charles Ferrett wurde nun gebeten, darüber Auskunft zu geben, was sich zwischen den beiden Angeklagten abgespielt hatte. Ferrett gab zu Protokoll: „Als der Angeklagte Newton an Bord der Ocean kam, besaß er kein Bettzeug. Ich hatte Mitleid mit ihm und ließ ihn auf meinem Bettzeug, das ich

auf dem Boden ausgebreitet hatte, schlafen. In der Nacht lag ich im Halbschlaf, als ich vernahm, wie neben meinem Knie jemand schnaufte und stieß. Durch ein Schütteln wurde ich endgültig geweckt. Ich hatte zu der Person keinen Kontakt, hob meine linke Hand hoch und bekam seine ‚Murmeln' zu fassen; der andere Teil steckte im Körper des Jungen. Ich fragte ihn, was er dort hätte, er antwortete ‚eine Fotze'. Dann sagte ich ihm, dass er schlimmer sei als jedes Tier auf dem Felde."

Der Zeuge wurde gefragt, wie spät es zur Tatzeit gewesen sei. Er meinte, zirka drei bis vier Uhr morgens. Woher er denn wüsste, dass es der junge Thomas Finley gewesen sei? Zeuge Ferrett antwortete, dass er ihn bis zum Morgen zu sich ins Bett genommen hätte. Auf die Frage, weshalb er so sicher sei, dass der Angeklagte Newton derjenige gewesen wäre, der die Sünde begangen habe, gab der Schwarze zu Protokoll, dass dieser der Einzige war, der bis dahin neben ihm geschlafen habe. Und als ihn einer der Kapitäne fragte, ob er sich der Sache ganz sicher sei, antwortete er: „Ich fühlte den Schwanz von George Newton im Arsch von Finley." „Was taten Sie dann?"

„Ich schlug Alarm. Der Schiffskoch wollte kommen, aber wie ich später erfuhr, hat ihn seine Frau daran gehindert."

Später wird der Schiffskoch George Dawson vereidigt. Er sollte aussagen, was er über die Aktivitäten der beiden Angeklagten wisse. Dieser nahm kein Blatt vor den Mund, und in direkter Seemannsprache bezeugte er, dass der schwarze Seemann gerufen habe, der Angeklagte hätte seine „Rahe im Fundament des Jungen" gehabt. Er fügte hinzu, dass es noch dunkel war. Und auf die Frage, ob Charles Ferrett damals betrunken gewesen war, antwortete er, dass er morgens einen nüchternen Eindruck gemacht habe.

Danach wurde der Seemann befragt, der über Ferrett in der Hängematte gelegen hatte. Auch er bestätigte die Aussage. Schließlich wurde Kapitän Langdon von der *HMS Ocean* vereidigt. Er berichtete, dass er den Angeklagten Newton gefesselt zum Achterdeck habe bringen lassen. Hier befragte er ihn, ob er Unzucht getrieben und ob er sich schuldig bekenne, ein unnatürliches Vergehen begangen zu haben. Newton verneinte dies, und Kapitän Langdon schickte nach dem Jungen. Der gab an, von Newton mehrfach missbraucht worden zu sein. Beide wurden sogleich in Eisen gelegt.

Andere Zeugen sagten aus, dass Newton nie zuvor einen homosexuellen Akt begangen hätte. Er selbst bezichtigte sich sogar, zur fraglichen Tageszeit betrunken gewesen zu sein; sicherlich um dadurch eine milde Strafe zu erhalten. Auch für den jungen Thomas Finley sagten Zeugen vor dem Kriegsgericht aus. So berichtete sein Vater über seine Tugenden und seinen sehnlichsten Wunsch, schon in jungen Jahren zur See fahren zu dürfen.

Aber all das nützte nichts. Admiral William Boys und seine assistierenden vier Kapitäne erkannten, dass beide Angeklagte gegen den Artikel 29 der Royal Navy verstoßen hatten: „George Newton, Seemann, und Thomas Finley, Junge, sollen den Tod erleiden. Jeder soll am Halse aufgehängt werden, bis er tot ist. Dies soll an einer Rahe eines Schiffes Ihrer Majestät geschehen, das die *Lords Commissioners of the Admirality* zu bestimmen haben."

Aus heutiger Sicht ein völlig unverständliches Urteil, wackelten doch die Aussagen des Kronzeugen Ferrett. Diesem Mann, der nachts nichts gesehen haben will, aber alles gefühlt hatte, sollte doch eher die Frage gestellt worden sein, ob er nicht an diesem Akt selbst beteiligt gewesen war.

Besonders die Todesstrafe gegen den Jungen galt als reines Fehlurteil; sind doch mehrere Urteile von Homosexuellen-Prozessen bekannt, bei denen jeweils der Ältere, also der Verführer, bestraft wurde, während man den Jüngeren meist gering oder gar nicht bestrafte. Aber diese Urteile wurden in der Handelsmarine gefällt, nicht in der Kriegsmarine. Es ist anzunehmen, dass im Prozess gegen den Schwulen Newton und den Verführten Finley ein politisches Urteil ausgesprochen wurde, dessen wahrer Hintergrund im Nebel der Zeit verloren ging.

Es wird immer wieder gerätselt, wie stark die Homosexualität unter Seeleuten ausgeprägt war. Einen Kommentar hierzu veröffentlichte der ehemalige Tellerwäscher, Abenteurer und Seemann Dr. Hans Erasmus Fischer in seinem Werk aus dem Jahr 1927 „Sittengeschichte des Hafens und der Reise": „Die Homosexualität der Seeleute existiert im stärksten Maße in dem Gehirne der Laien. Denn anormal sind sie fast alle nicht. Es ist lediglich das quälende Gefühl des Unbefriedigtseins, das die Körper einander entgegentreibt."

Der zweite Fall, den der Historiker Cordingly ausführlich beschreibt, ist der des Leutnants zur See William Berry, damals 22 Jahre alt. Er diente 1807 auf dem Schiff *Hazard*. Verhandelt wurde am 2. Oktober 1807 auf der *HMS Salvador del Mundo*, die in Plymouth lag. Auch hier leitete ein Admiral, Sir John Duckworth das Kriegsgericht.

Angeblich hatte Leutnant Berry einen gewissen Thomas Gibb, der als Junge zweiter Klasse auf der *Hazard* registriert war, in seine Kabine gebeten. Es war der 23. August, ein warmer Sommertag. Als der junge Gast eingetreten war, verschloss Berry die Tür, hängte ein Tischtuch als Blickschutz vor das Bett, ließ den Jungen sein Taschentuch über das Schlüsselloch hängen und drängte Gibb in sein Bett, wo er sich an ihm in Unzucht – wie es heißt – verging. Es ist sogar belegt, dass der Leutnant so ungestüm zur Sache ging, dass es den Jungen schmerzte, worauf Berry ihn anherrschte, nicht zu jammern, sondern still zu sein. Nach dem Geschlechtsverkehr hatte es der Verführer Berry aus

unbekannten Gründen eilig; er forderte Gibb auf, sich beim Ankleiden zu beeilen.
Ob Thomas Gibb über die empfundene Schmach geweint hat oder darüber, dass Berry ihn sofort danach vor die Tür gesetzt hatte, ist nicht bekannt. Jedenfalls lief er unter Tränen dem Steward John Hoskin in die Arme und vertraute ihm an, was soeben passiert war. Hoskin, so wird berichtet, wurde klar, dass der Junge mindestens ein Dutzend Mal vorher von Leutnant William Berry missbraucht worden war. Er entschied sich offensichtlich nicht zu schweigen und begab sich zu seinem Vorgesetzten, dem Proviantmeister, und meldete den Vorgang. Der wiederum teilte es der höchsten Instanz, dem Kapitän, mit. Kurz vor Mitternacht ließ Kapitän Charles Dilkes von der *Hazard* den Jungen Thomas Gibb vorführen. Dieser erzählte ausführlich von den Begegnungen hinter verdecktem Schlüsselloch in der Kabine von Leutnant William Berry. Die Aussage des Jungen genügte, nun gegen Berry ein Kriegsgerichtsverfahren zu eröffnen. Hier wiederholte der junge Thomas Gibb in allen Details, wie es zu den Begegnungen gekommen war und was sich zwischen ihm und seinem Vorgesetzten abgespielt hatte.
Zwar bekundete Kapitän Dilkes, dass der Junge bereits mehrfach als Dieb aufgefallen war, aber in diesem Fall würde er ihm glauben. Da nimmt der Prozess eine unerwartete Wendung. Aus der Sicht der damaligen Zeit geschah etwas, was auf einem Schiff der Royal Navy nicht für möglich gehalten wurde. Eine Frau trat als Zeugin auf.
Fragen über Fragen müssen auf die Beteiligten eingestürzt sein: Was macht eine Frau auf einem britischen Kriegsschiff? Wie kommt eine Frau vor ein Kriegsgericht? Wieso muss ausgerechnet eine Frau in einem homosexuellen Prozess aussagen?
Die Vernehmung begann mit einem verkleideten Auftritt der Zeugin; denn Elisabeth alias John Bowden hatte ihre Kleidung dem männlichen Umfeld angepasst; sie trug eine lange Jacke und blaue Hosen. Das Kriegsgericht muss sehr an ihrem außergewöhnlichen Schicksal interessiert gewesen sein; denn es präsentierte eine lückenlose Vita der Zeugin: Sie kam aus Truro in Cornwall. Nach dem Tod ihrer Eltern hatte sie versucht, ihre Schwester in Plymouth zu besuchen. Da sie diese nicht finden konnte und sie kein Geld mehr hatte, meldete sie sich im Februar 1807 auf der *Hazard* und wurde angeheuert – verkleidet als Junge versteht sich. Damals war sie 14 Jahre alt.
Nach nur sechs Wochen hatte man an Bord bemerkt, dass der Junge ein Mädchen war. Und jetzt passierte wieder etwas Unverständliches: das Mädchen wurde auf dem Kriegsschiff behalten – anstatt es schnell abzumustern. Man wies ihr eine kleine Kabine zu und machte sie zum Diener der Offiziere.

Vor dem Kriegsgericht der *Royal Navy* musste die Vierzehnjährige Dinge aussagen, die sie nur aus der Schlüsselloch-Perspektive zu berichten wusste. Eher wie lüsterne Kapitäne als wie ernsthafte Richter eines Kriegsgerichts fragten sie das verkleidete Mädchen, was sie denn durch das Schlüsselloch wirklich gesehen habe. In der großen Kabine der *Salvador del Mundo* musste das junge verängstigte Mädchen berichten, dass es erspäht hätte, wie der junge Thomas Gibb mit dem Privatesten des Angeklagten gespielt habe. Und Elisabeth Bowden bestätigte, dass Gibb mehrfach hinter besagter Tür verschwunden sei. Das Protokoll vermerkte, dass sie ihre Neugierde habe befriedigen wollen und deshalb in verschiedene Schlüssellöcher geschaut hätte.
Langsam bekam der Schwulenprozess makabere Züge, denn danach wurde Charles Gregson, der Schiffsarzt, in den Zeugenstand gerufen. Der berichtete auf einmal, dass der Junge vom Leutnant zu oralem Sex gezwungen worden war. Woher er das wusste, ist nicht belegt. Laut Schiffsarzt war auch Sadismus im Spiel. Angeblich hätte William Berry seine Angelleinen zerschnitten, diese zu einer Peitsche geknotet und damit auf den Hintern des jungen Thomas Gibb geschlagen. Vielleicht um sich in Erregung zu bringen, denn dann hätte er „mit dem Schwanz des Jungen gespielt und danach dieser mit seinem". Leider kann man Dr. Gregson nicht mehr befragen, woher er das alles wusste. Ob er sich auch gebückt hat, um durch das Schlüsselloch zu schauen, so wie Elisabeth Bowden? Und eine letzte Frage sei erlaubt: Wie können beide etwas erkannt haben, wenn angeblich ein Taschentuch vor dem Schlüsselloch hing?
Jedenfalls hatte der Schiffsarzt behauptet, den strapazierten Hintern des Thomas Gibb untersucht zu haben – wohlgemerkt nicht nach den Spuren der Peitschenhiebe – und dabei keinerlei Verletzungsspuren eines Missbrauchs feststellen können, obwohl der Junge entsprechende Schmerzen angegeben hatte.
Zum Schluss des Prozesses plädierte der angeklagte Leutnant William Berry auf unschuldig. Er bat einen Bekannten auszusagen, dass er impotent und deshalb bei ihm in Behandlung sei. Klar, ein impotenter Mann kann sich nicht an einem Jungen sexuell befriedigen. Es schien wohl so, als ob der Prozess kippen und Leutnant Berry aus Mangel an Beweisen freigesprochen würde. Aber die Aussage eines minderjährigen Mädchens, verkleidet als Junge, und die unbegreiflich intimen Kenntnisse eines Schiffsarztes ließen die Daumen der Kriegsrichter nach unten zeigen.
Lakonisch heißt es in der *Naval Chronicle:* Leutnant William Berry wurde am 19. Oktober 1807 an der vorderen Steuerbord-Rahe der *Hazard* aufgehängt.

Ex-Prostituierte befehligte die größte Piratenflotte der Welt

(zirka 1775 bis 1844)

Die chinesische Piratin Cheng I Sao verbrachte ihr ganzes Leben auf Schiffen. Sie wurde auf einem Schiff geboren und kam als junge Frau auf ein *flower boat* (Blumenboot). So nannte man damals schwimmende Bordelle in Südchina. Hier bot Cheng I Sao ihren Körper gegen Geld an. Das war nichts Ungewöhnliches, auch nicht für Frauen aus gutem Haus, wie die aus dem Clan der Chengs. Überhaupt spielte sich damals das Leben in der südchinesischen Provinz, dem heutigen Vietnam, für Tausende von Menschen auf dem Wasser ab. Hier wurde man geboren, hier lebte und arbeitete man, und hier starb man. Betraten sie Land, war das die Ausnahme (Vergleichbares gibt es nur in ganz wenigen Gebieten der Welt, zum Beispiel bei den Seenomaden Indonesiens). Auf diesen Wohnbooten, die meist Handel an der Küste betrieben, wohnten natürlich auch Familien mit Kindern, so dass auch Frauen Seemannsarbeiten erledigen mussten. Sie waren mit der Führung eines Schiffes genauso vertraut wie Männer. Vor diesem Hintergrund ist es weniger überraschend, in China Frauen an Bord von Piratenschiffen zu finden als etwa in Europa oder Amerika. Ob nun eine Frau ein Piratenschiff oder ein Handelsschiff führte, machte keinen Unterschied – Schiff ist Schiff.

Piratenschiffe gab es in diesem Küstenstrich schon lange. Piraterie war eine Art, seinen Lebensunterhalt zu bestreiten – wie der Beruf des Fischers. Es war so etwas wie ein Lehrberuf. War der Vater bereits Pirat, wurde der Sohn – oder die Tochter – auch Pirat.

Wo Piraten verkehrten, gab es stets eine blühende Halbwelt. Auf dem Wasser dümpelnde Spiel- und Opiumhöhlen wurden von ihnen, von Händlern, Seeleuten und Handwerkern genauso besucht wie die *flower boats,* die schwimmenden Bordelle.

Es gab viele Flüsse, viele vorgelagerte Inseln sowie eine endlos lange Küste. Hinzu kam, dass die See meistens ruhig war. An die dort lebenden Piraten wandten sich die Tay-son Rebellen, die im Landesinneren die Macht übernommen hatten. Sie wollten auch auf See ihr Einflussgebiet ausweiten und suchten nach kompetenten Partnern.

Solch einen Partner fanden sie in Cheng I Sao. Die ehemalige Prostituierte, die ihre Karriere auf einem *flower boat* in Kanton begonnen hatte, errichtete später mit ihren beiden Männern die größte Piratenmacht, die je auf der Welt existierte. Dazu zählten 400 Dschunken mit über 50.000 Piraten. Ihre Erfolgsgeschichte ist sowohl aus menschlicher als auch aus historischer Sicht außergewöhnlich.

Erstaunlich ist, dass eine Ex-Prostituierte diese Karriere im Land des Konfuzianismus beschreiten konnte, denn in dieser chinesischen Morallehre spielt die Frau eine sehr untergeordnete Rolle. Es war ihre alleinige Aufgabe, ihrem Vater und Ehemann zu dienen. Damals wurden chinesischen Frauen der Oberschicht die Füße von Kindheit an so eng gebunden, dass sie sich nur hinkend fortbewegen konnten. Wie konnte das ehemalige Bordellmädchen Cheng I Sao den Aufstieg zur Kommandantin der größten Piratenflotte der Welt schaffen?
Der chinesische Volksglaube war von Mythen durchsetzt, die wenigen Frauen besondere Kräfte und Tapferkeit zugestanden. So ist die Geschichte überliefert, dass bei den Wang Lun-Aufständen im Jahr 1774 Angreifer durch eine Taktik zurückgetrieben wurden, bei der „ungeahnte Kräfte" von Frauen eingesetzt wurden. Man schickte Prostituierte auf die Stadtmauern. Diese mussten ihre Haare öffnen, danach ihren Unterleib entblößen, dann über die Stadtmauern nach unten – zum Angreifer hin – urinieren oder bluten. Dadurch sollte die Macht der Feinde zerstört werden.
Wie in vielen Kulturen, muss es auch im China des angehenden 18. Jahrhunderts traditionelle Mischformen von Riten gegeben haben, die es wie in unserem Fall Frauen erlaubten, soziale Barrieren zu durchbrechen, sich an die Spitze einer Bewegung zu setzen und diese auch mit Erfolg zu führen.
Cheng I Sao war solch eine Ausnahmefrau. Auch sie besaß „ungeahnte Kräfte" ähnlich ihren Geschlechtsgenossinnen im Wang Lun-Aufstand. Lange bevor sie das Licht der Welt erblickte, gehörte der Clan der Chengs zu den bekanntesten Piratengruppen Südchinas. Ihre Vorfahren überfielen bereits im 17. Jahrhundert Schiffe und Handelsmärkte.
Mit 26 Jahren heiratete Cheng I Sao den Piratenkapitän Cheng I und unterstützte ihn darin, verschiedene Piratengruppen zu vereinen. Führer der gesamten Flotte wurde Cheng Ch'i, ein entfernter Cousin von Cheng I.
Im Juli 1802 wurde der Piratenführer Cheng Ch'i bei Hanoi getötet. Die Tayson Rebellen aus dem südchinesischen Binnenland hatten sich mit den Piraten überworfen, und diese wurden von den Kriegsschiffen der Nguyen geschlagen, was das Ende der südchinesischen Piraterie bedeutete. Die verbliebene Flotte musste flüchten. In dieser Phase wurden wohl zum ersten Mal die Führungsqualitäten von Cheng I und seiner Frau Cheng I Sao deutlich. Gemeinsam einigten sie die versprengten Piraten und organisierten sie in sechs Flotten, die sich jeweils durch andersfarbige Flaggen unterschieden. Es soll eine Flotte von 400 Schiffen mit zirka 50.000 Menschen gewesen sein.
Im Jahr 1807 starb Cheng I – wahrscheinlich in einem Sturm – und seine Frau übernahm das Kommando der Flotte. Die Führung der Schiffe unter der roten Flagge übertrug sie ihrem Sohn Chang Pao. Ursprünglich war er, Sohn eines

Fischers, ein Gefangener der Piraten. Cheng I musste Gefallen an ihm gefunden haben; denn er vertraute ihm am Schluss das Kommando eines Schiffes an. Er und seine Frau adoptierten ihn.
Dass Sex auf See auch im Chinesischen Meer eine Rolle gespielt hat, zeigt die Tatsache, dass Chang Pao nach dem Tod seines Mentors auch bei dessen Witwe, Cheng I Sao, angesehen war. Erst wurde er ihr Liebhaber und schließlich ihr Ehemann.
Cheng I Sao hatte bereits einen Sohn mit ihrem ersten Mann, dann bekam sie einen zweiten Sohn von dessen Nachfolger. Gemeinsam mit ihrem neuen Mann Chang Pao strafften sie die Führungsstrukturen ihrer enormen Flotte. Sie führten eine neue Aufteilung der Beute ein, ordneten die Finanzen neu, erhoben Schutzgebühren, regulierten den wichtigen Salztransport und führten eine Art von Inkassobüros entlang der Küste ein.
Inzwischen war die Macht der Piraten so gewachsen, dass sie es mit Teilen der Staatsmacht Chinas aufnahmen. Sie töteten den Gouverneur der Provinz Guangdong, zerstörten die Hälfte der Flotte und drohten gar im Jahre 1809, die Provinzhauptstadt Kanton anzugreifen. Das führte dazu, dass sich die Regierung an englische, amerikanische und portugiesische Kriegsschiffe mit der Bitte wandte, ihr Beistand zu leisten.
Doch die Piraten unter der Führung der ehemaligen Prostituierten Cheng I Sao waren nicht zu schlagen. So änderte man in Kanton die Taktik und bot den Piraten eine Amnestie an. Ein Leben in Frieden war auf die Dauer gesehen auch für erfolgreiche Piraten eine durchaus attraktive Alternative. Die vorausschauende Chefin ahnte, dass ihr damaliger Erfolg auf dem Meer nicht ewig andauern konnte.
Da die erste Konferenz zwischen den Parteien, die Chang Pao auf Piratenseite leitete, kein Ergebnis brachte, nahm sich Cheng I Sao der Verhandlungen an.
Wie eine Frau mit „ungeahnten Kräften“, aufgetaucht aus den Mythen der chinesischen Tradition, begab sie sich am 18. April 1810 ohne Schutz und unbewaffnet in das Hauptquartier des Gouverneurs. Nach zweitägiger Verhandlung einigten sich die Parteien. Die Piraten erhielten ihre Amnestie. Viele von ihnen durften den erbeuteten Besitz behalten und wurden in den Militärapparat übernommen. Chang Pao wurde sogar zum Kapitänleutnant ernannt; er durfte eine Flotte bis zirka 30 Dschunken befehligen. Er starb im Jahre 1822.
Seine Frau, Cheng I Sao, verbrachte ihren Lebensabend bis zu ihrem Tod im Jahr 1844 in Kanton. Sie konnte ihre Finger nicht von dem halbseidenen Gewerbe lassen, dem sie seit ihrer Zeit als junge Frau auf ihrem ersten *flower*

boat verbunden war, und gründete eine Spielhölle mit angeschlossenem Bordell, Opiumkonsum inklusive.

Von Mitternachts-Feen, Sampan-Girlies und Dock-Schwalben

(zirka 1700 bis 1930)

Für Seeleute gab es zwei unterschiedliche Erfahrungen auf Fahrten über die Ozeane. Die eine war eine raue Überfahrt mit viel Wind, vielleicht auch einem oder mehreren ausgewachsenen Stürmen. Sie verlangte von allen Matrosen harte Arbeit im Rigg und an Deck; man hatte alle Hände voll zu tun. Die andere war eine Überfahrt bei schwachen Winden, möglich waren auch länger währende Flauten. Dann war an Bord kaum etwas zu tun, es herrschte Müßiggang. Seeleute sagen: Stürme schweißen die Mannschaft zusammen, Flauten teilen sie, zermürben die Männer. Wie auch immer eine lange Reise verlief, man war einsam, hatte Sehnsucht nach dem Land, nach seiner Familie oder, wer keine hatte, nach einer Kneipe und nach Prostituierten. Oft war die Sehnsucht so groß, dass man Umwege fuhr, um die letzten beiden Wünsche zu befriedigen.
So ist es interessant zu beobachten, dass besonders Piratenschiffe und Kaperer, die nach längerem Aufenthalt in Mittel- und Nordamerika über den Atlantik nach England zurücksegelten, erst einmal Kurs auf Irland nahmen, bevor sie ihre endgültigen Heimathäfen ansteuerten. Hier liefen sie ausgewählte Häfen an der Südwestküste an. Die Seeleute wussten genau, wo die Huren warteten. Irland war im 17. und 18. Jahrhundert bekannt für seine vielen Hafenbordelle. Frauen aus Schottland, England und Wales waren hier hin gekommen, um bei den meist betuchten Piraten und Kaperern erst einmal ordentlich abzukassieren.
Auf dem umgekehrten Weg von England in die Karibik war es ähnlich. Die Schiffe machten meist auf der ersten karibischen Insel Barbados Halt, entluden ihre Fracht, nahmen neue auf. Der lange Weg aus der Heimat war eintönig. So erkannten die Plantagenbesitzer beizeiten, dass die ankommenden Matrosen Sexbedarf hatten und sie „vermieteten" ihre Sklavinnen. Daraus entwickelten sich die ersten Hafenbordelle, die von Weißen und später auch von Schwarzen geführt wurden.
Wo Schiffe vor Anker gingen, Ladungen gelöscht wurden, Häfen entstanden,

gab es bald die ersten Kneipen, und die ersten Dock-Schwalben – wie deutsche Seeleute Huren bezeichnen – standen am Kai. So wie Möwen ein Fischerboot umkreisen, so stolziert diese Art von Schwalben in jedem Hafen.
Tage bevor ein Segelschiff seinen Zielhafen anlief, waren Matrosen oft wie benommen. Der Grund waren Dutzende von Gesprächen mit ihren Kameraden über das Thema Nr. 1, Frauen. Man prahlte von Huren, die man kennen gelernt hatte, von ihren Körpern, ihren Fertigkeiten, ihren Techniken beim Sex und ihren Honoraren. Ein jeder Seemann wurde zu einem noch größeren Liebhaber, so dass das Thema Sex die Schiffe beherrschte wie kein anderes, wenn diese nach langer Fahrt einen Hafen anliefen.
Der dänische Autor Henningius berichtete bereits 1580, dass einige verheiratete Seeleute auf See dreimal den Namen ihrer Frau riefen, erschien sie nicht, war das ein Zeichen dafür, „anderwärts nach Liebe zu suchen".
Von Englands größtem Seehelden Lord Nelson gibt es einen Brief an seine Verlobte: „... hast Du nicht gehört, dass Salzwasser und Abwesenheit immer die Liebe wegspülen?"
Es hieß, dass ein richtiger Seemann siebenmal Kap Hoorn umsegelt, siebenmal ein Bordell besucht haben und siebenmal geschlechtskrank gewesen sein musste. Soll heißen: Ein Matrose, der keine Hure aufgesucht hatte, war nicht für die Seefahrt geeignet.
Längst nicht jeder Seemann war damit einverstanden. Viele lehnten den Besuch im Hafenpuff aus religiösen Gründen ab. Andere waren verlobt oder verheiratet, hatten Treue geschworen.
Kamen auf einem Schiff mehrere Männer aus einer Kleinstadt zusammen, was häufig der Fall war, hatten manche Matrosen Angst vor geschwätzigen Kameraden, vor dem Gerede zu Hause. Deshalb vermieden sie den Besuch in Bordellen. Ältere Seeleute empfanden es als ihre Pflicht, jüngere vor einem Besuch in einem Hafenbordell abzuhalten.
Manche treuen und frommen Seemänner schenkten ihren jüngeren Kollegen, die es zur *sailor's town* zog, ein kurzes geteertes Tauende. Sie sollten es stets in der Tasche dabei haben. Immer wenn der Drang nach einer Frau sie überkomme, sollten sie das Tauende aus der Tasche nehmen und am Teer schnuppern. Das würde sie von den verführerischen Düften der Damen ablenken.
In jedem größeren Hafen gab es neben den Kneipen und Bordellen auch Logishäuser für Seeleute. Hier wohnten sie so lange, bis sie ein neues Schiff bekamen oder bis ihre Heuer bezahlt war. Meist waren die Wirte von Logishäusern seriöse Menschen. Bis heute sind Namen von hilfreichen Logismüttern bekannt, wie Frau Palle in Hamburg oder Frau Hansen in Altona, die

ihre Seeleute wie eigene Kinder behandelten. Aber in den verruchten Hafengegenden von London, New York, Hamburg, Marseille, Genua, Buenos Aires, Valparaiso oder San Francisco konnte ein Seemann auch an den falschen Logiswirt geraten und endete in einer Spelunke.
Diese Wirte machten ein gutes Zusatzgeschäft, indem sie Agenten, sogenannte *runners* oder *crimps,* beschäftigten, die den Matrosen bereits auf dem Schiff Mädchen versprachen und sie in ihre Logis lockten. *Runner* nannte man sie in erster Linie deshalb, weil sie Matrosen überredeten, wegzulaufen *(to run)* und auf einem anderen Schiff anzuheuern, auf dem angeblich eine bessere Heuer bezahlt würde.
Kaum hatte ein Schiff im Hafen angelegt, kamen Dutzende von unterschiedlichen Menschen an Bord: Reedereivertreter, Schiffshändler, Obstverkäufer, Schlachter, Schneider, Schuster, Agenten. Man nannte sie Bumbootleute (Englisch: *bumboat* = Proviantboot). Zu den Besuchern gehörten auch besagte *runners* und *crimps*, es kamen aber auch Zauberer, Zuhälter, Wahrsagerinnen, Diebe. Der Steuermann hatte seine Mühe, hier nicht den Überblick zu verlieren; denn jetzt bestand bei dem unübersichtlichen Schiffsbetrieb die beste Gelegenheit zum Diebstahl.
Waren die Bumbootleute von Bord, konnten sich die Seeleute um die weiblichen Lieferanten kümmern. Je nachdem, wo sie festmachten, kamen zum Beispiel in Asien Nähmädchen und Waschmädchen, die beim Waschen und Saubermachen halfen. Sie waren geschickt und kletterten wie die Affen über Festmacher und Ankerkette an Deck. Sie hießen in Ostasien *sew-sew girls* oder *washee-washee girls*. Mit ihnen wurde gerne gefeiert, einige boten auch gegen Bezahlung ihren Körper an. Es kamen Frauen aller Art auf die Schiffe der Europäer und Nordamerikaner: Frauen, die neugierig waren, solche, die Fernweh hatten, aber in der Hauptsache Frauen, die sich verkauften.
Bei weitem nicht jede Prostituierte war eine hübsche junge Frau. Auch viele ältere oder ungepflegte und schmutzige Frauen waren darunter. Die Freier waren oft auch nicht gepflegter.
Auf manchen Schiffen wimmelte es nur so von Röcken. Natürlich versuchten Offiziere, den Frauenauflauf einzuschränken, aber das war nicht einmal auf Kriegsschiffen möglich.
Die maritimen Geschichtsbände quellen über von Berichten über Frauen auf Schiffen: In Hawaii kletterten polynesische Mädchen an Bord, verführten die Matrosen, während ihre Brüder die Ankertrosse losschnitten, um das Schiff stranden zu lassen und dann auszurauben. In Kanton ruderten *sampan-girlies* zu den Schiffen, kaum dass sie Anker geworfen hatten. In Hongkong nannte man sie *midnight fairies* (Mitternachts-Feen). Hier kamen weiße Puffmütter mit

an Bord und boten den Matrosen eine Schar 12- bis 13-jähriger chinesischer Mädchen an.
Holländischen Seeleuten wurde oft der Landgang in fernöstlichen Häfen wegen schlechter Hygiene der Bordelle verwehrt. Man ließ deshalb die Mädchen an Bord kommen. Das war durchaus üblich, denn Seeleute hatten so gut wie keinen Landurlaub. Zum einen hatte man Angst, dass sie desertieren würden, zum anderen stand ihnen wenig Urlaub zur Verfügung. Bis ins 19. Jahrhundert war es üblich, dem Seemann pro halbes Jahr einen Tag Urlaub zu geben! Natürlich kam es bei diesen Regelungen schnell dazu, dass Matrosen ein Schiff wechselten, um zwischen den Heuern eine Freizeit zu nehmen. Dieser eine Tag Landgang war mitnichten ein Recht, sondern eine Möglichkeit, die sich der Kapitän offen ließ. So konnte es durchaus vorkommen, dass Seeleute jahrelang keinen Landurlaub hatten. Umso verständlicher, dass die Damen die Freier besuchten.
Hatte ein Matrose Landgang, putzte er sich heraus. Er wusch sich mit Kernseife, rasierte sich, ein Freund schnitt ihm die Haare, dann schrubbte er sich den Teer von seinen Fingern, zog sich sein einziges Ausgehhemd an, holte den einzigen Anzug aus seiner Seemannskiste, band sich ein Tuch um den Hals und setzte sich seinen Sonntagshut auf. Die Kleider rochen muffig, und so kann man sich vorstellen, dass er von dem Portugalwasser für seine Haare auch reichlich über seinen Anzug tröpfelte.
Wie von einem Kompass geleitet, lief er sofort zur nahen *sailor's town*. Verfehlen konnte er diesen Hafenteil nicht; denn Schilder mit Ankern, Meerjungfrauen, Schiffen oder Delphinen zeigten ihm, wo seine Kneipen lagen. Sicherlich hatte er bereits von Kameraden erfahren, in welcher Kneipe es das billigste Bier gab, die nettesten Mädchen warteten. Allein in einer Hafenstadt wie Liverpool hat es im Jahr 1841 für „Jan Maat" eine Auswahl von 2272 Kneipen gegeben.
In Europa versuchten die Räte der großen Hafenstädte immer wieder, Huren zu vertreiben und Bordelle zu schließen. Das gelang jeweils nur für kurze Zeit. In Amsterdam reagierte man weiser. Man wusste um die „Lebenslust" der Seemänner und meinte, dass man in einer so großen Handelsstadt auf „öffentliche Frauen" nicht verzichten könne, da ansonsten Frauen und Töchter der Bürger angegriffen würden.
Im dänischen Helsingør, das zirka 400 Schiffe aus aller Welt pro Jahr wegen des Sundzolls anliefen, gab es Huren, deren Namen sich in alten Dokumenten noch finden: Speckhering, Schinderbottich, die weiße Stute, die Betteldose.
Matrosen, die die Sieben Meere befahren hatten, verglichen vor ihren Kameraden die Frauen verschiedener Länder miteinander. Die skandinavischen und

norddeutschen Frauen seien „kalt und klamm wie halbtote Flundern". Die holländischen Prostituierten hatten den Ruf, sauber gewesen zu sein, mit frischem Teint und adretten Kleidern. Schlecht kamen die englischen Huren weg, sie wären schmutzig und schlampig – amerikanische Matrosen bezeichneten sie als *stiff and flashy* (steif und aufdringlich).
Angeblich sollen Londoner Huren viele deutsche Seemänner raffiniert über den Tisch gezogen haben. Sie erklärten ihnen, kein Geld für ihre Liebesdienste zu nehmen, stattdessen verkauften sie ihnen zum überhöhten Preis billige chinesische Porzellanhunde. Die Matrosen nahmen diese mit nach Hause und schenkten sie ihren Frauen als Souvenir. Die stellten nichtsahnend diese „Andenken" auf die Kommode in Erinnerung an ihre „treuen" Ehemänner.
International war das Hurenangebot in Antwerpen. Hierhin holte man englische, deutsche, skandinavische und polnische Prostituierte. Diese wurden unter Gewaltandrohung und Drogeneinnahme zur Arbeit in der belgischen Hafenstadt genötigt.

Den Ruf als schmutzigstes Amüsierviertel in Europa hatte Marseille. Andererseits sagten Seeleute, dass die französischen Huren einen Mann schneller entkleiden, ihn raffinierter befriedigen könnten als alle anderen Frauen dieser Welt. Matrosen lobten ihre besonders sparsame Berufskleidung.
Nirgends saß das Messer so locker, wurde so schnell geschlagen, geraubt, geschossen wie in den Seitenstraßen des *Vieux Port* von Marseille. Mit gefälschten Anzeigen wurden Mädchen als „Kindermädchen" gelockt, am ersten Tag zeigte man ihnen noch den Promenade-Boulevard Cannebière, aber bereits am zweiten Tag zwang man sie zur Arbeit. Das erfolgte oft mit Äther. Viele der Hafenhuren waren Afrikanerinnen.
In den meisten Bordellen der Altstadt von Marseille wurde im Fünfminutentakt „gearbeitet". Viele der schwarzen Huren rühmten sich, bis zu hundert Matrosen am Tage abgefertigt zu haben. Das ließ den Freiern nicht einmal die Zeit, ihre Kleider abzulegen. Reichte das Zeitlimit nicht, wurden die Matrosen aufs Wüsteste beschimpft und man verlangte den doppelten Preis. Selbst die robustesten Frauen konnten diese Arbeit nur ganz kurze Zeit durchhalten. Nach nur ein, zwei Jahren waren sie verbraucht oder krank und mussten ausgetauscht werden.
Fast jede Hafenhure in Marseille war geschlechtskrank. Die Frage, weshalb erfahrene Seeleute, die die Hafen-Bordelle der Welt kannten, sich auf dieses schmutzige, niedrige Niveau einließen, lässt vor allem eine Antwort zu: Viele Seeleute fühlten sich hiervon angezogen.
Ganz anders wurden die katalanischen Prostituierten in Barcelona beschrie-

ben. Sie galten als besonders sauber. Es war die Zeit, Mitte des 19. Jahrhunderts, als die ersten Bidets in den Bädern Europas eingebaut wurden.
Die Huren im spanischen Cadiz seien hochmütig und die portugiesischen würden nach Knoblauch riechen – die Vorurteile überschlugen sich nur so an Deck.
Eine pfiffige Idee hatten sich die Frauen der ukrainischen Hafenstadt Odessa ausgedacht, um zu prüfen, ob ihre Männer treu gewesen waren. Oberhalb der Potemkinski-Stufen steht eine Kanone, die zum Hafen und zum Schwarzen Meer zeigt. Darauf musste sich jeder heimkehrende Seemann breitbeinig mit dem Gesicht zum Wasser setzen. Fiel kein Schuss, war er treu gewesen, fiel einer, war er fremdgegangen.
Die Hafenstadt Las Palmas auf den Kanarischen Inseln war besonders im 19. Jahrhundert für Kinderprostitution bekannt. Der Chronist Dr. Hans Erasmus Fischer beschreibt, dass zwölfjährige Mädchen mit gespreizten Beinen und angemalten Brustwarzen vor den Türen liegen würden. Seeleute wurden zu privaten Innenhöfen geführt und zum kräftigen Weingenuss animiert. Hier führten dann Mädchen und Jünglinge erotische Spiele in aller Freizügigkeit vor. Der Patron bot den Zuschauern dann ein Kind an – egal ob Mädchen oder Junge. In den Kneipen konnte man beobachten, wie sie mit Männern aller Nationen verschwanden. Mancher Seemann hatte ein minderjähriges Mädchen an Bord geschmuggelt, wo dann Orgien mit ihm stattfanden.
Segelte man von Europa in Richtung Südamerika, erzählten erfahrene Matrosen von den 6000 Huren in Rio de Janeiro. Übernachtete man in einem der vielen kleinen Hotels, war es üblich, dass man ein Zimmermädchen gleich mitbuchte, beziehungsweise dieses sich als seine Nachtbegleitung anbot. Bei den Seemännern, die Rio besuchten, war um das Jahr 1900 ein Bordell mit schwarzen Huren besonders beliebt. Hier spielte sich der Geschlechtsverkehr vieler Paare in einem großen offenen Raum ab. Das elegant wirkende Haus wurde nicht durch eine rote, sondern eine weiße Laterne gekennzeichnet. Trat man in das Foyer, begrüßte die Bordellmutter den Gast und bat diesen zu einer großen Tafel mit den Fotos der Huren. Alle waren schwarz und alle nackt, so dass man sich von den Körpern der Frauen ein Bild machen konnte. Die Fotos derjenigen, die gerade beschäftigt waren, wurden durch ein weißes Tüchlein verdeckt.
Im brasilianischen Bahia gab es Bordelle in Häusern aus Marmor. Hier wurden die Kunden in seidenbezogenen Betten, die Wände verspiegelt, empfangen. Aber das dürfte nichts für den normalen Seemann, gewesen sein. Hier verkehrten eher die Offiziere.
Steckten die Segelschiffe in den sogenannten Doldrums, den windarmen Gegenden am Äquator, trat Langweile auf den Schiffen auf. Der kühlende Wind

fiel aus, und es wurde unerträglich heiß, keiner konnte mehr im Orlop, dem Zwischendeck im Vorschiff, schlafen. An Deck, im Schatten der Segel werden erfahrene Matrosen den Jüngeren von den Hunderten von Bordellen in Buenos Aires berichtet haben. Diese warben damit, dass die ärztliche Kontrollen bei den Huren regelmäßig durchgeführt werden und die Polizei Kneipen und Bordelle überwachte.
Das bekannteste Bordell in der argentinischen Hauptstadt war die *Rote Laterne.* Man erkannte es deutlich am südlichen Dock; denn auf dem Dach blinkte ein deutlich sichtbares rotes Licht. Am Eingang durchsuchte Polizei die Seeleute nach Waffen; denn viele trugen stets ein Messer bei sich. Danach musste der Seemann bei der Bordellmutter sein Liebeshonorar bezahlen – sie behielt zwei Drittel, den Rest bekam ihr Mädchen – dafür erhielt er von ihr den Zimmerschlüssel. Die Zimmer nannte man „Kabinette". Hier wurden bereits in den 30er-Jahren des letzten Jahrhunderts pornografische Filme gezeigt: sexuelle Notzuchtszenen, Mönche mit Nonnen, bis hin zu Menschen mit Tieren. Die Bordelle hatten stets Schwierigkeiten, neue Huren zu bekommen. In Buenos Aires hatte man sich eine ganz perfide Folter ausgedacht, um Frauen gefügig zu machen. Diese wurden entkleidet, man ließ ihnen nur Strümpfe und Schuhe. Dann wurden sie im Salon des Bordells an eine der Säulen gefesselt, zu ihren Füßen legte man eine Rute. Jeder vorbeikommende Besucher wurde aufgefordert, sie zu schlagen. Ein Schlag kostete den Gast einen Peso. So brachte die Frau bereits Geld ein, ohne zu arbeiten.
Noch in den 20er- und 30er-Jahren des letzten Jahrhunderts gab es eine polnisch-jüdische Organisation mit Namen Zwi-Migdal, die Bordelle in Buenos Aires unterhielt. Der Name war eine Tarnung und gaukelte eine Hilfsorganisation vor. Sie ließ Frauen aus Polen kommen, mit dem Versprechen, dass in Argentinien Männer auf sie warten würden. Das Versprechen war richtig – allerdings wollten diese Männer sie ausbeuten. Eine alte Methode, um Nachwuchs für jene Frauen zu finden, die in Bordellen schnell verbraucht, aus dem Geschäft aussteigen mussten.
Havanna auf Kuba hatte einen ähnlich Ruf wie Marseille oder Singapur. Es gab hier natürlich alle Arten von Bordellen. Die teuersten für Großgrundbesitzer, Schmuggler oder reiche Amerikaner. Die billigsten für Land-, Hafen- und Seearbeiter. Wie in Marseille konnten auch hier schwarze Huren bis zu hundert Männer pro Tag „abfertigen". Anfang des 19. Jahrhunderts kostete ein „Quicky" 50 Cents. Jeder Mann hatte 5 Minuten Zeit. Aber anders als in Marseille, wo sich die Frau nicht groß auszog, war es hier der Mann, der sich nicht erst lange entblößen sollte. Dafür wäre keine Zeit. Jede Verlängerung kostete nochmals 50 Cents.

In den besseren Bordellen Havannas gab es nur Schwarze, Mulattinnen und Kreolinnen unter zwanzig Jahren. Es war eine Spezialität, immer eine Jungfrau im Angebot zu haben. Eine andere Spezialität Havannas waren die Knabenbordelle, von denen es noch Ende des 19. Jahrhunderts mehrere gab. Die schwarzen, braunen und hellhäutigen Knaben sollen angeblich für ihren Beruf geschult worden sein und einen gewissen Stolz auf ihren Berufsstand gehabt haben.

Auch auf Martinique gab es neben den üblichen Hafenbordellen mit Frauen aller Hautfarben eine Spezialität, sogenannte „Familienbordelle". Diese Inselerfindung der Schwarzen soll es nur hier gegeben haben. Sie erfreute sich großer Beliebtheit unter den Seeleuten. Der Matrose wurde von einer „Mutter" empfangen, die vielleicht sechzehn Jahre alt war. Mit dieser jungen Frau hatte er Sex. Gleichzeitig gesellten sich Jungen und Mädchen im Kindesalter von 8 bis 11 Jahren dazu, die sich ebenfalls am Liebesspiel beteiligten. Natürlich wussten die Initiatoren der „Familienbordelle" über den Wert ihrer Spezialität und nahmen schon vor hundert Jahren einen hohen Betrag für ihre Dienste.

Ins Schwärmen gerieten Seeleute, wenn es um die leichten Mädchen in Indien und China ging. In Indien waren die Darstellungen der Liebeskünste sogar in Tempelfriesen eingemeißelt. Hier waren Freudenmädchen ein Teil der Gesellschaft und hatten eher die Bedeutung von „Mädchen der Freude". Sie boten sich mit asiatischem Charme, mit einer entwaffnenden Natürlichkeit und mit voller Hingabe an, so dass ein Matrose das Gefühl hatte, es gäbe für diese eine Dame nur einen Herrn – und das sei er.

In den Häfen des Fernen Ostens, wie in Hongkong, kamen Eltern mit ihren Töchtern auf die neu ankommenden Schiffe. Sie boten den Matrosen an, ihre Tochter als *ship's wife* zu nehmen, also als eine zeitlich befristete Ehefrau, solange das Schiff vor Anker lag. *Ship's wives* wuschen die Kleidung, besorgten schmackhaftes Essen, erledigten Einkäufe, waren Fremdenführer und dolmetschten für ihre „Ehemänner". Sie waren dem Seemann tagsüber eine wichtige Hilfe und nachts halfen sie ihm, die vergangenen Wochen und Monate der Einsamkeit zu vergessen. Diese Frauen gab es von Indien bis Japan, und die Matrosen freuten sich auf ihre *Ship's wives*, gaben sie ihnen doch das Gefühl, umsorgt zu sein.

In Singapur hießen die Dockschwalben *Bumboat Marys.* Aber es gab auch hier eine Besonderheit: In den seichten Gewässern der umliegenden Inselwelt von Singapur lagen etwas außerhalb der Stadt die „Blumendschunken". Besonders beliebt waren die Gewässer des Tanjong Pagar, wo viele von ihnen ankerten. Es waren reich verzierte, bunte schwimmende „Teehäuser", die auf flache Boote gebaut wurden. Hier erlebte der Seemann eine andere rauschhafte und ge-

fährliche Welt in der Schwüle der Tropen. Hier kamen Sex und Drogen zusammen. Sogenannte *Musmes* zelebrierten beides. Waren genügend Kunden an Bord, glitten die Blumendschunken, die in Wirklichkeit keine Dschunken waren, geräuschlos durch das Wasser. In einer endlosen Zeremonie wurden auf kleinen Lacktischen die Rauchutensilien dekoriert und langsam angewendet. Die Männer ließen sich auf den gefährlichen Rausch ein und die Damen befriedigten ihre Wollust, die durch das Opium noch angestachelt worden war.
Die begehrtesten Bordelle für viele Salzbuckel lagen im fernen Kanton. Die Anreise dorthin war für Segelschiffe nicht einfach, mussten sie doch erst durch das lange Deltagebiet mit vielen Nebenflüssen und Hunderten von Ortschaften an den Ufern des Perlenflusses aufwärts segeln. Ein Großteil des Lebens und besonders des Handels spielte sich im Kanton des 18. und 19. Jahrhunderts auf Schiffen ab, die ständig im Perlenfluss und seinen Nebenarmen ankerten. Viele Menschen waren auf Schiffen geboren, arbeiteten hier und starben auch hier. Der Zugang zur eigentlichen Stadt Kanton war Europäern verwehrt. Vor den Stadttoren durften sie jedoch ihre Handels- und Lagerhäuser errichten, sogenannte Faktoreien. Diese lagen am Ufer des Perlenflusses.
Europäer begegneten hier einer völlig fremden Welt. Alle Schiffe hatten dschunkentypische Lattensegel, besaßen andere Rumpfformen als im Westen üblich, Familien lebten auf ihnen, offene Feuer konnte man an Deck sehen, und noch nie erlebte Gerüche kamen von diesen Booten zu ihnen herüber. Von Deck aus erkannten die Seeleute neuartige Bootstypen wie die *Sampans* (offene Boote mit Baldachin, die nur am Heck von einem Ruder bewegt wurden). Je näher sie an die südchinesische Handelsstadt Kanton kamen, desto mehr *flower boats*, schwimmende Bordelle, begegneten ihnen.
Sie waren der Traum der Seeleute und erregten die Phantasie derjenigen, die nur davon gehört hatten. Es waren oft zweistöckige Boote mit einem langen, hoch gezogenen Bug, auf dem Flaggen wehten und nachts bunte Laternen brannten. Hoch oben am Bug befand sich eine geschnitzte Figur, Kwan Yin, die Schutzpatronin der Huren. Diese Boote waren bunt bemalt mit blauen Jalousien, blauen Türen und natürlich mit vielen Blumen dekoriert; einen Mast hatten sie nicht. Die *tzia-tzia* (Mädchen auf *flower boats*) waren, ähnlich den griechischen Hetären und den japanischen Geishas, auch für eine geistvolle Unterhaltung ausgebildet, was natürlich mit europäischen Seeleuten nur beschränkt möglich war. Sie bewegten sich vor Männern unauffällig, leicht devot. Bevor sie mit einem (See-)Mann schliefen, zündeten sie zu Ehren ihres Schutzpatrons ein Weihrauchstäbchen an.
Auf den *flower boats* konnte man essen *(Chop-chop)* und Reiswein trinken

(Sam-shu), man konnte sich an Glücksspielen beteiligen, aber auch nur beobachten, wie die Kameraden sich für eine Zeit mit einem *girlie* zurückzogen. Aber ganz so harmlos ging es hier nicht zu, denn auf ihnen gab es auch Opium- und Spielhöllen.
Sampan-girlies, die einfachen chinesischen Huren, konnten auch tanzen, und wenn sie mit ihren Falsettstimmen in Pidgin-Englisch leicht frivole Lieder sangen, hörte sich das wie Vogelgezwitscher an, und die Matrosen schmolzen dahin.
Über die japanischen Geishas berichteten Seeleute unterschiedlich. Das lag daran, dass es verschiedene Erotik-Kulturen gab. In Yokohama hießen sie *susi-susi girls* und kamen ebenfalls meist mit der Bordellmutter an Bord.
Von ganz besonderer Tradition war die Liebeskunst Joshivara. Hierbei hat der eigentliche Geschlechtsverkehr eine fast kultivierte Bedeutung. Geishas zelebrieren diesen Liebeskult in einer langen Zeremonie. Der Seemann wurde zuerst von einer Geisha gebadet, während er später mit einer anderen zusammentreffen würde. Danach wurde er in einen schweren, seidenen Kimono gekleidet und es wurde gespeist und getrunken, alles nach einem vorbestimmten Ritus. Erst später kam der Seemann mit einer sehr gepflegten Geisha zusammen, die ihm das Gefühl gab, er sei für sie der einzige Mann auf dieser Welt. Die Europäer liebten diese Zeremonie, die Anmut, mit der ihre Geishas mit Fächern tanzten und nach jeder Strophe ein Kleidungsstück nach dem anderen fallen ließen. Sie spielten dem Gast ihre Gefühle vor, täuschten ihn und dieser nahm an, er hätte diese asiatische Dame auf wunderbare Weise befriedigen können. Geishas in den Joshivara-Häusern arbeiteten nach der traditionellen Vorstellung, den Gast niemals merken zu lassen, dass es sich um ein materielles Geschäft handelte. Hier wurden die rauesten, trinkfestesten Seemänner, die die Hafenbordelle dieser Welt kannten, die keiner Schlägerei aus dem Weg gingen, zu schüchternen, braven Wesen, die dachten, feenhafte Geschöpfe würden sie bedienen.
Viele Prostituierte wurden damals zur Arbeit gezwungen. Armut oder Gewalt brachte sie zu ihrem Arbeitsplatz. Es gab keine Richter, die sich für ihre Lage interessierten, keine Ärzte, die sich um ihre Gesundheit kümmerten. Viele nordeuropäische Frauen wurden mit Gewalt in muslimische Harems oder in asiatische Bordelle gezwungen – besonders beliebt waren Blondinen. Andere Nordeuropäerinnen mussten in südeuropäischen Hafenbordellen Dienste leisten. Hart traf es diejenigen blonden Frauen, die sich in den Bordellen von Buenos Aires wiederfanden. Ihre Türen waren von außen versperrt. Man gab ihnen nur ihre „Berufskleidung“ – sie hatten keine Chance zu fliehen. Erst wenn sie krank und verbraucht waren, entließ man sie aus dem „Liebesdienst“.

Aber auch schwarze Frauen wurden in asiatische, arabische und europäische Hafenbordelle verschleppt. Exotik hat sich genauso gut verkauft wie jede Art der Perversion. Päderastie, die Knabenliebe, und die damit verbundene Kinderprostitution – wenn nicht bei jeder Hafenbeschreibung herausgestellt, so gab es sie doch überall.
Fragt man sich, welche Laster in den Bordellen der großen Hafenstädte zu finden waren, dann gibt es nur eine Antwort: alle.

Ein kurzer Besuch der Bordellviertel von London, New York und San Francisco

(zirka 1700 bis 1870)

Drei beliebte Amüsierzentren für Seeleute waren London, New York und später San Francisco. London entwickelte sich im 18. Jahrhundert zu dem damals bedeutendsten europäischen Handelshafen. Um das Jahr 1800 sollen unterhalb der London Bridge regelmäßig über 8000 Schiffe festgemacht haben. Da England inzwischen weltweit Kolonien besaß, gab es auf vielen Schiffen auch farbige Matrosen. Es war also ein buntes Matrosenvolk, das hier an Land ging. Einige Schiffe waren vor Jahren ausgelaufen und ihre Besatzung hatte nur eines bei der Rückkehr im Kopf: Sie suchte Amüsement.
Um welches Vergnügen es sich handelte, zeigen die farbigen Bilder des englischen Malers Thomas Rowlandson. Die Matrosen sehen alle wettergegerbt aus, fast alle haben einen feucht-fröhlichen Blick, die meisten mit einem anzüglichen Grinsen und lüsternen Augen. Sie tragen kurze blaue Jacken, weiße, weite Hemden mit weiten Hosen. Viele haben sich ein farbiges Taschentuch um den Hals gebunden. Dazu tragen sie einen kurios geformten schwarzen Hut.
Eines von Rowlandsons bekanntesten Bildern heißt *Abreise*, oder *Jack bereitet sich auf See vor.* Es zeigt einen Seemann (Jack Tarr), der auf den Knien einer Frau sitzt. Mit der einen Hand hält er ein Glas Bier, mit der anderen grapscht er nach dem Busen einer anderen Frau. Dabei feuert er zwei fiedelnde Musiker an. Ein anderes Bild zeigt einen Matrosen und eine Frau, wie sie temperamentvoll tanzen. Seine Kumpel schauen trinkend und rauchend, ihn aufmunternd zu. Man sieht am Boden ein Paar, das offensichtlich kopuliert. Bilder, die durchaus vom Londoner Hafenmilieu inspiriert worden sein könnten. Wurde unterwegs ein Schiff auf dem Ozean gesichtet, rief der Ausguck „Sail

ho!". Man drehte die Schiffe bei, und die Kapitäne unterhielten sich mit der „Flüstertüte", dem Megaphon. Kamen Seeleute nach langer Reise an Land, riefen sie auch beim Anblick von „ihren" Frauen „Sail ho!".

Wer waren diese Frauen? Im damaligen London – wie überall in Europa – gab es eine Dreiklassen-Gesellschaft. Die Huren im Londoner Hafen kamen aus der untersten Schicht – waren *not real women*. Das Gros dieser Frauen hatte kein regelmäßiges Einkommen, viele taten es aus schierer Armut. Andere wollten oder konnten nicht die geforderten sechzehn Stunden täglich als Wäscherin oder Näherin arbeiten. Daniel Defoe schrieb nicht nur *Robinson Crusoe* und die schon zitierte Abhandlung über Piraten, er muss auch gut im Hafenmilieu recherchiert haben. Er berichtet aus dem Jahr 1725, dass viele Huren aus der großen Schar von Londons Hausmädchen kämen, die entlassen worden waren. Ein Großteil von ihnen wechselte ständig zwischen beiden Berufen, je nach Bedarf: Hausmädchen, Kündigung, Hure, Neueinstellung als Hausmädchen, Kündigung, Hure und so weiter.

Es gab aber auch Prostituierte, die ihr Leben besser arrangierten und nicht aus Armut im tiefsten Sumpf der Gesellschaft als Hafenhure arbeiten mussten. Diese Frauen arbeiteten von zu Hause aus. Sie boten ihre Dienste meist Offizieren und besser gestellten Seeleuten an. Es muss eine beträchtliche Anzahl von ihnen gegeben haben; ein Mann namens John Harris erfasste ihre Namen und Adressen. Mr. Harris arbeitete in dem Pub *Shakespeare's Head,* der neben Covent Garden lag – eine Gastwirtschaft, die gerne von Kapitänen und Direktoren der Ostindiengesellschaft besucht wurde. So lag es nahe, dass er seine Veröffentlichung *Harris's List of Covent-Garden Ladies* nannte. Allein im Jahr 1758 verkaufte er über 8000 Exemplare. Interessenten fanden in diesen aktualisierten Listen neben Name und Adresse auch die Beschreibung der Damen und ihrer Vorzüge. Immer wieder kann man lesen, dass viele Frauen ganz besonderes Interesse an Seeleuten hatten. Deren Geld saß locker, und sie waren schnell wieder auf See. Kamen sie wieder, dann mit vielen Geschenken und voller Lust und Begierde.

Harris's List gab es bis ins Jahr 1790, einige Exemplare befinden sich in europäischen Bibliotheken. Folgender Anzeigentext mag zeigen, dass sich in Sachen annoncierter käuflicher Liebe einiges geändert hat, denn vor 200 Jahren waren die Texte zweideutiger und hatten mehr Esprit: Mrs. Devonshire von der Queen Anne Street wird als hellhäutig mit himmelblauen Augen, guten Zähnen und einer schönen Figur beschrieben. Und dann geht es in Seemannssprache weiter: „Viele Marinesoldaten waren ihre willigen Gefangenen, die ein gutes Lösegeld bezahlt hatten. Man sagt, ihr Hafen sei durch ein hellbraunes Hindernis gut beschützt, ihre Bombay (gute Bucht) ist nur durch eine sehr

schmale Landenge getrennt. Die Einfahrt kennt keine Unterbrechung und erst einmal drin, segelt es sich vorzüglich. Sie ist immer für ein Engagement bereit; es kümmert sie auch nicht, wenn du zum Nahkampf übergehst. Sie liebt es, Rah an Rah zu kämpfen und flott gekapert zu werden."
Die Bordelle und Stundenhotels lagen in Londons East End. Eine der bekanntesten Straßen hatte den Spitznamen *Gin Lane.* Im Jahr 1857 zählte man dort 2825 Bordelle und 8600 Huren.
William Acton, ein Facharzt für Geschlechtskrankheiten, beschrieb in einer Veröffentlichung, dass in einem Hinterzimmer eines Bordellschuppens ein indischer Seemann auf einer Strohmatte im Opiumrausch lag. Seine Prostituierte wäre so schmutzig gewesen, dass man auf ihr Kresse- und Senfsamen hätte pflanzen können. Es gäbe aber auch schöne Zimmer mit Vierpfosten-Betten, mit Chintz-Vorhängen und Teppichen.
Ein anderer Zeitzeuge, John Binney, sprach von zwei Kategorien von Prostituierten: Die der unteren Klasse wären nichts anderes als Diebinnen, die versuchten, jeden Seemann sofort auszuplündern. Oft schütteten sie ihm im Pub schläfrig machendes Laudanum ins Getränk und raubten ihn kurz darauf aus. Huren der besseren Kategorie würden sich außergewöhnlich gut kleiden. Man erkannte sie an den Samtstreifen über Brust und Rücken. Vor allem die irischen, holländischen und deutschen Huren konnten sich gut ausstaffieren.
Aus all den Veröffentlichungen geht hervor, dass Seeleute immer wieder zu denselben Prostituierten gingen. Blieben sie länger an Land, wenn zum Beispiel ihr Schiff im Dock überholt wurde, dann führten sie eine eheähnliche Liaison auf Zeit mit der Frau ihrer Wahl. Es war nicht unüblich, dass ein Matrose seine Heuer „seiner Frau" gab und diese während seiner Zeit an Land für ihn sorgte. Manche Huren hatten mehrere Seeleute, die sie jeweils für längere Zeit betreuten. (Anmerkung: Nicht uninteressant ist in diesem Zusammenhang der gleiche Wortstamm der Begriffe Heuer und Hure.)
Besagter Mr. Binney hatte eine deutsche Hure im East End über ihren englischen Seemann befragt. Ihre Antwort ist im Original Englisch-Deutsch ziemlich komisch: „He is a nice man and give his money when he land always. I take all his money while he with me, and not spend it quick as some of your English women do. If I not to care, he would spend all in one week. Sailor boy always spend money like rainwater; he throw it in the street and not care to pick it up again. I know very many sailors – six, eight, ten oh! more than that. They are my husbands. I am not married, of course not, but they think me their wife while they are on shore."
Anschließend berichtet sie, dass sie sich aus keinem ihrer „Ehemänner" etwas machen würde, da sie einen deutschen Freund in London hätte.

In den Hafenvierteln Londons gab es nicht nur die käufliche Liebe von Frauen. London war im 19. Jahrhundert auch die Hochburg der Homosexuellen. Und im selben Atemzug sprach man auch von der europäischen Hauptstadt der Flagellomanie. Fast jede Hure hätte unter ihrem Bett mehrere Ruten und Peitschen zur Auswahl. Es gab auch Lokale, in deren Hinterzimmern im Rudel Ruten geschwungen wurden. In London konnten Matrosen Postkarten kaufen, die Peitschszenen darstellten.
Ein weiteres Laster erwartete in London besonders die jungen Seekadetten. Meist waren diese Jungen beziehungsweise ganz jungen Männer aus guten, oft adeligen Häusern, im Alter von 11 bis zirka 15 Jahren. Sie wurden miserabel bezahlt, litten ständig unter Geldnot und erduldeten das, weil sie die Offizierslaufbahn lockte.
Bezeichnend ist, wie der Seemann Richard H. Dana, der zwei Jahre vor dem Mast gefahren war und später Rechtsanwalt wurde, einen *midshipman* (Seekadetten) 1836 in seinem Buch beschrieb: „Er war ein zartes, schwaches Kerlchen, mit schönem glatten Teint und regelmäßigen Gesichtszügen. Das schwarze Haar fiel in Locken über die weiße Stirn. Lange, schmale Finger, kleine Füße und eine weiche Stimme ließen erkennen, dass er guter Herkunft war."
In London gab es vornehme Clubs, die sich Schlepper bedienten, die in den Docks und am Hafen nach Seekadetten und jungen Maaten Ausschau hielten. Diese Schlepper sprachen die jungen Männer offen an und erzählten ihnen, dass sie ein kleines Vermögen verdienen könnten, wenn Sie zu älteren Gentlemen ein wenig nett und zuvorkommend sein würden.
Man bot ihnen zwischen drei und zehn Pfund an, was ein enorm hoher Betrag war. Die Schlepper brachten die jungen Männer in vornehme Clubs mit exquisitem Mobiliar. Hier wurden Jünglinge von älteren Männern der gehobenen Londoner Gesellschaft empfangen. Die Gentlemen erkundigten sich in höchst zuvorkommender Weise nach ihrer Herkunft, dem Schiff, der Reise und der anstehenden nächsten Fahrt. Liebenswürdig wurden sie nach ihren Wünschen gefragt und es wurde jedes Getränk ihrer Wahl sowie leichte Speisen gereicht. Dann fragte einer der Herren den ersten Jungen, welchem Gentleman er denn „gut" sein wolle. Völlig eingeschüchtert und hin und her gerissen, müssen die jungen Männer den ersten Schritt bereits bereut und sich in anerzogenem Gehorsam dem zweiten Schritt nicht verweigert haben. In einem angrenzenden *chambre séparée* erfolgte der harte Akt. Anstandslos erhielt der Jüngling sein Geld und wurde bis zum Schluss „anständig" behandelt. Das war klug von den Gentlemen gehandelt, denn dadurch wurden diese homophilen Edelclubs, von denen es etliche gegeben hat, nicht von polizeilichen Razzien gestört.

Wie sehr das Bild des homophilen Seekadetten gepflegt wurde, zeigt ein Gemälde des englischen Malers Henry Singleton. Ein Jüngling in hellem Anzug wird im Mittelpunkt des Bildes gezeigt, wie er Abschied von seinen Liebsten nimmt. Er wirkt fast wie ein Mädchen. Geschickt hat der Maler eine Hand eines Trägers so platziert, als ob dieser seine blonden Locken streicheln wollte. Die Szenen vor einhundertundfünfzig Jahren im Londoner East End und die des Seemannsdistrikts in New York waren ähnlich, aber dennoch ganz anders. Wo Bordelle und Zuhälter sind, gibt es Kneipen und Alkohol. Kriminalität ist nicht weit entfernt. In London spielte sich die kriminelle Szene hinter verschlossenen Türen ab, in New York war sie öffentlich – zum Ärger ehrbarer Bürger. Damals waren die Masten der Segelschiffe noch höher als die Häuser an der Südostseite von Manhattan, dem heutigen *financial district.*
Hier roch es nach teergetränkten Riggs, nach salzbeschichteten Segeln, nach exotisch riechender Ladung, nach Gewürzen und Kaffee. Schiffsausrüster, Seilmacher, Segelmacher, Riggmacher, Reederei-Kontore, Kneipen, Bordelle, Tanzsalons, Spielhöllen, Herbergen zogen sich vom jetzigen Battery Park über bekannte Straßen wie South Street, Wall Street, Water Street, Front Street an der East River-Seite nach Norden. Besonders kriminell ist es auf der Cherry Street bis zu Corlears Hook zugegangen, wo heute der gleichnamige Park liegt. Nach Corlears Hook benannte man die Huren, die dort Seeleute anmachten, *hooker,* wie heute noch amerikanische Huren genannt werden.
New York wurde schnell zum größten amerikanischen Handelshafen und zwischen 1800 und 1820 verdoppelte sich seine Bevölkerung auf 123.000 Einwohner. Im Jahr 1853 zählte man allein in der Water Street 38 Bordelle, 138 Huren wurden allein in dieser Straße erfasst. Sie werden als unsauber und aufdringlich geschildert, behangen mit Flitterkram und billigem Messingschmuck, sie liefen mit nackten Armen herum und waren auch am Hals unbedeckt.
Ein Seemann mit seiner Heuer in der Tasche suchte Frauengesellschaft. Tausende von wettergegerbten Seeleuten dachten ähnlich und strömten in die hafennahen Kneipen, Tavernen, Bars, Salons und Bordelle. In den Tanz-Salons New Yorks heizte meist eine Dreimann-Band ein. Einer fiedelte, einer spielte Banjo, der Dritte klapperte mit dem Tamburin. Man trank Bier oder Rum. Das Geld saß den Matrosen locker, und ihre Sehnsucht nach Sex war groß. Es war nicht unüblich, dass auch die Sehnsucht nach Gesellschaft und Aufmerksamkeit so groß war, dass manche „Teerjacke“ gleich die ganze Kneipe zur ersten Runde einlud.
Der Maler Thomas Rowlandson fand zwar seine Motive in Englands Hafenkneipen, aber er hätte die gleichen Szenen auch hier malen können. In einem Polizeibericht ist zu lesen: „Wir nahmen einen Edward Hogan und eine Ca-

tharine Riley fest. Sie kopulierten direkt vor einem Haus der Oliver Street." Bürger beschwerten sich, dass es nicht mehr möglich sei, in der Water Street zu leben, da halbnackte Prostituierte die Szene beherrschten. Ein gewisser George Beach wurde 1847 angeklagt; er besaß ein Bordell in der Water Street Nr. 304. Man warf ihm vor, Mädchen ab dem elften Lebensjahr in seinem Etablissement als Prostituierte arbeiten zu lassen, mit einer Dreizehnjährigen habe er sogar Verkehr gehabt.

In New York war auch der käufliche Kindersex ein Problem. Besonders Frauen haben ihre Kinder auf den Strich geschickt. Da Kinderarbeit nicht verpönt war, sah man anscheinend dieses Problem anders als heute. Dennoch gab es Prozesse: Eine Mrs. White aus der Reade Street wurde im selben Jahr wie Mr. Beach wegen Zuhälterei angeklagt. Ein Dutzend junger Mädchen würde für sie arbeiten. Diese verdienten bei ihr zwei bis drei Dollar am Tag, und mussten das meiste an Madame abgeben.

Viele New Yorker *hooker* machten sich nach ihren Berufsjahren als Bordellbesitzerinnen selbständig. Einige brachten es zu Wohlstand und zu großem Immobilienbesitz.

In die Geschichte eingegangen ist Eliza Bowen Jumel. Sie wurde 1775 in Rhode Island als Tochter einer Prostituierten geboren und wählte in jungen Jahren den Beruf der Mutter. Sie besaß wohl großen Charme und eine starke Ausstrahlung, trat in einer Theatergruppe auf und war in New York *the talk of the town.* Gesellschaftlich emporgestiegen, heiratete sie den erfolgreichen französischen Weinhändler Stephan Jumel. Als er starb, entwickelte sie sich zu einer sehr tüchtigen Geschäftsfrau, die ihre Finger in vielen Geschäften hatte. Immerhin soll sie damals die reichste Frau Amerikas gewesen sein.

In San Francisco war die Bordellsituation wiederum eine völlig andere. „Frisco" war bis 1847 ein Nest mit knapp fünfhundert Einwohnern. Dann kam der bekannte Goldrausch und mit ihm die Schiffe. Auf dem Landweg konnte man damals den Kontinent kaum überqueren, und so wurden Material und Menschen mit Segelschiffen um Kap Hoorn von der Ostküste herangebracht. Zählte man im Jahr 1851 gerade mal 451 Schiffe im Hafen, waren es im Jahr darauf schon 1147.

Innerhalb eines Jahres kamen 50.000 Männer in die Stadt. Wie Pilze nach dem Regen sprossen die Etablissements aus dem Boden, die sich um das Seemanns- und Goldgräbermilieu gruppierten. Weil so schnell gar nicht genug Gebäude erstellt werden konnten wie der Bedarf wuchs, wurden auch altersschwache Schiffe genutzt, denen man eine Rückreise um das Kap der Stürme nicht mehr zutraute. Auf der *Niantic,* die bereits auf dem Trockenen lag, schnitt man die Seite auf und installierte eine große Tür. Aus ihr wurde eine Herberge. Die Brigg *Euphemia* wurde zum Gefängnis umgerüstet.

In San Francisco überstürzten sich Mitte des 19. Jahrhunderts die Ereignisse. Gold und Geld gab es genug. Aber keine Frauen. Was nützten die größten Nuggets, die besten Claims, der Sieg über das schwierigste Seegebiet der Welt, um Kap Hoorn, wenn man den Erfolg mit niemandem feiern konnte. Der Ruf vom schnellen Dollar, den man in Frisco Bay machen konnte, ging um die ganze Welt.

Huren aus den Städten des Ostens, aus Baltimore, New York und Boston verschifften sich nach Westen. Mexikanerinnen ließen sich nach Norden bringen. Sogar Huren aus Frankreich traten die lange Reise an. Und selbst aus China kamen Frauen. Bei ihnen unterschied man zwischen den schöneren aus dem Hinterland und „der zweiten Wahl" aus chinesischen Hafenstädten. Sie arbeiteten direkt an der Hafenfront. Ihre Kunden waren Matrosen und Goldgräber. Um 1860 war San Francisco eine Frontstadt der Kriminalität; Gewalt und Sex herrschten. Viele Matrosen fühlten sich vom kalifornischen Klima und den dortigen lockeren Sitten angezogen. Wenn auf ihrem Schiff der Blaue Peter gehisst wurde, die Flagge zum Zeichen, dass das Schiff bereit ist, in See zu stechen, kamen etliche Seeleute nicht mehr an Bord. Die raue Fahrt ums Kap Hoorn einerseits und das süße Leben in der Frisco Bay andererseits ließen Matrosen scharenweise desertieren, um als Goldsucher ihr Glück zu versuchen.

Seeleute nannten die Pacific Street, die zum Hafen führte, Barbary Coast*, frei übersetzt: Piraten-Küste. Die Barbary Coast verlief von der jetzigen Pacific Street zwischen Montgomery-/Kearny Street bis zur Front Street. Nun war es nicht so, dass sich Seeleute von den Gewalttaten in diesen Vierteln hätten abhalten lassen. Sie besuchten diese Etablissements und waren am Schluss dennoch heilfroh, ungerupft wieder an Bord zu sein, prahlten sogar damit, was sie alles erlebt hätten. Es war zum Teil ein Hürdenlauf ums eigene Leben. Rechts und links der Straße beherrschten im Dunkeln Diebe, Gauner, Banditen, Spieler, giftende Huren, abgehalfterte Seeleute und Betrunkene die Bürgersteige. Hier heil durchzukommen, war mit viel Glück verbunden.

Im Hafengebiet von San Francisco kam jeder Seemann auf seine sexuellen Kosten. Es gab zum Teil ein Serviceangebot, das man in London, Hamburg oder New York nicht kannte. Gegenüber dem zügellosen Nachtleben an der Pazifikküste wirkte das Angebot in den Häfen der Atlantik- und Nordseeküste harmlos. Wie auch heute noch, kamen schon vor hundertfünfzig Jahren neue Einflüsse und Entwicklungen aus Kalifornien.

**** Barbary Coast = Barbaresken-Küsten, so nannte man die Küsten Algeriens, von denen aus Berber Schiffe überfielen. Diese Piraten nannte man Korsaren.***

Erstmals hörten Seeleute dort von *pretty waiter girls.* Um die große Konkurrenz zu überbieten, ließen Barbesitzer ihre Kellnerinnen in greller, freizügiger Bekleidung bedienen. Das in einer Zeit, in der Frauen von Kopf bis Fuß sittsam bekleidet waren. Die *pretty waiter girls* trugen schwarze Seidenstrümpfe, kurze Röcke und kurz geschnittene Blusen. Für das Spottgeld von 50 Cents durften die Patrone dieser Etablissements sie ausziehen und dem johlenden Publikum nackt präsentieren.
Ein mexikanischer Geschäftsmann, der in Frisco eine der bestbesuchten Bars Mitte des 19. Jahrhunderts betrieb, ließ seine Frauen nicht *topless* bedienen, wie es das heute noch gibt; nein, er ließ sie *bottomless* auftreten, unterhalb des Nabels waren sie nackt. Sie hatten lediglich schwarze Strümpfe mit modischen Strumpfhaltern, rote Slipper und eine kurze rote Jacke an. Diese Kostüme gab es nicht lange, beklagten sich doch die Frauen über die Unterleibskälte. Hinzu kam, dass das Personal sich nicht der Horden von Seemännern aus aller Welt erwehren konnte, die dieses Spektakel sehen wollten.
Daneben gab es sogenannte *Melodeons;* diese Musiksalons hießen nach den gleichnamigen Musikinstrumenten, die wie kleine Orgeln aussahen, und mit dem Fuß bedient wurden. Hier wurde Alkohol ausgeschenkt, und es gab kleine Theateraufführungen. Allesamt vulgäre Stücke. Es gab auch lesbische Stücke zu sehen. Berühmt war das *Melodeon* Bella Union. Zwischen den Aufführungen mussten die Schauspielerinnen bedienen. Wollte ein Gast Sex mit ihnen, ging man schnell in kleine Hinterräume und zog nur den Vorhang zu.
In den beliebten *concert halls* traten Sängerinnen mit anzüglichen Künstlernamen auf, wie *Roaring Gimlet, Little Lost Chicken* oder *Galloping Cow.*
Um 1870 kostete eine Hure zwei bis zehn Dollar für einen kurzen Besuch. Für eine Nacht musste der Freier bereits zwanzig Dollar berappen. Für Prostituierte in San Francisco war das Erwerbsleben besonders hart. San Francisco war eine Frontstadt, jeder übervorteilte den anderen. Es war eine Männerwelt, in der Huren eine völlig untergeordnete Rolle spielten. Sie boten einzig kurzweilige Unterhaltung, andere Aufgaben hatten sie nicht. Denn auf See oder in den Goldgräber-Camps galten Frauen als wertlos.
Die meisten Huren waren von Männern verführt und danach verlassen worden. Eine Untersuchung aus dem Jahr 1858 besagt, dass die meisten Frauen aus Armut und Not zu Prostituierten wurden. Viele seien auch aus Neigung zu diesem Beruf gestoßen. Darunter hatte man ein schnelles Abdriften durch Alkohol, durch das familiäre Milieu oder die Überredung durch ältere Prostituierte zu verstehen.
Es gab auch Huren, die freiwillig diesen Beruf wählten, die sich selber organisierten, die ihre Preise bestimmten und keine Zuhälter suchten. Zu ihrem ei-

genen Schutz arbeiteten sie zu zweit oder zu mehreren, um sich gegen aggressive, betrunkene Seeleute wehren zu können. Viele von ihnen legten ihr Geld an und wurden Besitzer von Herbergen und kleinen Hotels. Aber das war eher die Ausnahme – wie heute auch.

Hannah Snell – Seemännin und Soldatin

(1723 bis 1792)

Im Jahr 1745 zog sich Hannah Snell, 22 Jahre alt, Männerkleider an, übernahm den Namen ihres Schwagers, ging zur Armee, wurde danach auf ein Kriegsschiff gepresst, segelte nach Indien, nahm dort an einer Schlacht gegen die Franzosen teil und wurde verletzt; zurück in England hängte sie die Männerkleider an den Haken und verkaufte ihre Geschichte als die einer Heldin. So kurz kann man Hannah Snells Geschichte erzählen. Ausführlicher berichtet, war ihr Lebenslauf wie folgt.

Am 16. Juni 1750 überreichte Hannah Snell dem Duke of Cumberland, dem Oberkommandierenden der Britischen Armee, auf offener Straße am St. James Park eine Petition. Hierin erklärt sie, dass sie eine Frau sei, 4 Jahre als Mann verkleidet in einem Regiment gekämpft habe, verwundet wurde und hiermit um eine Pension bitte. Übrigens trug sie Männerkleidung, als sie diesem, ihrem obersten Dienstherrn nach dem König, ihre Petition übergab.

Sieben Tage brauchte diese Geschichte, bis sie in der Londoner Zeitung *The Whitehall Evening Post* veröffentlicht wurde und vom Treffen der beiden Ungleichen und dem Schicksal der Frau aus dem Volk berichtete:

„Letzte Woche überreichte eine gewisse Hannah Snell, geboren in Worcester, die sieben Jahre unter dem Namen James Gray in einem Seesoldatenregiment gedient hatte, das zu der Flotte von Admiral Boscawen gehörte, und in Ostindien an der Belagerung von Pondicherry teilgenommen hatte, ihrer Königlichen Hoheit, dem Duke of Cumberland, eine Petition. Hierin bat sie um eine Versorgung, da sie jetzt entlassen war. Seine Königliche Hoheit gab die Petition mit der Bitte an General Fraser weiter, ihm diese später vorzulegen und ihr eine angemessene Pension entsprechend ihrer Verdienste zu bewilligen. Es scheint so, dass ihr Liebhaber auf ein Kriegsschiff gepresst wurde, worauf sie Männerkleider anzog, und ins selbe Regiment eintrat, im selben Schiff mit ihm nach Ostindien segelte und wie er in derselben Messe verkehrte, so lange er noch lebte (er starb auf dieser Reise). Sie wurde Diener eines Leutnants. Als Seemann und Soldat war sie von großer Furchtlosigkeit. Ihr wahres Geschlecht wurde weder von ihrem Liebhaber noch von ihren Kameraden entdeckt; erst durch ihre Petition offenbarte sie sich."

Kaum war dieser Artikel veröffentlicht, beschäftigte Hannah Snells Schicksal ganz England – bis heute. Es gibt Dutzende von Artikeln und viele Bücher über sie, auch Theaterstücke, Romane und sogar eine Rockoper *(The Scurrilous Adventures of Hannah Snell)*. Die Geschichte der Hannah Snell wurde zum Bestseller, ihr Portrait kannte jedermann in London. Die Dame Snell, die in Männerkleidern für Großbritannien kämpfte, wurde glorifiziert und verklärt, ihre Geschichte dem jeweiligen Zeitgeist angepasst, Triviales, Unwahres und Erdichtetes kamen hinzu. Es ist fast unmöglich, aus dem Sammelsurium eine halbwegs objektive Beschreibung ihres Lebens zu gewinnen, wenn nicht der australische Historiker Mathew Stephens sich ihrer angenommen hätte und 1997 das Buch *Hannah Snell – The Secret of a Female Marine 1723-1792* herausgegeben hätte, auf dem dieses Kapitel unter anderem beruht.

Hannah Snell hatte die Neigung, sich in der Kleidung des anderen Geschlechts zu zeigen und sich wie ein Mann zu benehmen. Dieses Verhalten wird als Transvestismus bezeichnet, Hannah war demnach ein Transvestit und hat dadurch Berechtigung, in dieses Buch aufgenommen zu werden, zumal ihre Maskerade zum größten Teil auf Schiffen stattfand.

Basis aller Überlieferungen ist eine zeitgenössische Lebensbeschreibung mit dem Titel T*he Female Soldier; or The Surprising Life and Adventure of Hannah Snell,* die der findige Verleger Robert Walker 1750 herausgab. Das Buch war ein Erfolg; kurz darauf kam es in einer erweiterten Neuauflage heraus. Allerdings hatten Walkers Ausgaben den Nachteil, dem Volke nach dem Munde zu reden – sie beinhalteten viele Fehler.

Frauen, die sich Männerkleider anzogen, waren damals gar nicht so selten. Es gibt zahlreiche Berichte von Frauen an Land und auf Segelschiffen, die sich verkleideten. Die Geschichte der Hannah Snell steht hier stellvertretend für andere. Frauen suchten in ihrer neuen männlichen Identität meist eine bessere Position, eine Chance, auf der sozialen Leiter die nächst höhere Sprosse zu erklimmen. Oft waren es auch rührende Geschichten von jungen verführten Frauen, die von ihren Liebhabern verlassen worden waren und sich als Mann verkleidet auf den Weg machten, diesen Schuft zu suchen.

Aber auch die Oberschicht fand Gefallen an Verkleidung – wenn auch aus ganz anderen Gründen – und so erfreuten sich Maskenbälle größter Beliebtheit. Selbst im Theater war es üblich, Geschlechter zu tauschen. Es ist bekannt, dass eine der populärsten englischen Schauspielerinnen des 18. Jahrhunderts, Peg Woffington, ebenfalls in Männerrollen auftrat.

Über die wahren Motive der Hannah Snell lässt sich nur spekulieren. Suchte

sie ein besseres Leben? War sie hinter ihrem Mann her, dem holländischen Seemann James Summs, der sie als schwangere Frau verlassen hatte, ein Spieler und Herumtreiber? Oder waren es rein sexuelle Beweggründe? Vielleicht auch nur der zeitgemäße Flirt mit der Maskerade? Sicherlich war es von allem etwas; in erster Linie jedoch wollte sie bessere Chancen als eine Frau haben und diesen Kerl Summs finden, die größte Enttäuschung ihres jungen Lebens.
Hannah Snell zog als junge Frau allein von ihrem Geburtshaus in Worcester nach London. Sie war das achte von neun Kindern. In London lebte sie bei ihrer Schwester Susannah und deren Mann James Gray. Am 6. Januar 1744 heiratete sie James Summs. Sie war gerade 21 Jahre alt. Noch im gleichen Jahr kam ihr Baby auf die Welt, es starb aber nach nur sieben Monaten. Ihr Mann hatte sie inzwischen verlassen, trieb sich in Kneipen und Bordellen herum, machte Schulden und beraubte sie noch ihrer letzten Habseligkeiten, bevor er endgültig das Weite suchte.
Hannah Snell fand sich ganz unten wieder. Sie war allein und besaß kein Geld. Sie hatte nichts mehr zu verlieren. Sie entschied sich, ihr Geschlecht zu ändern und den Namen ihres Schwagers anzunehmen: James Gray.
Wie wird sie solch eine äußere Umwandlung vollzogen haben? Als Erstes wird sich Hannah ihr Haar abgeschnitten haben. Dann wird sie versucht haben, ihre Brüste flach zu halten; sie hat sich bestimmt ein Tuch um den Oberkörper gebunden. Eine Perücke und Männerkleidung machten ihre Verkleidung perfekt. Die damalige Kleidung, besonders die locker sitzende Bekleidung von Seeleuten, kam ihr zugute. Man trug ein weites Hemd mit einer Jacke, sehr weite Hosen und ein buntes Tuch um den Hals. Das Haar trugen Männer lang, meist mit einem Pferdeschwanz oder auch als Ponyfrisur. Vielleicht hatte Hannah sich auch einen Säbel umgebunden, besaß einen Männerhut und schwere Stiefel.
Laut der Biographie von Robert Walker zog sie am 23. November 1745 verkleidet von London nach Coventry. Lange befand sie sich nicht in Freiheit, denn der schottische Thronprätendent Bonnie Prince Charles war mit seinen aufständischen Highlander-Truppen über die englische Grenze nach Süden gezogen, gerade zu dem Zeitpunkt, als sich Mrs. Snell nach Norden orientierte. Sie wurde rekrutiert und landete im britischen Regiment eines gewissen Colonel Guise in Carlisle an der schottischen Grenze. Nachdem sie einen Mann aus ihrer Heimatstadt Worcester im Regiment getroffen hatte und Angst bekam, von ihm verraten zu werden, desertierte sie und tauchte danach im Süden Englands, in Portsmouth, auf – natürlich in Männerkleidern.
Das war ihr entscheidender Fehler, denn hier wurde jeder frei herumlaufende Mann sofort auf ein Kriegsschiff gepresst, da sich England wieder einmal mit

Frankreich im Krieg befand. Hannah Snell fand sich auf der *Swallow* wieder. Die *Swallow* gehörte zu einer Flotte von zehn Kriegsschiffen, die von Admiral Edward Boscawen befehligt wurde. Hinzu kamen weitere Schiffe der Ostindienkompanie mit 2000 Soldaten an Bord. Es war die größte Flotte, die jemals nach Ostindien unterwegs war. Ihr Ziel war es, zuerst die britische Herrschaft auf der Insel Mauritius und danach im ostindischen Pondicherry herzustellen; beides war französisch besetzt. Am 23. Oktober 1747 lichtete die *Swallow* im Kriegshafen von Portsmouth den Anker mit Hannah Snell an Bord.

Wie kann eine verkleidete Frau auf engstem Raum, umgeben von Männern, ihre wahre Identität verstecken, ihre Intimität bewahren? Hannah Snell muss eine äußerst raffinierte, gescheite und mutige Frau gewesen sein. Trotzdem muss sie in ständiger Furcht vor Entdeckung gelebt haben.

Ein Seemann hatte – wie erwähnt – zu jener Zeit Anspruch auf eine 16 Zoll breite Hängematte (ca. 40 cm) und Platz für seine Seekiste. Direkt neben Hannah schnarchten rechts, links und über ihr bereits die nächsten. Dutzende von Männern lebten auf engstem Raum zusammen. Die *Swallow* war 30 m lang und beherbergte hundert Mann und eine Frau. Hannah Snell musste sich unauffällig waschen, umziehen, zur Toilette gehen – immer konnte sie auffallen. Hinzu kamen Gefahren wie ihr weiblicher Gang, ihre hohe Stimme, ihr fehlender Bartwuchs oder ihre monatliche Menstruation, die ihr Schwierigkeiten bereiten konnten.

In diesem Zusammenhang ist das Beispiel einer anderen verkleideten englischen Frau, Catherine Linken, interessant. Von ihr ist bekannt, wie sie sich gut 20 Jahre zuvor in einer ähnlichen Situation an Bord eines Schiffes verhalten hatte. Sie besaß „ein mit Leder überzogenes Horn, durch das sie urinierte und das sie an ihrem nackten Körper befestigt hatte."

Hannah Snell wird immer dann die Galion, die offene Toilette am Bug des Schiffes, benutzt haben, wenn keiner ihrer Kameraden in der Nähe war.

Die Ernährung auf Kriegsschiffen war damals sehr einseitig und unzureichend. Vielleicht hat durch körperliche Anstrengung zusammen mit der mangelhafte Ernährung ihre Menstruation ausgesetzt, so wie sie auch bei Athletinnen durch hartes Training und schwere Wettkämpfe aussetzt. Was nun das Waschen anbetrifft, waren Seeleute nicht besonders reinlich. Hygiene und Sauberkeit waren noch nicht als gesundheitsfördernd bekannt. Man wusch sich nur dann gründlich, wenn ein Landgang anstand.

Bereits zu Beginn der Schiffsreise stellte sich heraus, dass Hannah häusliche Talente besaß, so dass man sie zum Diener des Leutnants Richard Wagget machte. Außerdem wurde ihr ein Gefechtsposten auf dem Achterdeck zugewiesen.

Die *Swallow* kam nach Umwegen über Gibraltar, Madeira und den Kapverden verspätet in Kapstadt an. Trotz vieler Reparaturen wegen eines schweren Sturms war das Schiff während der Fahrt so gut in Schuss gehalten worden, dass ihm nur zwei Tage Aufenthalt bewilligt wurde, dann ging es weiter nach Osten.
In der Nähe des heutigen Madras lag der französische Stützpunkt Pondicherry an der ostindischen Küste, der den Engländern ein Dorn im Auge war. Das britische Fort Davis lag zirka 30 km südlich, nahe der Stadt Cuddalore. Aufgabe der Engländer war die Vertreibung der Franzosen aus Pondicherry und somit aus Indien. Trotz Belagerung vom September 1748 bis Oktober 1749 gelang es ihnen nicht, die Franzosen in ihrer befestigten Anlage zu besiegen. Der Monsun mit seinem wochenlangen Regen ließ die Engländer im Matsch versinken.
Hannah Snell und ihre Kameraden mussten tagelang, bis zur Hüfte im Wasser stehend, in ihren Schützengräben verbringen. Sie wurde angeschossen und war am Ende ihrer Kräfte. Es heißt, dass sie einen Schuss in die Leiste und sechs Schüsse in das rechte, fünf in das linke Bein erhielt. Sie kam ins Krankenhaus von Cuddalore. Hier soll sie sich selber das Geschoss aus der Leiste entfernt haben – nur um nicht als Frau entdeckt zu werden. Drei Monate hat sie sich in der Krankenstation aufgehalten.
Aber der Historiker Mathew Stephens sieht das in seinem neuesten Werk anders. Er tippt auf eine tropische Krankheit wie Malaria, denn bei elf Verletzungen an den Beinen und einer an der Leiste wäre das wahre Geschlecht der Hannah Snell schnell ans Licht gekommen. Und er geht noch einen Schritt weiter: Stephens meint, dass der Ur-Biograph Robert Walker und Hannah Snell aus einer Tropenkrankheit eine Kriegsverletzung gemacht hatten, denn sonst hätte sie keine Militärpension erhalten.
Am 19.10.1749 verließ die gerade gesundete Hannah Snell auf dem Kriegsschiff Eltham Indien. Nur einen Tag später starb Leutnant Richard Wagger, dem sie lange Zeit treu gedient hatte und offenbar auch freundschaftlich verbunden gewesen war. Ob er durch sie in ihre wahre Identität eingeweiht worden war, ist nicht belegt. Historiker sind der Ansicht, dass über all die Jahre in Männerverkleidung ein Beschützer, ein Mitwisser an ihrer Seite gewesen sein musste. Vielleicht war Wagger auch ihr Liebhaber? So jedenfalls vermutete damals die Londoner Gazette *The Whitehall Evening Post.*
Mrs. Snell alias Mr. Gray musste sich in den Tropen besonders vorsichtig verhalten. Schnell konnte jemand ihr wahres Geschlecht entdecken, da ihr Busen, ihre Hüften oder weibliche Bewegungen bei der leichten Bekleidung besonders auffallen konnten. Aber Biograph Walker beruhigte seine Leser: Sie hatte von Natur aus kleine Brüste.

Für einige Monate streifte Hannah Snell die Weltgeschichte. Nach dem Tod von Leutnant Wagger wird sie einem gewissen Leutnant Samuel Wallis als Diener zugeteilt. Samuel Wallis wird 17 Jahre später der erste Europäer sein, der Tahiti entdeckt.
Kurz vor dem Ende der Reise stand die Entdeckung der wahren Identität von Hannah Snell auf Messers Schneide. Man gab ihr an Bord den Spitznamen *„Miss Molly Gray"* – weil sich bei „ihm" kein Bartwuchs zeigte. Bei einem Zwischenstopp in Lissabon flirtete eine Prostituierte so sehr mit ihr, dass ihr Kamerad Edward Jeffrey eifersüchtig wurde und auf einer Wette bestand, wer von ihnen die Hure bekäme. Hannah Snell hatte das Glück auf ihrer Seite, sie zog den kürzeren Strohhalm.
In Lissabon erfuhr sie, dass ihr untreuer Ehemann Summs angeblich in Genua gestorben war. Zurück in London erhielt sie für 4 Jahre Dienst 15 Pfund Sold sowie zwei Anzüge. Da sie jedoch nicht länger in Männersachen auftreten wollte und der verhasste Ehemann gestorben war, benötigte sie die Anzüge nicht mehr und verkaufte sie für 16 Schillinge.
Zuvor stieg mit ihren Kameraden eine feuchte Abschiedsparty in einer hafennahen Kneipe. Hierhin hatte sie auch ihre Schwester und ihren Schwager eingeladen, unter dessen Namen sie gelebt hatte. Hannah Snell offenbarte sich vor ihren Kameraden und zur Überraschung ihrer Freunde wechselte sie in Frauensachen. Gleich danach machte sie sich auf den Weg, dem Duke of Cumberland ihre Petition zu übergeben, um eine Kriegspension zu erhalten. Die wurde ihr bewilligt, war jedoch so gering, dass es zum Leben kaum reichte.
Aber Hannah Snell wurde schnell in London berühmt, wurde zu einer Art Popstar. Sie trat in Bühnenshows auf, sang patriotische Lieder, kleidete sich in ihre Regimentsuniform mit einem roten Mantel mit leuchtenden Messingknöpfen, weißen Hosen und einem Dreispitz und marschierte zu Trommeln so gekonnt, dass selbst Veteranen begeistert waren. Danach trug sie Episoden aus ihrem Doppelleben vor. Als London ihre Geschichten kannte, tingelte sie in der Provinz. Sie heiratete noch zweimal und starb am 8. Februar 1792 im Alter von 69 Jahren im *Royal Chelsea Hospital.* Fünf Tage vor ihrem Tod starb dort auch ein gewisser James Gray, unter dessen Namen sie die wichtigsten Jahre ihres Lebens gelebt hatte. So ist nicht zuverlässig gesichert, ob sie als Hannah Snell oder als James Gray starb.

„Auf der Reeperbahn nachts um halb eins“

(zirka 1850 bis 1920)

Jeder Deutsche kann diesen Schlager mitsingen – mindestens die erste Strophe – und viele ausländische Besucher Hamburgs kennen die bekannte Melodie. Kurz nach der Jahrhundertwende wurde das Lied von zwei „Quiddjes“ verfasst. Der „Binnenländer“ Alfred Müller-Förster schrieb an einem Tisch des *Café Hammonia* den Text auf ein paar Zettel. Und Ralph Artur Roberts, ein Mann mit dem typischen Monokel des *fin de siècle*, komponierte dazu die Musik. Beide liebten St. Pauli.

„Auf der Reeperbahn nachts um halb eins“ avancierte zur zweiten deutschen Nationalhymne. Was Tausende mitsangen, summten oder zur vorgerückten Stunde grölten, wonach man zum Walzertakt tanzte oder schunkelte, was deutsche Matrosen in fernen Häfen als ein besonderes Heimatlied empfanden, gilt schlichtweg als **das** Lied von St. Pauli, Europas sündigster Meile. „Ob Du ein Mädel hast, oder hast keins“, klingt frivol und romantisch. Jeder kann etwas mit dem Text anfangen – die, die ein Mädel haben und auch die, die keines haben.

Aber St. Pauli war anders. Der Text „Auf der Reeperbahn nachts um halb eins“ ist weit von der Realität dieser weltbekannten Lust- und Lastermeile entfernt. Dabei fing alles so harmlos an.

Das niederdeutsche Wort „Reep“ bedeutet Seil. Um Seile herzustellen (der Fachbegriff heißt „Seile schlagen“), benötigte man viel Platz. Ein Reep hat die Länge von 250 Metern. Diesen Platz gab es nicht in den kleinen Innenstädten, wo jedes andere Handwerk beheimat war. Also zogen die Reepschläger außerhalb der Stadtmauern und begannen hier ihr Handwerk.

Auch die „leichten Mädchen“ – von den Hamburger Stadtoberen vor die Stadttore verwiesen – siedelten sich dort an. Reepmacher und Lustmacherinnen kamen an einem Flecken zwischen den Nachbarstädten Hamburg und Altona, das damals dänisch war, zusammen. Dieses unbesiedelte Gebiet nannte man die Hamburger Berge. Lange hieß es unter Matrosen: „Geist mal mit up'n Berg?“ Erst ab 1833 wurde die Gegend St. Pauli genannt, nach der Kirche St. Pauli-Vorstadt. Der neue Stadtteil hatte noch keine Straßenbeleuchtung. Wer nachts hier durchgehen wollte, mietete sich einen Lampenträger, um nicht in eine der vielen Baugruben zu fallen.

Die Seiler waren bald nicht mehr so gefragt, Hanf wurde gegen modernere Materialien ausgetauscht. Ganz anders verhielt es sich mit den „leichten Mädchen“. Je größer der Hafen, je bedeutsamer die Stadt, desto gefragter wurde ihr Gewerbe.

Die Reeperbahn hatte viele Gesichter. Es gab die bürgerlichen Amüsieretablissements und den kulturellen Teil St. Paulis mit Opernaufführungen und Theaterpremieren. Richard Tauber sang hier, Franz Léhar führte seine „Lustige Witwe“ auf, und in die Geschichte der Reeperbahn ist die Premiere der „Fledermaus“ von Johann Strauß eingegangen, die im Jahre 1874 im berühmten Carl-Schultze-Theater uraufgeführt wurde.

Es war die Zeit, als in der 2. Hälfte des 19. Jahrhunderts dampfbetriebene Schiffe langsam die Segelschiffe ablösten. Der Hafen von Hamburg boomte. Und Seeleute aus aller Welt strömten direkt von ihren Liegeplätzen ins damals schon legendäre St. Pauli. Sie verteilten sich in den vielen engen Nebengassen, wo jeder Wunsch befriedigt wurde. Ein Seemann musste auf der Reeperbahn gewesen sein, hieß es.

Natürlich kam auch das Hamburger Bürgertum und suchte Abwechslung. Und es kamen Skandinavier, Berliner, Binnenländer, um Shows zu sehen, Prostituierte zu besuchen, um ihre sexuellen Wünsche zu befriedigen.

Das Verbrechen rückte vor, denn es witterte Geschäfte mit hohen Gewinnen. Rauschgift kam schon damals ins Spiel. Der Drogenhandel war so lukrativ, dass sich Banden bildeten, die um den Markt kämpften. Und wo käufliche Liebe gehandelt wird, gibt es auch Männer, die Sex mit Männern bevorzugen. Strichjungen witterten ein schnelles Geschäft. Und professionelle Huren bekamen Konkurrenz von Amateurinnen. In den bekannten Ballhäusern, wie dem *Clou* oder dem *Alkazar,* versuchten Kontor- und Hausmädchen, Stenotypistinnen und Verkäuferinnen, ihr schmales Einkommen durch Gelegenheitsprostitution aufzubessern.

Ende des 19. Jahrhunderts war St. Pauli mit seiner berühmten Reeperbahn ein Zentrum des Lasters und Verbrechens von ganz besonderer Qualität. Dieses Viertel wurde zum bekanntesten Strich Europas.

„Auf der Reeperbahn nachts um halb eins“ zeigten im Kabinett des *Panoptikums* Menschen ihre Absonderheiten. Dem gierigen Publikum präsentierten sich hier Hermaphroditen, zeigten Menschen ihre Zweigeschlechtlichkeit, demonstrierten Männer und Frauen ihre Geschlechtskrankheiten, andere ihre erblichen Missbildungen. Daneben gab es Etablissements mit Ausstellungen der ersten pornografischen Fotografien. Aber einen noch größeren Andrang verzeichnete das „Haus der Schönheitsplastiken“. Hier ging es natürlich um lebende weibliche Plastiken. Seeleute wollten fleischige Körper sehen: Dicke, weiße Körper, junge Haut, asiatische Frauen, schwarze Schönheiten, Mulattinnen – alles gab es im „Haus der Schönheitsplastiken“ zu sehen. Vor den ersten Gucklöchern räkelten sich Dutzende von Frauen in allen möglichen Stellungen, und Hunderte von Männern kamen pro Tag, um sich diese nackten Frau-

en aus abgedunkelten Räumen anzuschauen und Hand an sich zu legen. Exhibitionisten nutzten diese Gelegenheit, sich anderen Männern, meist Jugendlichen, in erregtem Zustand zu zeigen.
Der Hamburger Senat war schon vor 150 Jahren um einen Schutz für die Damen des horizontalen Gewerbes besorgt. Für die Bordellwirte schuf man Richtlinien, wie sie ihre Mädchen zu behandeln hätten. Sie mussten ihnen einfaches, gutes Essen geben, für einen geheizten Gemeinschaftsraum sorgen, ihnen durfte nicht mehr als die Hälfte ihrer Einnahmen für möbliertes Logis und Essen abgenommen werden und keine Prostituierte durfte „zu dem Beischlaf mit einem ihr nicht genehmen Mann“ gezwungen werden. Einmal in der Woche durfte sie ausgehen, aber „keine auffallende, ihr Gewerbe verratende Kleidung“ tragen.
1871 wurde das Reichsgesetz erlassen, das Bordelle grundsätzlich verbot. Dennoch ging der Lustbetrieb auf St. Pauli weiter. Und der Hamburger Senat musste eingreifen und verordnete, dass Bordell und Gastwirtschaft getrennt werden mussten. Wer den Huren Unterkunft gewährte, verlor seine Schanklizenz. Die Stunde der Zuhälter war gekommen. Keine 30 Jahre später gab es auf St. Pauli 700 Zuhälter.
Der Seemann konnte zwischen dreizehnjährigen Mädchen und älteren Frauen wählen. Er hatte die Wahl zwischen „echten“ Blonden und schwarzhaarigen Französinnen, Italienerinnen oder Huren aus Katalonien.
Deutsche Seemänner nannten die Dirnen auch „Bräute“. Das hatte seine Bewandtnis darin, dass sie sich mit einem heim kommenden Seemann bereits am ersten oder zweiten Tag verlobten. Sie versprachen, ihn zu heiraten, und blieben während seines Landurlaubs an seiner Seite. Stach sein Schiff wieder in See, hinterließ er ihr Geld für die Aussteuer. Es war üblich, dass der Seemann seine Braut auf sogenannten Halbsold setzen ließ, das heißt Seemann und Braut teilten sich seine Heuer. Raffinierte Huren hatten so bis zu acht Seeleute an der Angel. Sie suchten sich möglichst solche aus, die lange Reisen machten. Kam einer hinter den Betrug, löste sie einfach die Verlobung aus fadenscheinigen Gründen auf.
Es war jedoch nicht so, dass diese betrogenen Seeleute professionelle Huren verachteten. Im Gegenteil, sie verziehen ihnen diesen Betrug, da sie Huren gar nicht als „richtige Frauen“ ansahen – sie waren nur ein „Notbehelf“. Das führte dazu, dass ihre Vorstellung von einer „richtigen Frau“ idealisiert wurde.
Die Basis von St. Pauli war der Straßenstrich und die klassischen Bordelle, aber es soll auch die andere Seite dieser weltberühmten Hafenstadt gezeigt werden. Denn der Ruf St. Paulis beruhte auf dem breiten Angebot an unterschiedlichsten Sexpraktiken.

Die bekannteste Seitenstraße der Reeperbahn, die Große Freiheit, hieß nicht deshalb so, weil man hier sexuelle Freiheiten anbot, sondern weil die Straße nach Altona führte und sich hier liberale, frei denkende Menschen niederließen, die woanders verfolgt worden waren.
Die Reeperbahn selber war ein harmloser Boulevard im Vergleich zu den vielen Seitenstraßen und den dunklen, verzweigten Nebengassen. Je tiefer man sich in die Seitengassen begab, desto abartiger wurden die angebotenen Praktiken.
In dem Gassengewühl gab es Spielsalons, in denen Matrosen aus exotischen Ländern gerne ihr Glück versuchten. Die Clubinhaber wussten, dass z. B. Chinesen nach weißen Jungen verlangten. Deshalb hielten sich in den Saloons „zufällig" auch junge Männer auf, oft Schüler, die sich an chinesische Seeleute verkauften.
In diesen dunklen Seitengassen wohnten auch die Zuhälter, deren Brutalität nur noch von denen Antwerpens, Marseilles und Havannas übertroffen wurde. Ihre Mädchen nannten sie „meine Ware". Kamen diese zum Abrechnen in ihre Stammlokale, kam es oft zu Schlägereien, wenn es nicht genug „Kohle" gab. Zuhälter schlugen ihrer „Ware" ins Gesicht, traten die am Boden liegenden Frauen noch mit Füßen, und die Gäste schauten zu. Mischte sich einer ein, um die Frau zu verteidigen, passierte etwas, womit keiner rechnen konnte: Hure und Zuhälter hielten auf einmal zusammen und verprügelten den selbsternannten Verteidiger.
In den dunklen Nebenstraßen herrschte ein Ordnungsprinzip, das Außenstehende nicht durchschauten. Es gab einen Sicherheitsdienst, den sich die Unterwelt aufgebaut hatte, der jeden fremden Verdächtigen meldete. Männer gingen Schmiere, Zeichen wurden über Mittelsmänner an andere Posten weitergegeben, so dass die Revierchefs schnell informiert waren. Seeleute wurden ohne ihr Wissen in bestimmte Kneipen gelenkt und gelockt. Hier schüttete man ihnen Schlafmittel ins Bier; beliebt war das Beruhigungsmittel Laudanum. Waren sie erst einmal ohnmächtig, raubte man sie aus.
Um die Jahrhundertwende gab es ein Lokal namens *Leuchtturm*. Hier verkehrte eine auffallend große Schar von Strichjungen. Der *Leuchtturm* machte bereits sehr früh auf und so wurde er zum Treffpunkt der Stricher, wenn diese aus den Wohnungen herausgeworfen worden waren oder aus den nahen Parkanlagen zurückkamen. Selbst am frühen Morgen setzten sie noch alles daran, einen verkaterten, übermüdeten Matrosen zu einer „schnellen Nummer" zu verführen. Sie priesen sich als passive Partner beim homosexuellen Liebesakt an. Die Strichjungen hielten diesen 24-Stunden-Einsatz nur aus, weil sie sich mit Kokain antörnten. Um anziehend zu wirken, trugen sie eng gearbeitete Anzüge mit Wickelgamaschen und schminkten sich bereits vor über hundert Jah-

ren so, dass man ihre ständige Übernächtigung kaum bemerkte und sie für ihre Kunden verführerisch aussahen. Treffpunkt mit den Freiern der Stricher waren die ersten öffentlichen Toiletten und die nahen Parkanlagen.
Weltweit berühmt wurde St. Pauli durch seine freizügigen Bühnenshows. Hier wurden dem Publikum Vorführungen geboten, die es nirgends sonst auf der Welt zu sehen gab. Ein Seemann konnte sich auf St. Pauli mehr hetero-, homosexuelle und sodomitische Akte anschauen, als er sich das in seinen Nachtwachen unter tropischem Sternenhimmel jemals hätte träumen lassen. Auch der dänische Monarch Frederik VIII. träumte offensichtlich von Gelüsten, die er in Kopenhagen nicht befriedigt bekam. Er muss einen unköniglichen Tod auf St. Pauli erlitten haben, wo er wohl inkognito abgestiegen war. Da muss sein blaues Blut so in Wallung geraten sein, dass es der König nicht überlebte. Als Leiche Nr. 1653 landete er in der Abteilung für unidentifizierte Leichen beim Hafenkrankenhaus.

Das Schiff – ein Vollweib

(zirka 1492 bis 1944)

Im Zeitalter der Großsegler wurden Schiffe von den Männern, die sie bedienten, immer als weibliche Wesen gesehen. Kapitäne nannten ihre Schiff „mein Mädchen“ und jedermann an Bord sprach von „ihr“.
Das war nicht immer so, aber schon im ausgehenden Mittelalter bekamen Boote fast ausschließlich Frauennamen. So hießen bekanntlich die drei Schiffe, mit denen Kolumbus Amerika entdeckte: *Niña, Pinta* und *Santa Maria.*
Bei den Ägyptern waren Schiffe Glück verheißende weibliche Wesen. Im antiken Griechenland hatten Schiffe weibliche Namen. Man gab ihnen am liebsten Namen von Göttinnen, kleinere bekamen Namen von Halbgöttinnen. Im Mittelalter bevorzugte man Heiligennamen, daneben gab es aber auch Tiernamen und solche aus der Mythologie.
Das änderte sich in Europa erneut mit dem Protestantismus. Man begann, den Schiffen weibliche Namen zu geben, meist die der Kapitäns- oder Eignerfrauen oder von deren Töchtern. Daraus entwickelte sich der Brauch, dass Frauen auch das Schiff tauften – natürlich auf ihren Namen. Im Jahr 1811 bestimmte der britische Monarch, dass Kriegsschiffe von Frauen getauft werden mussten.
Niemand war dem Aberglauben so verfallen wie der Seemann. Einen Schiffsnamen zu ändern, brachte Unglück. Seeleute „wollten den Namen ihres Weibes nicht wechseln“. Denn es war ein fester Glaube, dass ein Schiff ein weib-

liches Wesen sei, das man nur mit „sie“ bezeichnen durfte. Im deutschen Sprachgebrauch gibt es beides: „es“ (das Schiff) und „er“ (der Dampfer), auch „sie“ (die Yacht). Aber im Sprachgebrauch eingebürgert hat sich die weibliche Form.

Wie selbstverständlich sprechen wir Schiffe mit dem weiblichen Artikel aus, obwohl es männliche Namen sind: Die *Bismarck,* die *Hindenburg,* die *Titanic,* die *Pamir,* die *Passat.*

Im Englischen ist es ebenfalls üblich, von einem Schiff als „she“ zu sprechen. Egal, ob es sich um einen klassischen Segler, ein Handelsschiff oder eine Yacht handelt. Lediglich Kriegsschiffe hießen „he“ (früher: *man-of-war,* heute *warship).*

Bei den Franzosen sind Schiffe jedoch männlich. Als das Passagierschiff *La France* getauft wurde, hatte man ernsthaft erwogen, es in *Le France* umzubenennen.

Weshalb gelten Schiffe weithin als weibliche Wesen?

Das Schiff wurde als ein Wesen betrachtet, das gewachsen war – wie ein Mensch. Jedermann war Zeuge, wie auf einer Werft langsam ein Schiff entstand. Oft brauchte es die gleiche Zeit wie ein Baby. Schaut man heute Schiffsbauern zu, die nach klassischen Methoden arbeiten, dann wird man das „weibliche Wesen“ besser verstehen. Besonders Holzschiffsbauer „straken“ Linien. Der Strak ist der fehlerfreie Kurvenverlauf der gekrümmten Schiffslinien, zum Beispiel im Sprung (Deckslinienverlauf) oder in der Wasserlinie. Hierzu benutzt der Schiffsbauer Straklatten, die er biegen kann, und Strakgewichte, um den optimalen Kurvenverlauf zu erzielen. Immer wieder geht er auf Distanz, schaut sich die Kurven aus verschiedenen Entfernungen und aus vielerlei Winkeln an, ändert, wägt ab, streicht – fast liebevoll – mit der Hand über den Kurvenverlauf.

Es ist dieses Spiel mit den Kurven, das Seeleute an die Kurven der Frauen erinnern mag. Der Chefredakteur einer amerikanischen Segelzeitschrift sprach bei Schiffen von einer „Symphonie der Kurven“.

Anders als Häuser und Wohnungen haben Schiffe viele runde, abgerundete und gewölbte Linien, was sich weitestgehend aus ihrer Rumpfform ergibt. Hinzu kommen noch die Sicherheitsaspekte, dass möglich nichts eckig und kantig sein sollte, um Verletzungen zu vermeiden. Da gab es viele Details an Bord, die Seeleute an Frauen und ihre Rundungen erinnerten. Ein Engländer sagte es verkürzend: „Ein Schiff ähnelt weit mehr einer Frau als einem Mann. Wie eine Frau erweckt es Liebe und Begehren, die einen verzaubern.“

So wie das Schiff als weibliches Wesen gesehen wurde, so stand auch manche Seenation mit dem Meer in einer Art erotischen Beziehung. Venedig, über

viele Jahrhundert der bedeutendste Stadtstaat, der seinen enormen Reichtum der Seefahrt verdankte, hieß „die Braut des Meeres". Denn jährlich wurde hier das *Sposalizio del Mar* gefeiert, das auf eine Zeremonie des 11. Jahrhunderts zurückging. Hierbei heiratete der Doge, das Oberhaupt von Venedig, in einem symbolischen Akt das Adriatische Meer. Jedes Jahr an Christi Himmelfahrt segelte der Doge mit seinem Schiff *Bucentaur* auf die Adria und ließ einen Hochzeitsring in den Wellen der See versinken. Diese Hochzeit sollte die Verbundenheit der Seemacht Venedig mit dem Meer darstellen.
Über Jahrhunderte haben Seeleute Ähnlichkeiten zwischen Schiffen und Frauen entdecken können. In Vorurteilen, witzigen Bemerkungen oder flüchtigen Vergleichen ging der Volksmund immer wieder auf diese Verbindung ein: Sie sind ähnlich teuer auszustatten, kosten viel im Unterhalt, sind oft unberechenbar zu steuern, vertragen keine großen Lasten, können tief sinken, benötigen einen Mann, um sie zu steuern, haben alle eine Schar Männer um sich herum. Man weiß erst nach der Jungfernfahrt, was man an ihnen hat, und beide benötigen mit zunehmendem Alter immer mehr Aufmerksamkeit, werden immer anspruchsvoller. Nur bei der „Bekleidung" verhielt es sich zwischen Frauen und Schiffen anders; denn nur auf Schiffen wurde bei schlechtem Wetter das beste und teuerste Tuch gesetzt.
In der Seemannssprache gab es viele doppeldeutige Begriffe*, die zum Teil auch heute noch im Gebrauch sind: Jungfernfahrt, Jungfer, Kielschwein, schamfielen, lüstern, Scheidenagel, Lümmellager, Gretchen vom Deich oder Hermaphroditenbrigg. Doppeldeutig beschreiben auch englische Segler das Unterwasserschiff einer Yacht: *It's underneath what counts* (Es kommt drauf an was unten ist). Womit sie meinen, dass ein sauberes Unterwasserschiff und besonders ein moderner Rumpf Yachten schneller machen. Setzt man auf einem Segelschiff bei moderaten Winden alle Segel, heißt es noch heute: Sie trägt viel Wäsche.
Unbestreitbar jedoch war das Weiblichste an einem Segelschiff die Galionsfigur. Über einige Jahrhunderte symbolisierte diese aus Holz geschnitzte Figur ein mythologisches Wesen. Es gab auch viele männliche Galionsfiguren. Erst im ausgehenden 18. Jahrhundert wurden mehrheitlich Frauen als Galionsfiguren gewählt, aber längst nicht an jedem Schiff war eine Galionsfigur angebracht.

Jungfernfahrt = Probefahrt, Jungfer = Holzblock innen offen oder mit mindestens drei Löchern; Kielschwein = Binnenkiel; schamfielen = reiben; lüstern = dem Steuer folgen; Scheidenagel = Holznagel in der Naht der Kiellasche; Lümmellager = drehbare Halterung des Baumes am Mast; Gretchen vom Deich = Kreuzbramsegel; Hermaphroditenbrigg = Rahsegler mit zwei Schonermasten (Fock- und Großmast)

Es scheint, als ob die Künstler damals darum wetteiferten, wer die Idealfrau wiedergeben konnte. So sah man bis zur Halskrause bekleidete Damen, aber auch nackte, allerdings immer Meerjungfrauen mit dem Unterleib eines Fisches. Viele der bekleideten Figuren symbolisierten den Namen des Schiffes beziehungsweise die Dame, nach der es getauft war. Andere Figuren waren idealisiert dargestellt. Wenn auch bekleidet, zeigten sie oft ein tiefes Dekolleté und einen sehnsüchtigen Blick.
Einer der vielen Aberglauben der Seefahrer besagte, dass eine nackte Frau an Bord die vom Sturm aufgepeitschten Wellen beruhigen würde. So kam es, dass immer mehr Frauen mit nackten Oberkörpern als Galionsfiguren am Bug von Schiffen angebracht wurden.
Für Schiffe, die zum ersten Mal neuentdeckte Küsten und Inseln anliefen, auf denen es nur Männer gab, waren Galionsfiguren die einzige Möglichkeit, den Einheimischen zu erklären, dass man auch Frauen zu Hause hatte – allerdings ohne Fischunterleib.
Bei den nackten Frauen handelte es sich meist um griechische Göttinnen. Aber wie sollte ein europäischer Künstler wissen, wie eine griechische Göttin ausgesehen hatte? Also waren diese Damen dem Zeitgeist entsprechende idealisierte Frauen. Jedenfalls liebten die Seeleute es, am Bug zu sitzen und wehmütig „ihre Frau“ anzuhimmeln. Immer wieder fanden sich Freiwillige, die die Galionsfigur im Hafen neu anstrichen, denn im Wellengang war bei dieser Frau am Bug schnell der Lack ab.
Verliebt hatten sich einige Seeleute in die Galionsfigur der britischen *Wanderer*, die 1891 gebaut wurde. Sie stellte eine kalte weiße Schönheit dar. Doch offensichtlich hat die Kühle aus dem Norden dem Schiff kein Glück gebracht, denn der Kapitän und einige Männer wurden von der fallenden Marsrah getroffen. Später brach im Laderaum Feuer aus, mehrfach havarierte die *Wanderer*, und nach nur 16 Jahren Dienst ging sie im Sturm unter.
Die wohl wollüstigste Galionsfigur schuf der schwedische Künstler Johan Tornstrom am Anfang des 19. Jahrhunderts. Am Bug der schwedischen *Fregatte La Coquette* (nomen est omen) prangte die Figur einer Hure, die ihre vollen Brüste mit ihren Händen stützte.
Geradezu von einer Obsession zu einer Galionsfigur erzählt die folgende Geschichte: Im Marinemuseum von La Spezia ist eine Galionsfigur ausgestellt, die eine italienische Fregatte 1866 im Meer treibend aufgefischt hatte. Ein Schriftzug besagt, dass sie von einem Schiff namens *Atlanta* stammte. Nachforschungen ergaben, dass es mehrere Schiffe mit diesem Namen gab; man fand aber nicht das richtige.
Atlanta war in der griechischen Mythologie eine keusche und schöne Königs-

tochter aus dem Hirtenland Arkadien. Sie lief so schnell, dass keiner ihrer zahlreichen Bewerber sie einholen konnte. Die Strafe für die Niederlagen ihrer Bewerber war der Tod. Nur der Königssohn Hippomes konnte sie für sich gewinnen, indem er ihr einen goldenen Apfel beim Laufen vor die Füße warf. Sie hob ihn auf und verlor den Wettlauf.
Auch die Galionsfigur der *Atlanta*, aus Teakholz gefertigt, war von besonderer Schönheit. Auf ihr lag ein Geheimnis – wenn nicht gar ein Fluch. Viele Männer verliebten sich in die restaurierte Dame. Im Jahr 1923 muss sich ein junger Museumswärter so sehr in sie verliebt haben, dass er sie stundenlang küsste und ihre Brüste streichelte. Man verspottete ihn, bis man eines Tages seinen zerschmetterten Körper am Hafen fand.
Im Kriegsjahr 1943 sah ein deutscher Soldat die Figur. Immer wieder kam er ins Museum und starrte „seine“ Atlanta an. Eines Tages gab man ihm die Erlaubnis, die Figur in seine Unterkunft mitzunehmen. Hier schloss er sich ein und verbrachte viele Stunden allein mit der Dame. Im Oktober 1944 fand man ihn tot vor der Angebeten liegen. Er hatte sich erschossen. In seinem Abschiedsbrief heißt es: „Weil keine andere Frau mich jemals hat verzaubern können wie Du, gebe ich Dir hiermit mein Leben, Atlanta!“.
Direktor Prof. Luigi Monti ließ daraufhin die Figur ins Magazin stellen – zwei Tote waren genug. Kein Besucher sollte sie mehr erblicken. Es gab heftige Proteste. Das Publikum wollte seine *Atlanta* wieder haben, so dass sie schließlich aufs Neue im Museum präsentiert wurde. Ein weiterer Zwischenfall ist nicht mehr bekannt.

Die Drogen der Seefahrer

(zirka 1600 bis 1900)

Die Geschichte der Seefahrt zeigt, dass Genussmittel, Alkohol und Drogen eng mit Sex verbunden sind. Je tiefer man in die Verwinkelungen des Sexlebens von Seeleuten blickt, desto größer ihr Bedarf nach stärkeren Suchtmitteln.
Natürlich waren viele Seemänner treue Ehemänner, besuchten keine Bordelle und nahmen keine Drogen. Aber ein Teil war nicht treu oder hatte niemanden, dem sie treu und verbunden sein konnten. Viele Matrosen im Zeitalter der Segelschiffe kannten nur Sex mit Huren – ein Leben lang. Und wie die Beispiele aus den Kapiteln über die Bordellviertel der großen Hafenstädte dieser Welt zeigen, sind Kneipen da, wo Huren sind – und umgekehrt. Der Weg vom Bier und einer Tabakpfeife zu Schnaps-, Gin- und Rumbesäufnissen war für

Seeleute oft nur kurz – auch der nächste Schritt zu Absinth und Opium.
Seeleute liebten in erster Linie Alkohol und Tabak. Beides war Ausgleich für harte Arbeit, langweilige Passagen und viele Entbehrungen. Alkohol hatte einen höheren Stellenwert als Ernährung und Bekleidung, Seeleute sprachen nur zu häufig davon als einer Art von Notwendigkeit. Hochprozentiges transportierte Träume und Sehnsüchte von Heimat, Zukunftsplänen und immer wieder von Frauen. In fernen Ländern erfuhren Matrosen meist von Prostituierten, dass es auch andere Genussmittel und Drogen gab, die zu probieren die einen suchten, andere ablehnten.
Wenn man Tabak und Alkohol als süchtig machende Genussmittel begreift und sie neuerdings zu den klassischen Drogen zählt, dann waren die Drogen, denen Seeleute in erster Linie begegneten, folgende: Tabak, Rum, Schnaps, Gin, Whisky (USA: Whiskey), Weinbrand (Cognac und Brandy), Bier, Wein, Absinth, Äther und Opium.
John Tarr's Lieblingsalkohol war der Rum. Rum war schnell und preiswert aus Zuckerrohr herzustellen. Er hielt sich lange in Fässern und konnte transportiert werden, ohne an Geschmack zu verlieren. In vielen Kolonien wuchs Zuckerrohr wie Unkraut und die Herstellung kostete „lediglich" ein paar Sklaven, eine Presse, eine einfache Destillieranlage und genügend Fässer.
Rum konnte man pur trinken, mit Säften mixen, mit Wasser verlängern oder bei Kälte als Grog mit Zucker und heißem Wasser trinken. Der norddeutsche Seemann kondensierte den Grog jedoch gerne wieder auf seine Urform zurück und forderte: *Rum möt sien, Zucker kann sien, und Water deit nich neudich* (Rum muss sein, Zucker kann sein und Wasser ist nicht nötig).
Englische Seemänner hatten ein verbrieftes Recht auf Dünnbier und einen Viertelliter Rum am Tag, und es ging das Gerücht, dass einst den englischen Matrosen Cognac zugeteilt wurde. Dagegen hätten aber die Zuckerrohrbarone aus Jamaika protestiert, es sei unpatriotisch, Cognac vom Erzfeind Frankreich zu trinken, wo doch der heimische Rum viel preiswerter wäre und besser zur Britischen Marine passen würde.
Über dreihundert Jahre gehörte auf Segelschiffen, die die Sieben Meere durchpflügten, Rum an Bord. Rumfässer waren fast wichtiger als Fässer mit Essensvorräten. War kein Rum an Bord, konnte es zur Meuterei kommen. Seeleute forderten: Wenn schon diese Schufterei, dann wenigstens täglich einen Trostbecher.
In der zweiten Hälfte des 19. Jahrhunderts wurde Rum nicht mehr täglich und auch nicht mehr in so großen Mengen ausgeteilt; man ging zur wöchentlichen Verteilung über.
Was für die englischen Matrosen Rum bedeutete, war für skandinavische und

deutsche Seeleute der Schnaps; für holländische Genever, für französische Cognac und für spanische und portugiesische Brandy. Allerdings wurde ab der Mitte des 19. Jahrhundert auf amerikanischen Schiffen immer weniger Alkohol ausgegeben. Anstatt Bier gab es Kaffee. Hintergrund: Die Versicherungen gaben einen 10%-igen Nachlass, wenn die Besatzung trocken war.
Auf den Schiffen der Spanier, Portugiesen und Franzosen gab es zum Essen Rotwein, bei den Engländern war es Dünnbier.
Wie wichtig Rum war, erkennt man daran, dass das Fass mit Rum meist an Deck festgelascht war. Bevor der Rum ausgegeben wurde, hieß es auf deutschen Segelschiffen „Besanschot an!", auf norwegischen *„Mesan skjort!"*, auf schwedischen *„Storbrassen splisas!"* und auf englischen *„Splice the main brace!"*. Dieses Kommando erschallte, wenn auf einem Rahsegler zum Abschluss der Halse (das Schiff wird dabei mit dem Heck durch den Wind gesteuert) die letzten Handgriffe dieses Segelmanövers gemacht worden waren. Jetzt, nach getaner Arbeit, wurde Rum an die Mannschaft verteilt.
Segelten Schiffe durch widriges kaltes Wetter, wie z. B. bei einer Kap Hoorn-Umseglung, dann wurde laut dem Schriftsteller Richard H. Dana („Zwei Jahre vor'm Mast") bereits bei jeder Morgenwache und nach jedem Reffen der Marssegel Grog ausgeteilt. Gab es keine Segelmanöver, hieß es bei den Engländern einfach *„Up spirits!"*. Hatte ein Mann zu viel (Rum) getrunken, hatte er dadurch einen Fehler gemacht, hieß es bei der größten Seenation: *„He waved two sheets in the wind!"* (Er ließ zwei Schoten im Wind flattern).
Als sich der englische Schriftsteller W. Somerset Maugham in den zwanziger Jahren des letzten Jahrhunderts auf der Suche nach der romantischen und verführerischen Südsee als Passagier durch den Pazifik schippern ließ, schrieb er in seinem Buch *Südsee-Romanzen:* „Whisky war der Ruin des Pazifischen Ozeans. Wenn man bei Rum und Segelschiffen geblieben wäre, stünde es hier heute besser." Damit meinte er wohl, dass die Vorherrschaft der englischen Rumtrinker besser gewesen wäre als die der amerikanischen Whiskeytrinker.
Als Humphrey Bogart sich 1945 die gebrauchte Segelyacht *Santana* kaufte, ließ er im Cockpit nur eine Änderung anbringen: Getränkehalter. Auf die Frage eines Konkurrenten nach einer von Bogart gewonnenen Regatta, worauf er den Sieg zurückführen würde, antwortete Bogey: „Scotch".
Kamen die Seeleute nach langer Zeit auf See in einen Hafen, gab es erst einmal ein ordentliches Besäufnis, bevor sie sich den käuflichen Damen zuwandten. Bei Landgang band sich jeder Seemann ein buntes Tuch um den Hals und kippte den Inhalt vieler Gläser hinter besagte Binde.
Viele Seeleute im Zeitalter der Segelschiffe waren dem Alkohol ergeben. Für sie war Trinken wichtiger als Essen. Es heißt bei der holländischen *VOC*

(Vereenigde Oostindische Compagnie), dass in Batavia, das berüchtigt für seine Tropenkrankheiten war mehr Menschen durch Alkoholexzesse ums Leben gekommen wären, als durch Malaria, Typhus oder Ruhr.
Auf Segelschiffen herrschte eine Zweiklassengesellschaft. Die Offiziere lebten im Achterschiff und der Rest der Mannschaft mit ihren verschiedenen Graden im Vorschiff, das heißt „vor dem Mast". Offiziere aßen in der Offiziersmesse. Es war eine völlig andere Welt als in der Massenunterkunft im Vorschiff. Es ist kaum vorstellbar, dass auf ein und demselben Schiff, nur durch ein paar Schottwände getrennt, die einen ein *candle light dinner* genießen konnten mit Tischdecken, feinem Porzellan und Silberbesteck, während die anderen in einer Art Spelunke aus dem Blech- oder Holznapf essen mussten.
Der Kapitän saß am Kopf des Tisches, die Offiziere und oft auch die Kadetten gruppierten sich um den Tisch. Sie wurden von Stewards oder Boys bedient. Natürlich gab es hier wesentlich besseres Essen als im Vorschiff. Und natürlich wurde hier kein Rum serviert. Man trank meist Wein und Cognac – und man trank viel. Beliebt waren damals süße Weine aus Marsala (Sizilien), Portwein und Madeira (Portugal) oder Sherry (Spanien). Es gibt Gemälde von wüsten Trinkgelagen, wenn zum Beispiel Kadetten die Leutnantsprüfung bestanden hatten. Liest man die Literatur der Entdecker, dann gewinnt man den Eindruck, dass die Offiziere ihren Durst mehr mit Wein und Branntwein löschten als mit Wasser.
Ganz anders im Orlop, der Logis im Vorschiff, wo die Mannschaft schlief und sich aufhielt. Hier wurde im fahlen Licht gegessen und getrunken; später erst gab es eine separate Mannschaftsmesse.
War das Schiff auf hoher See und der nächste Hafen in weiter Ferne, dann versuchten die Matrosen während ihrer Freiwachen sich durch reichlich Alkohol – viele Seeleute waren in einem ständigen leichten Rausch – und eine zotige Sprache ins Reich ihrer sexuellen Träume zu versetzen. Besonders bei den langen Flauten im Bereich der äquatorialen Doldrums (auch Rossbreiten oder Mallungen genannt) beschäftigte Matrosen das Thema Frauen und Sex. Einige schnitzten kunstvoll Liebesakte in Walzähne, andere dichteten lüsterne Verse, manche beherrschten die Kunst, nackte Frauen in die Haut ihrer Kameraden zu tätowieren. Es wurden zur Gitarre oder auf dem Schifferklavier schlüpfrige Lieder gesungen, und immer tauchten neue vulgäre Witze auf.
Tabak und eine Pfeife gehörten zur seemännischen Grundausstattung. Tabakblätter wurden nach dem Trocknen zu festen Strängen gepresst. Solche Stränge hatte ein jeder Seemann bei sich, davon schnitt er sich seine Ration ab, zerkleinerte sie mit dem Messer, rieb die Kleinteile in der Hand noch krümeliger und stopfte damit seine Pfeife. Ein Seemann konnte auch bei Sturm seine Pfeife zum

Glühen bringen, einer Landratte gelang das nicht. War der Tabak verbraucht, rauchten Seeleute auch Stroh aus ihren Matratzen oder Seegras. Immer größer wurde die Bedeutung von Priemen, Kau- oder Schnupftabak. Die meisten Seemänner waren süchtig nach Tabak und süchtig nach Alkohol – vergleichsweise harmlose Drogen gegenüber denen, über die jetzt zu berichten ist.

Jeder große Hafen hatte einen besonderen Ruf. Antwerpen mit seinen verwinkelten Gassen der Altstadt hatte den Ruf einer verkommenen Hafenstadt, den billiger Prostituierter und den der Absinth- und Ätherhöhlen. Um das Jahr 1900 haben achtzig Prozent aller erwachsenen Bewohner des Hafenviertels diesem Laster gehuldigt. Absinth und Äther sind zwei Drogen, die zwar oft zusammen angetroffen wurden, aber wenig gemeinsam haben.

Oft fing es mit einer unscheinbaren Bestellung an: „Bring mir doch auch einmal ein Gläschen Grünen." Danach hing der Gast meist am Haken – viele wurden süchtig. Seit den zwanziger Jahren ist Absinth in Europa verboten, aber seit wenigen Jahren aufgrund eines EU-Gesetzes in schwächerer Form wieder erlaubt. Ende des 19. Jahrhunderts war er Modegetränk.

Die Absinth-Zeremonie läuft wie folgt ab: Man träufelte auf einen Teelöffel voll Zucker Absinth, eine grüne Flüssigkeit, steckte das Ganze an und ließ die schmelzende Masse in ein Glas tröpfeln. Dann wurde das Glas mit Eiswasser aufgefüllt. Absinth ist ein Branntwein, der aus Wermutöl, Alkohol und Anis hergestellt wird. Er enthält ein thujonhaltiges ätherisches Öl, das Halluzinationen hervorruft und bei stärkerem regelmäßigen Genuss das zentrale Nervensystem schädigt.

Berühmt ist das Bild von Edgar Degas *Die Absinth-Trinkerin (Au café, dit l'Absinthe),* das im Musée d'Orsay in Paris hängt. Die Dame starrt mit weit entrücktem Ausdruck auf die „Grüne Fee", wie man das Getränk damals nannte. Neuerdings behaupten Kulturhistoriker, dass Paul Gauguin seinem Freund van Gogh im Absinthrausch das Ohr abgeschnitten haben soll – und nicht, wie weithin verbreitet, van Gogh es selbst getan habe. In Antwerpen roch man den bitteren Gestank des Absinth bereits beim Betreten der Altstadt. In schmutzigen Gläsern wurde er in den Kneipen ausgeschenkt und gefährlich und verführerisch schimmerte sein giftiges Grün.

Nach dem Genuss kann Absinth furchtbare Wirkungen erzielen. Menschen haben nicht mehr die Gewalt über ihre Gefühle, sie werden zu Willenlosen, die Zerstörungen und Verbrechen begehen können. Absinth macht nicht nur süchtig, man ist auch nicht mehr fähig, seiner Arbeit nachzugehen. Die Folge: Beschaffungskriminalität.

Chroniken berichten, dass Seeleute in verkommenen Spelunken, wie dem *La treize d'or*, mit eingefallenen Wangen und kraftlosen Augen ohne Glanz säßen, ihre Hände griffen zittrig nach dem nächsten Glas. Urplötzlich wäre einer im Wahn aufgestanden, hätte seinen Nachbar erstochen und dabei wirre Schreie ausgestoßen.

Man hatte beobachtet, dass zum Gejohle der Besucher eine Prostituierte sich *coram publico* entkleidete und ihren Körper von fremden Gästen beschmieren ließ. Minderjährige Mädchen ließen sich auf der Theke mit mehreren Seemännern sexuell ein und erfüllten noch weitere Wünsche – über die jeder Chronist, selbst ein Seemann, nicht weiter berichten wollte. Er fuhr jedoch fort: Kaum war das Mädchen fertig, griff sie mit „völlig vertiertem Gesichtsausdruck zu dem glitzernden Getränk".

Absinthabhängige sind vergleichbar Heroinsüchtigen, vielleicht mit der zusätzlichen Bereitschaft zur Aggression. Während man Absinth in ganz Europa kaufen konnte, besonders in Hafenstädten wie Marseille oder Antwerpen, war der Äther ein Rauschgift, das man als Spezialität Antwerpens bezeichnete, obwohl es auch in anderen Hafenstädten zu erhalten war.

Man kann sagen, dass Absinth mehr das Getränk der Männer war, während Äther eher von Frauen bevorzugt wurde. Besonders Huren waren dem Äther verfallen. Für sie wurde es zur Stimulans. Man erkannte sie auf den Straßen am schwankenden Gang. Das lag nicht am Kopfsteinpflaster, auch nicht an zu starkem Alkoholkonsum, sondern am Äther. Man roch den „fast sinnlichen, faszinierenden Geruch". Beim Näherkommen konnte man den Glanz in ihren Augen erkennen, und dann wurde auch der Geruch prägnanter.

Frauen reagierten auf Äther oft mit hysterischem Verhalten. So sah man in der Altstadt Antwerpens – aber auch am *Vieux Port,* dem alten Hafen Marseilles – Dirnen in Schreikrämpfen, die urplötzlich lachten, um dann wiederum schrill und grell ihre Umwelt zu beschimpfen.

In Antwerpen blühte der Mädchenhandel. Blonde Frauen aus Skandinavien, rothaarige aus Irland, dunkelhaarige Slawinnen aus Polen – der Seemann hatte die Wahl. Viele der Frauen wurden dorthin verschleppt. In Antwerpen angekommen, gab man ihnen Äther, der sie willenlos machte. Nach der ersten vollzogenen „Arbeit" zwangen ihre Zuhälter sie, das nächste Glas Äther zu trinken – so wurde jeglicher Widerstand gebrochen.

In dunklen Kneipen, die Seeleute nur über Stiegen in die Kellerräume erreichten, tat sich den Suchenden eine Welt auf, die eine „Teerjacke" niemals vermutet hätte. Hier wurden Kinder – Mädchen und Knaben – angeboten, deren Väter absinth- und deren Mütter ätherabhängig waren.

Ging ein Matrose mit einer Hure aus Antwerpen in ihre Absteige, trank sie meist ein Glas Äther. Dem Neuen offen gegenüber probierte auch der Seemann ein Glas, er war aber nicht diese Konzentration gewohnt und verfiel in tiefen Schlaf.

Mit einem Kater und völlig ausgeraubt wachte er dann auf. Spätestens als er den Taschenraub festgestellt hatte, war er wieder nüchtern und hatte ein für alle Mal die Nase von Antwerpen voll.
Segelten Schiffe nach Fernost, wurde Matrosen in den Kneipen und Bordellen Opium angeboten. Es war das Rauschgift des Fernen Ostens und war immerhin Anlass zum Opium-Krieg von 1839 bis 1842 zwischen England und China. China verlor den Krieg und musste Hongkong an Großbritannien (bis 1997) abtreten – Opium für eine Kolonie!
Das Rauschgift Opium, aus dem bekanntlich auch Morphium und Heroin hergestellt wird, enthält zirka 12% Alkaloide und vermittelt einen tiefen Schlaf mit magischen, lebhaften Träumen. Außerdem: Die erotischen Genüsse werden um ein Vielfaches gesteigert. In den Hafenstädten von Singapur, Saigon, Hongkong, Kanton und Shanghai gab es mehr Opiumhäuser als Kneipen in allen europäischen Häfen.
Chinesische Bordelle – nicht alle waren auf romantischen *flower boats* untergebracht, wie auf dem Perlenfluss von Kanton – waren meist billigste Absteigen. Im Gegensatz zu japanischen Geishas galten die chinesischen Prostituierten als weniger reinlich. Aber erst einmal durch das Opium berauscht, konnte ein Seemann über schmuddelige Kaschemmen am Hafen hinwegsehen – nicht von ungefähr hießen diese Plätze Höhlen, Opium-Höhlen. Meist lagen diese Höhlen im Keller. Die Seeleute mussten sich auf Matratzen legen, die an Ottomanen erinnerten. Ein seliger Rausch mit Tiefschlaf überfiel sie. Und wie in allen Häfen dieser Welt konnten sie von Glück sagen, wenn sie, aufgewacht, ihre Habseligkeiten noch bei sich hatten. Das Aufwachen war mit schweren Kopfschmerzen verbunden. Der Körper war vergiftet, die Umwelt wirkte noch trister als am Vortage, und der erneute Griff nach dem Schlauch mit dem Opium war oft die Konsequenz. Verließen die Schiffe die Häfen des Fernen Ostens, wird das Verlangen nach dieser Droge verloschen gewesen sein, zu schlimm waren die Erinnerungen. An Nachschub bestand geringes Interesse und dieser war auch kaum möglich. Also hielt man sich mehr an den gewohnten Rum. Allerdings verbreitete sich der Opiumgenuss immer mehr in den großen Häfen dieser Welt. Sicherlich waren besonders Seeleute am Schmuggel und der Verbreitung beteiligt.
Bei Richard H. Dana heißt es, als sein Schiff 1836 in schwerem Wetter vor Kap Hoorn steht und eine Entscheidung des Kapitäns überfällig war: „Andere führten seine Angst und sein Zögern auf ausgiebigen Genuss von Brandy und Opium zurück."
Sicherlich wurde Opium auch auf Schiffen konsumiert, jedoch waren Matrosen nicht die typischen Konsumenten, eher Intellektuelle des 19. Jahrhunderts,

die verstärkt an den neuen Modedrogen Morphium und Heroin Gefallen fanden. Aber bei genauerer Recherche stellte sich heraus, dass Opium in Seefahrerkreisen mehr geschätzt wurde, als öffentlich bekannt war – wenn selbst die frommen Walfänger-Quäker es in Neuengland eingenommen haben und wie es scheint sogar deren allein gelassene Kapitänsfrauen (siehe Kapitel *Hinter den Gardinen einer bigotten Gesellschaft*).
Wird Opium mit Alkohol verdünnt, heißt es, wie bereits erwähnt, Laudanum. In dieser Form galt es als Medizin und war in vielen Apotheken an Bord wie an Land vorhanden. In erster Linie wurde die Opiumtinktur Laudanum als Betäubungsmittel verwendet. Es wurde aber auch von ausgekochten Kneipenwirten und Huren den Seeleuten in ihre Getränke geschüttet, damit es sie schnell schläfrig machte. Bei den so vergifteten Seemännern kam meist noch ein solider Alkoholrausch hinzu, so dass die Verbrecher sicher sein konnten, genug Zeit zu haben, um die Opfer in aller Ruhe auszunehmen.

Von Meerjungfrauen und Meerjungmännern

(zirka 1000 v. Chr. bis 1944)

Nur eine nackte Frau an Bord konnte die Wellen eines Sturms glätten. So wollte es der Aberglaube. Also wurde die barbusige Meerjungfrau dafür auserwählt, oben Frau, unten Fisch. Raffiniert, wie die Geschichte ihre mythologischen Wesen schuf: Ein bisschen Sex, aber gerade nur so viel, wie an Bord ertragen werden kann.
Wieder einmal hat die griechische Mythologie die Vorbilder geliefert. In der Tat tauchten Meerjungfrauen zuerst in der Antike auf. Nereus hieß der Gott des Meeres bei den alten Griechen. Und wie andere Götter war auch Nereus ein potenter Herr, der 50 Töchter sein Eigen nannte. Sie hießen nach ihrem Erzeuger die Nereiden – Thetis und Galatea waren die Bekanntesten. Diese ritten auf den Rücken von Delphinen über die Wellen. Fing man eine, so konnte die Nereide die Zukunft voraussagen, vorausgesetzt man ließ sie wieder frei.
Dann hörte man lange nichts von Meerjungfrauen, bis der römische Naturforscher Plinius der Ältere auch zu diesem Thema etwas beizutragen hatte: Stürme, Hagelschauer, Blitze würden vergehen, wenn sich eine Frau, die ihre Monatsblutung hat, entblößen würde. Die fischleibige Meeresjungfrau – die keine Menstruation bekommen konnte – war geboren.
Wie die aus einer Muschel entstiegene Aphrodite hielten auch Meerjungfrauen einen Spiegel und einen Kamm in ihren Händen. Der Spiegel galt als Sym-

bol der Eitelkeit, aber auch als Instrument, um in ihm die Zukunft zu erkennen. Heute weiß man wenig über die Symbolik des Kammes. Aber es scheint so, als ob hier eine Verbindung zum Sex gegeben war, denn das griechische Wort *(kteis)* und das römische *(pecten)* für Kamm bezeichnen gleichzeitig die weibliche Scham.

Besonders deutlich wird die Bedeutung, die Frauen in Bezug auf das Meer haben, durch die Jungfrau Maria. In vielen katholischen Ländern ist sie auch heute noch die Schutzheilige der Seefahrer und Fischer. Kapellen über dem Meer und Kirchen in vielen Häfen sind ihr gewidmet. Früher gab es sogar auf Schiffen einen Schrein für die Jungfrau Maria. Nicht umsonst hieß eines der drei Schiffe von Kolumbus *Santa Maria*. In der spanischen Armada gab es allein fünf Schiffe mit diesem Namen. War nicht auch die Jungfrau Maria, die über das Meer wacht, eine unberührbare Meerjungfrau?

Vom späten Mittelalter an wollten europäische Seefahrer auf einmal überall Meerjungfrauen gesehen haben. Der Bischof Pontoppidan von Norwegen schrieb, dass bei Bergen eine Fischfrau in einem Badebottich gefangen gehalten würde, die sich jedoch im Wasser auflöste und so entkam.

Inzwischen hieß es auch, dass Meerjungfrauen nicht nur einen, sondern gleich drei Wünsche erfüllen würden. Es galt also, schärferen Ausguck zu halten. Und schon kamen die ersten Affären von Seeleuten mit Meerjungfrauen ans Licht. Eine hätte sich in einen „Salzbuckel" verliebt, wurde seine angetraute Frau. Als er ihre Identität verriet, kam es zum Streit und sie schwamm für immer fort. Im späten Mittelalter sagte man, dass Nachkommen von Seeleuten und Meerjungfrauen besonders gute Lotsen seien.

Eine andere Fischfrau verfiel angeblich einem lüsternen Matrosen, der sie in *Davy Jone's locker* (Davy Jones Schapp) lockte. Eine historisch genaue Definition dieser Person gibt es nicht, aber sie tauchte über mehrere Jahrhunderte bei englischen Seeleuten auf. Die wahrscheinlichste Erklärung ist die, dass die mythologische Gestalt des Davy Jones für den Herrscher der bösen Geister in den Tiefen des Ozeans steht. Demnach hat sich eine Meerjungfrau mit dem Teufel der Meere verbunden und ein Seemann hat diese Verbindung eingeleitet.

Schnell wurde die Meerjungfrau bekannt, und bald war sie als Schiffsname, als Name von Kneipen, als Galionsfigur oder als Wappenschild überall zu sehen. Christoph Kolumbus dürfte der prominenteste Zeuge gewesen sein, der uns von Meerjungfrauen berichtet hat. Er hatte in der Neuen Welt gleich drei Meerjungfrauen gesehen, die deutlich im Wasser einer Flussmündung sichtbar waren. Er war von ihnen nicht besonders angetan und bemerkte in seinem Tagebuch: Sie seien zwar schön, aber nicht so attraktiv wie die auf ihm bekannten Gemälden.

Vom 17. Jahrhundert an, als die Schiffe auf allen Sieben Meeren segelten, häuften sich die Erlebnisberichte über Meerjungfrauen. Ausführlich schrieb darüber ein Kapitän John Smith. Er war ein bedeutender Mann, hatte er doch 1614 den Bundesstaat Maine mit seinen gefährlichen, tidenreichen Gewässern als erster Weißer entdeckt. Er schrieb, dass „seine" Meerjungfrau mit vollkommenster Grazie schwamm. Sie hätte eine feine, aber etwas kleine Nase, schön geformte Ohren und langes grünes Haar, was sie weniger attraktiv machte; sonst hätte er sich in sie verlieben können.
Im Jahr 1723 forschte eine Königlich Dänische Kommission nach Meerjungfrauen. Sie fand auch eine bei den Färöer-Inseln. Aber zum Schrecken der Kommission war es ein Meerjungmann! Fünf Minuten lang konnten sie ihn deutlich sehen, dann erst sei er abgetaucht. Die Dänen meinten, der gut aussehende Meerjungmann sei sehr gepflegt gewesen, so dass sie annahmen, er würde stets sorgfältig seinen Bart stutzen. Der Meerjungmann war für den König ein Beweis dafür, dass seine Leute bei der Expedition gute Arbeit geleistet hatten.
Vielleicht war gerade diese Begegnung der Anlass für den Dänen Amundsen, das „Märchen von der kleinen Meerjungfrau" zu schreiben und für den dänischen Bildhauer Bertel Thorvaldsen, die schönste aller Meerjungfrauen als Statue zu schaffen. Heute steht „Die kleine Meerjungfrau" in perfekten Proportionen in Bronze gegossen am Hafen und jeder Besucher Kopenhagens kennt sie. Aber nicht jeder Kopenhagener konnte ihre Schönheit ertragen. Schon zwei Mal haben verwirrte Männer die Meerjungfrau aus dem Sockel gerissen und ins Hafenbecken geworfen.
Lange bevor es diese Statue gab, wurde immer neues Garn über Meerjungfrauen auf Schiffen und in Hafenkneipen gesponnen. Die Beschreibungen der „Fischweiber" wurden bunter und widersprüchlicher: Meerjungfrauen hätten grüne Haare, lila Blut, Federn und eine Haut, die sie ablegen könnten, wenn sie sich an Land bewegten. Andere sprachen von goldenen Haaren, einem üppigen Busen. Dann gab es Zeugen, die hässlichen, abscheulichen Meerjungfrauen begegnet waren.
Das Verhältnis zwischen Seemann und Meerjungfrau war für viele Jahrhunderte eine mythische Mischung aus Zuneigung, Verehrung und Aberglauben. Aber da der Aberglaube aus damaliger Sicht Realität war, standen sich Seemann und Meerjungfrau viel näher, als das heute begreiflich ist.
Gibt es ein Vorbild für die Meerjungfrau?
Ja, sogar zwei: das Dugong und die Seekuh. Man muss schon auf einem schwankenden Schiff stehen, zu viel Rum genossen haben, leicht „benebelt" sein, um diese Meeresbewohner mit einem Menschen zu verwechseln.

Das Dugong *(Dugong australis)* ist ein seltenes Säugetier, das im Indischen Ozean und im Pazifik lebt. Der einst große Bestand ist in Gefahr, denn die harmlosen Tiere wurden wegen ihres Öls fast ausgerottet. Jedes der 3 bis 4 Meter langen Tiere ergab zirka 45 Liter Öl.
Man kann leicht nachvollziehen, dass ein Dugong mit einer Meerjungfrau verwechselt werden kann: Ähnlich einem Menschen schaut es senkrecht aus dem flachen Ufergewässer empor und hält die Flossen wie menschliche Arme vor der Brust ausgebreitet. Weibliche Dugongs haben in etwa ein menschenähnliches „Gesicht", männliche haben Stoßzähne. Besonders bei Mondschein leuchtet ihr heller Körper, wenn sie im Wasser stehend kauen. Haben die Weibchen ein Baby-Dugong, dann halten sie es beim Säugen zeitweise mit den Flossen fest. Vom Deck eines Schiffes kann dies bei schlechter Sicht durchaus mit einem Menschen verwechselt werden. Das Bild der säugenden Dugong-Mutter, die ihr Kleines mit den Arm-ähnlichen Flossen hält, hat viele Seeleute irritiert und dem Dugong den Namen „Madonna des Meeres" eingebracht.
Ein zweites Säugetier der Meere, das oft Anlass zur Verwechslung mit Menschen gegeben hat, ist die Seekuh *(Trichechus manatus)*. Auch die Seekuh wurde lange wegen des Ölgewinns gejagt. Seekühe leben unter anderem in karibischen Gewässern, in Mittelamerika und auch vor Florida, sind aber nur noch selten anzutreffen, weil die Propeller vieler Motorboote sie verletzten und töteten. Früher konnte man häufig beobachten, wie sie sich im Wasser umarmten, sich liebkosten und küssten. Das kam den Karibik-Indianern so menschlich vor, dass sie davon mehr haben wollten. So galten bei ihnen die Tränen der Seekühe, die den Meerjungfrauen so ähnlich sein sollen, als Aphrodisiakum, ebenfalls ihre Augen, die man in Liebesgetränke gab.

Der Seemann als zuverlässiger Transporteur venerischer Krankheiten

(zirka 1493 bis 1930)

Segelschiffe besuchten in den letzten vierhundert Jahren fast alle Inseln dieser Welt, lagen in jeder erdenklichen Bucht, ankerten in sämtlichen schiffbaren Flussmündungen, suchten Schutz in Naturhäfen, besuchten Länder mit ewigem Eis und Länder, in denen sich Menschen vor Hitze so gut wie nichts anzogen. Fast überall da, wo Seeleute seit dem 16. Jahrhundert an Land gegangen waren, gab es unter den einheimischen Frauen Geschlechtskranke.

Eskimofrauen waren davon genauso betroffen wie europäische Hausfrauen, karibische Arawak-Indianerinnen, polynesische Stammestöchter oder tamilische Fischerfrauen; ganz abgesehen von den Tausenden von Dirnen in allen Hafenbordellen dieser Welt. Janmaat und seine Kameraden mit den verknautschten Hüten und den bunten Halstüchern leisteten ganze Arbeit. Auf der Suche nach Neuland und willigen Frauen ließen Seeleute keinen Küstenstrich der Welt aus. In 250 Jahren hatten sie die ganze Welt infiziert.
Merkten die Frauen denn nicht, was sie sich da antaten? Klärte keiner die Menschen auf? Gab es keinen Schutz davor? Dreimal Nein.
Angeblich haben bereits die spanischen Seemänner unter Christoph Kolumbus die Syphilis, die gefährlichere der beiden bekanntesten Geschlechtskrankheiten, aus Mittelamerika nach Europa importiert. Neueste Forschungen sehen hier noch andere Varianten. Man vermutet auch, dass die Krankheit in Europa „geschlummert“ haben könnte, sie wäre zu Kolumbus Zeiten quasi geweckt worden. Auch die Diagnosen seien damals nicht exakt gewesen; es könnte sich zu Anfang um andere Krankheiten gehandelt haben und die Syphilis wäre erst später aufgetreten. Egal – ab Anfang des 16. Jahrhunderts entwickelte sich die Syphilis zu einer weltweiten Seuche.

In der damaligen Verblendung, deren Wurzel in einer Mischung aus spätmittelalterlicher Ignoranz und männlichem Wahn lag, tat man über 200 Jahre so gut wie nichts gegen die Syphilis (harter Schanker oder Lues) und die aufkommende Gonorrhöe (Tripper). Man kümmerte sich einfach nicht um eine medizinische Behandlung, verschrieb in völlig dumpfer Unkenntnis hochprozentige Schnäpse, Brasilholz, Chinawurzel und anderen Unsinn. Tiefstpunkt der Behandlung war die Guajakholz-Therapie – die war völlig wirkungslos. Das Guajakholz aus Brasilien hieß auch Pockholz oder Franzosenholz – denn Geschlechtskrankheiten hießen im Volksmund auch Franzosenkrankheit.
Es gab zwar die ersten Kondome, aber die waren für einen Seemann zu teuer, zu umständlich, diese „umzuschnallen“ und auch gar nicht in den Bordellen zu erhalten, wo er sich aufhielt.
Infizierte Seemänner nahmen die aufkommende Krankheit nicht ernst. War sie doch eher ein Zeichen von männlicher Stärke. Nachdem sich die Krankheit durch nicht schmerzhafte Geschwüre und geschwollene Lymphknoten ankündigte, prahlten viele Matrosen vor ihren Kameraden von ihren Liebesabenteuern. Sie waren regelrecht stolz auf die Folgen ihrer Amouren.
Im zweiten Stadium können die Geschwüre größer werden, eitern, die Männer (und natürlich auch die Frauen) werden stark geschwächt. Andere Menschen bekommen Ausschlag am ganzen Körper, Haarausfall oder Schleim-

hautveränderungen. Irgendwann können sich Sehstörungen einstellen und nach Jahren kann geistige Verwirrung hinzu kommen, schließlich der Tod. Es gab aber auch Infizierte, deren Immunsystem die Krankheit besiegte, sie verdrängte.
Zwar wurde gleich beim Aufkommen der Krankheit ein Zusammenhang zwischen der Syphilis und dem Beischlaf gesehen; aber man vermutete die Ursachen mehr im mystischen als im medizinischen Bereich. Bis ins 19. Jahrhundert verdammten Ärzte den häufigen Beischlaf; er würde Seele und Körper schwächen. So hatten sich Seeleute mit der Syphilis arrangiert – trotz möglicher Todesfolge. Sieben Mal hätte ein richtiger Seemann die Syphilis zu haben, und sieben Mal soll er mindestens ein Bordell besucht und Kap Hoorn umrundet haben. Diese Seemannssprüche belegen, wie wenig ernst man diese gefährliche Krankheit nahm – ganz nach dem Motto „Mir wird schon nichts passieren! Fang ich mir was ein, macht nichts! Schlimmstenfalls wird der Schiffsarzt den Fall schon übernehmen!"
Es wäre falsch, anzunehmen, dass alle Seeleute mit dieser Krankheit zu tun hatten. Sicherlich war es nur ein kleiner Teil – ähnlich wie auch bei der Landbevölkerung. Aber mit dem gravierenden Unterschied, dass es Seeleute waren, die die Syphilis weltweit verbreitet haben und nicht die Männer an Land.
Die Syphilis verläuft in vier Stadien und wird in der Regel durch Geschlechtsverkehr übertragen. Nach einer Inkubationszeit von zirka drei Wochen treten die ersten kleineren Geschwüre an den Geschlechtsorganen beziehungsweise an anderen Kontaktstellen auf. Noch nach Jahren kann in der vierten Stufe das zentrale Nervensystem befallen werden.
Die Gonorrhöe, auch Tripper genannt, wird ebenfalls durch Geschlechtsverkehr übertragen. Die Inkubationszeit beträgt zirka 3 bis 8 Tage, bei Frauen ist sie länger. Es folgt eine schmerzhafte Entzündung der Harnröhre und eitriger Ausfluss. Die Gonorrhöe ist nicht tödlich, kann aber zu Unfruchtbarkeit führen.
Bevor ein Schiff ab dem 18. Jahrhundert auf große Fahrt ging, wurden die Seeleute vom Arzt auf Geschlechtskrankheiten hin untersucht. Das half jedoch nichts, wenn sich die Männer erst kurz vor dem Auslaufen die Krankheit in einem der Hafenbordelle zugezogen hatten. Es sind Fahrten bekannt, auf denen viele Seeleute erkrankten, die vorher als gesund eingestuft wurden. Der bekannteste Fall ist der der *Bounty*. Da die Krankenblätter alle erhalten sind, weiß man, dass die Hälfte aller Seeleute auf der *Bounty* geschlechtskrank waren, unter Gonorrhöe litten.
Im Jahr 1851 erkrankten auf einem Auswanderungsschiff auf der Fahrt von New York nach San Francisco, um Kap Hoorn, 17 Seeleute an Syphilis. Fünf von ihnen starben unterwegs; als sie ankamen, waren noch acht schwer krank.

Offensichtlich waren sie auch durch andere Krankheiten, wie z. B. Skorbut, geschwächt, so dass ihre Abwehrkräfte nicht mehr ausreichten.
Bereits im Jahr 1603 schrieb das Hamburger Schiffs- und Seerecht ärztliche Untersuchungen vor dem Auslaufen vor. Genauso konnten Seemänner sofort ausgemustert werden, wenn sie geschlechtskrank waren. Da man über Jahrhunderte lang annahm, dass diese Krankheit auch ansteckend wäre, mussten Geschlechtskranke an einem anderen Platz auf der Galion (der offenen Toilette auf Schiffen) Platz nehmen.
James Cook, der größte aller segelnden Entdecker, war auch ein großer Vorreiter, was Gesundheit an Bord anging. Bekannt ist, dass er die Pflichtration von aus Deutschland bekanntem Sauerkraut gegen Skorbut einführte. Genauso fürsorglich war Cook, als er 1774 auf seinen Schiffen *Adventure* und *Resolution* verordnete, dass in Tonga kein Seemann an Land durfte, der geschlechtskrank war. Aber es half nichts, auch ohne die Kranken der beiden Schiffe wurden Tausende von Polynesierinnen angesteckt, die wiederum ihre Männer infizierten. Noch vor zirka hundert Jahren waren 13 Prozent der Maoris Neuseelands an Syphilis erkrankt.
Gegen Tripper verabreichte man Trippertee oder -balsam. Erst ab dem Jahr 1700 wurden mehr und mehr Quecksilber-Präparate für die Bekämpfung der Syphilis eingesetzt (die abwertende Berufsbezeichnung des Quacksalbers leitet sich aus dem Wort Quecksilber ab). Diese Präparate gab es als Merkurialpillen, -salben und -pflaster. Jedoch konnten Tees und Pillen weder den Tripper noch die Syphilis heilen, sie konnten nur mildern. Außerdem hatte die Quecksilbertherapie äußerst gravierende Nebenwirkungen.
Quecksilber-Präparate waren teuer, Krankenkassen unbekannt, Kapitän und Reederei kamen nicht für die Kosten der medizinischen Behandlung von Seeleuten auf. Also wurden die Kosten dafür von der Heuer abgezogen – wenn die Präparate denn überhaupt an Bord waren. So wird verständlich, dass viele Matrosen nicht angaben, dass sie geschlechtskrank waren – was ein weiterer Grund dafür war, weshalb die Syphilis über alle Sieben Meere verbreitet wurde.
Eine Sinnesänderung vollzog sich zuerst bei der Kriegsmarine – besonders bei der britischen zur Zeit des ersten Napoleonischen Krieges (1803 bis 1806). Vom Jahr 1795 an wurden die Seeleute erstmals unentgeltlich behandelt, denn man brauchte buchstäblich jeden gesunden Mann. Die dänische Kriegsmarine zog bereits 1802 nach. Bei den Deutschen dauerte es etwas länger. Erst als sie sich auch als aufkommende Seenation sahen, führten sie im Jahr 1891 bei der Kaiserlichen Marine die Zwangsbehandlung ein – fast hundert Jahre nach England.

Im Jahr 1908 bekam der Deutsche Serologe Paul Ehrlich für die Erfindung von Salvarsan den Nobelpreis. Es war das erste wirksame Medikament gegen die Syphilis. Genau zwanzig Jahre später entdeckte sein englischer Kollege Sir Alexander Fleming das Penicillin, das erste wirksame Serum gegen die Gonorrhöe. Auch er erhielt hierfür im Jahr 1945 den Nobelpreis. Dem Stockholmer Komitee war es die höchste wissenschaftliche Auszeichnung der Welt wert, die Entdeckung dieser Medikamente zu belohnen.
Aber man soll nicht glauben, dass zum Beispiel mit der Einführung von Salvarsan die Syphilis schlagartig bekämpft wurde. Mitnichten. Fast die gesamte Besatzung der Viermast-Bark *Hougomont*, die 1930 auf der Fahrt von Vancouver, Kanada, nach Durban, Südafrika, unterwegs war, wurde von der Syphilis befallen. Von den 14 Geschlechtskranken hatte noch keiner etwas von Salvarsan gehört.

Das homoerotische Leben eines Trommlers zur See

(zirka 1834 bis 1870)

Kriegsschiffe hatten im 19. Jahrhundert Trommler an Bord. Der Musiker, über den zu berichten ist, heißt Philipp Clayton Van Buskirk, geboren am 4. März 1834 in Charlestown, Virginia, USA. Er hatte auch die Wahl, anstatt Trommler Pfeifer zur See zu werden; denn beide glaubte man damals zu benötigen, um durch Musik den eigenen Soldaten Mut zu machen und gleichzeitig die Feinde einzuschüchtern.
Bekannt ist Van Buskirk durch sein Tagebuch geworden, das im Archiv der Allen Library, der Universität von Washington, Seattle, USA, verwahrt wird. Es wurde in den USA zu einem bedeutenden Zeitdokument, beinhaltet es doch sehr persönliche Aufzeichnungen eines Mannes, der im Jahre 1846 mit 12 Jahren in die Dienste der US-Marine eintrat und von 1851 bis zu seinem Ausscheiden im Jahre 1869 ein Tagebuch führte – mit sehr ausführlichen Bekenntnissen zu seinem homophilen Leben.
Das Tagebuch des Philipp Clayton Van Buskirk gibt nicht nur Einblick in das erotische Leben eines einzelnen Seemannes, sondern es dokumentiert auch über ein Vierteljahrhundert hinweg das sexuelle Verhalten von Männern auf Kriegsschiffen. Es handelt zwar von amerikanischen Marinesoldaten in der Mitte des 19. Jahrhunderts, aber es könnten auch französische, deutsche, holländische, skandinavische oder englische Seeleute gewesen sein.
Es war der Beginn des Viktorianischen Zeitalters. Die Kirchen hatten großen

Einfluss, die Menschen lebten gottgläubig, die Sitten waren streng, man war prüde. Auf See allerdings gab es weniger harte Moralgesetze.

In dieser maritimen Welt entstand das einzigartige Tagebuch eines einfachen Mannes, der seine intimsten Gedanken seiner Nachwelt hinterlassen hat. Van Buskirk hat sich gleich zu Beginn seines sexuellen Lebens seinem Tagebuch anvertraut. Eines war ihm mit Sicherheit klar: Für seine Tagebücher gab es auf einem Schiff keinen sicheren Platz. Er musste damit leben, dass früher oder später jemand sein Geheimnis entdecken würde.

Anders als bei den homosexuellen Piraten der Karibik, über deren Verhalten es kein verlässliches Material gibt, liegen im Falle Van Buskirks über 36 Tage- und Notizbücher vor; nur wenige sind verschollen.

Dieser Seemann hat eines der ausführlichsten Tagebücher der amerikanischen Marinegeschichte geschrieben. Es dürfte nichts beschönigt worden sein: „Ich habe nicht gezögert, meine Fehler in diesem wahrheitsgetreuen Tagebuch festzuhalten. Es war wahrlich immer meine Absicht, alle meine Verfehlungen niederzuschreiben ... Und nun wünsche ich diesem Buch, das gefüllt von meinen Schandtaten ist, dass es von der Tugend der Ehrlichkeit geleitet wird."

Sogleich konfrontiert er den Leser mit der Feststellung: „Es gibt keine Schule des Lasters, die vergleichbar mit der Marine ist. Mit Sicherheit sind neunzig Prozent der weißen Jungens in der Marine Gotteslästerer und Homosexuelle, und zwar in einem Ausmaß, das einen schaudern lassen kann."

Nach einer Grundausbildung landete der junge Trommler mit 13 Jahren im Jahr 1847 auf der *U.S.S. Cumberland,* einem 44-Kanonen-Schiff auf dem Weg zum Kriegseinsatz im Golf von Mexiko gegen Mexiko. Es kam aber nicht zum Gefecht. Im selben Jahr noch diente die Cumberland in der Karibik als amerikanisches Flaggschiff. An Bord waren 400 Mann Besatzung. Danach lebte Van Buskirk längere Zeit in Florida an Land auf der *Pensacola* Navy Werft. Er befuhr den Mississippi und wurde dann an Bord des Kriegsschiffes *Plymouth* beordert. Auf diesem Schiff befuhr er die Welt, lernte Madeira kennen, er segelte um das Kap der Guten Hoffnung nach Indien und schließlich nach Hongkong und Shanghai. Es war die Aufgabe der *Plymouth,* amerikanische Diplomaten und amerikanisches Eigentum in Macao, Hongkong und Shanghai zu schützen. Danach gelangte er nach Japan. Zurück in Virginia, geriet er zwischen die Fronten des Bürgerkrieges, desertierte aus der Armee der Konföderierten, geriet in Gefangenschaft. Nach dem Krieg kam er wieder zur Marine und trat an Bord der *Swatara* seinen Dienst an. Mal war er arbeitslos, mal arbeitete er in Annapolis für die Marine, mal gab er privaten Musikunterricht; dann wieder segelte er auf der *U.S.S. Dale* nach Cherbourg, Frankreich, und schließlich erfährt der Tagebuchleser, dass er im Jahr 1869 Decksoffizier auf der *Palos* war.

Im Juni 1870 stirbt Philipp Clayton Van Buskirk im Alter von nur 37 Jahren. Über alle Stationen seines Lebens schreibt der Autor und hinterlässt ausführlichste Informationen über seine sexuellen Erlebnisse als Seemann. Diese teilen sich in drei unterschiedlich gewichtete Bereiche in seinem Leben auf: Die Bekämpfung des Lasters der Masturbation, seine homosexuellen Begegnungen und sein sexueller Kontakt mit Frauen.

Mit 14 Jahren entdeckte Van Buskirk, dass ihn ein Beschwernis plagte, das in Medizin- und in Aufklärungsbüchern der damaligen Zeit zu den großen Übeln der Männerwelt gezählt wurde: die Masturbation. Schon in der Ausbildung als Trommler lernte er von einem anderen Kameraden verschiedene Techniken der Selbstbefriedigung kennen. Ein Bursche namens Dorrell onanierte auf der *Cumberland* öffentlich, und die anwesenden Gleichaltrigen lernten von ihm. Sollte einer die Techniken Dorrells nicht beherrschen, gab es von ihm Nachhilfeunterricht. Seinem Tagebuch vertraute Van Buskirk an: „Es ist ein Geheimnis, an Frauen zu denken, aber es dir dabei selber zu besorgen."

Bereits als 10-Jähriger, noch bevor er bei der Marine anheuerte, als er von zu Hause ausgerissen und mittellos war, traf er in einer Scheune einen Mann, der ihm einen Cent anbot, wenn er etwas für ihn tun würde. „Hier brachte er mir den Akt der Masturbation an ihm selber bei."

Masturbierende Männer galten damals als moralisch verdorben. Das Laster betrachtete man als verachtenswert. Aus Büchern erfuhr man, dass Männer, die häufig masturbierten, körperlich verfallen würden. Masturbation galt auch als schwere Sünde. „Das einsame Laster" wurde in vielen Büchern verteufelt, die sich der verunsicherte junge Trommler als Ratgeber wählte. Sogenannte Vitalisten von beiden Seiten des Atlantiks meinten zum Beispiel, dass der Verlust von Körperflüssigkeiten schädlich sei. Man warnte seine unaufgeklärten Leser vor *Onania.* In einem dieser Werke war folgende These zu lesen: „Samenflüssigkeit hat einen starken Einfluss auf körperliche Kräfte. Ärzte jeder Generation sind der Meinung, der Verlust einer Unze (Anm.: ca. 30 Gramm) Samenflüssigkeit könne den Körper stärker schwächen als der Verlust von vierzig Unzen Blut."

Eines der Bücher, die Van Buskirk gelesen hatte und das ihn mehr verwirrte, als dass es ihm half, war von dem Franzosen Samuel Tissot verfasst. Es erreichte in den USA mehrere Auflagen unter dem Titel: *Onanie, eine Abhandlung über das Übel der Masturbation. Oder, die gefährlichen Effekte von Sekreten und von exzessivem Geschlechtsverkehr.*

Zur damaligen Zeit gab es für junge Männer mehr als zwei Dutzend Ratgeberbücher zum Thema Antimasturbation. Der junge Trommler muss sich viele dieser Bücher beschafft haben; denn er zitiert immer neue, so zum Beispiel aus Anthelme Balthasar Richerands *Elemente der Physiologie:* „Ich lernte das Schicksal eines französischen Hirten kennen, der fünfzehn Mal am Tag onanierte, der schließlich von Krämpfen erschüttert wurde und Blut anstatt Samen ergoss. Als der Hirte 26 Jahre alt war, habe er sich einen Stock in die Harnröhre gesteckt, später ein Messer, um seine Genüsse zu steigern. Nach Jahren dieser Praxis hätte sich sein Penis in zwei Hälften geteilt."

Um die gleiche Zeit widmeten sich Literaten wie Hermann Melville, selber ein erfahrener Seemann und Walfänger, demselben Thema – allerdings in künstlerischer Umsetzung. In seinem Roman *U.S.S. Neversink* erzählt Melville in verschlüsselter Wortwahl, die allerdings jedem Seemann geläufig war, wie man sich auf See die Zeit vertrieb: „Sie polierten ihr glänzendes Arbeitsteil" oder „sie umarmten den Affenschwanz der Kameraden".

Der gängige Ausdruck unter Seeleuten für masturbieren war *shaking* (schütteln). Melville setzte diese Umschreibung deutlich ein. In seinem Roman *U.S.S. Neversink* gab es einen Seemann namens *Shakings.*

An Bord der *U.S.S. Constitution*, so wird berichtet, kommandierte in den Jahren 1839 und 1840 ein Kapitän mit dem Spitznamen *Old Shakings.*

Der junge Seemann Van Buskirk erlebte einerseits in seiner Umgebung onanierende Jungen, die dies wie im Fall Dorrell vor ihm und seinen Kameraden praktizierten. Andererseits verteufelte die Öffentlichkeit die Onanie, und er verspürte ein tiefes Verlangen nach immer neuen Informationen. In dieser Phase vertraute er seinem Tagebuch den Eintrag an: „Die Freiheiten des Landlebens und meine Selbstbeschmutzung sind meine einzigen Vergnügen."

Schiffe boten den jungen Seeleuten ein perfektes Terrain zur Selbstbefriedigung. Das schummerige Licht im Orlopdeck, dem gemeinsamen Schlafraum im Vorschiff, begünstigte das heimliche „shaking". Van Buskirk tat es auf seiner Nachtwache und immer wieder aus Langeweile, wie er betonte, in der Hängematte.

An Bord der *Plymouth* besaß Van Buskirk anfänglich einen guten Ruf, hatte er sich doch weitestgehend bei Gruppenmasturbation unter Gleichaltrigen zurückgehalten. Vielmehr war er dafür bekannt, sich für die Reinheit der Sitten einzusetzen und seinen Kameraden entsprechende Literatur anzubieten. Als er eines Nachts in Macao an Deck Wache ging, wurde er von einem Kameraden darauf angesprochen, ob er ihn masturbieren könnte. Er lehnte das Angebot ab, aber der junge Seemann beharrte darauf; offensichtlich wusste er nicht, dass Van Buskirk öffentlich gegen dieses Laster opponierte. Der Tagebuchschreiber blieb standhaft, beichtete aber in seinen Eintragungen, dass er wenig später, allein in der Dunkelheit, dem „furchtbaren Übel" nicht widerstehen konnte.

Angestachelt durch sein schlechtes Gewissen, das ihm jedes neue Buch zu diesem Thema bereiten musste, bereute er „die Tat“ meist am nächsten Tag in seinem Tagebuch: „Ich werde für eine Woche beten“, „ein weiterer Nagel in meinem Sarg“, „ein weiterer Schritt in mein Verhängnis“, „den heiligen Namen Vater oder Ehemann werde ich niemals führen können“.

Es gab noch ein weiteres Phänomen, das Van Buskirk neben seiner „Masturbationsverdammung“ plagte: Das waren nächtliche Selbstergüsse. Bei seiner Suche, mehr darüber zu erfahren, bekam er anfänglich keine Aufklärungsliteratur in die Hände. Umso größer war seine Angst davor. Er machte alles Mögliche wie Erkältungen und Zahnschmerzen hierfür verantwortlich. Schließlich traf er in medizinischen Büchern auf Antworten, die falsche Ernährung für sein „Leiden“ verantwortlich machten. Abstruse Diäten wurden vorgeschlagen, wie Senf, Nelken, Ingwer oder Muskatblüten, die bestimmte Nerven reizten, wodurch die Ergüsse verhindert würden.

Van Buskirk schämte sich, dass Flecken auf seiner Hose oder in seinem Bettzeug seinen Kameraden verraten könnten, was des Nachts mit ihm passiert war. Eines Tages zerschnitt er sein Bettzeug und machte aus dem einst befleckten Teil ein Handtuch. Immer wenn er es benutzte, musste er an das „Tuch der Abscheu“ denken.

Van Buskirk war nicht der Einzige, der unter der öffentlichen Verdammung der Masturbation litt. Seine gleichaltrigen Kameraden betraf das ebenso. Einmal schrieb er, dass nur ein Junge auf seinem Schiff sich dazu bekannte, nicht zu onanieren. Und dem glaubte er nicht.

Das Thema der Selbstbefriedigung und besonders der nächtliche Samenerguss machten ihm sehr zu schaffen, und über lange Perioden seines jugendlichen Lebens kann man Eintragungen hierzu in seinem Tagebuch finden. Allmählich jedoch verschwanden diese Themen und ein neues Laster tauchte auf: seine Homosexualität.

Eine gewisse Charlotte Shippey, die Philipp Clayton Van Buskirk bei seinem Aufenthalt auf der Schiffswerft in Pensacola, Florida, kennen gelernt hatte, war zwar seine erste Liebe. Charlotte war jedoch unerreichbar für ihn. Seine zweite Liebe, so erfährt man aus seinen Aufzeichnungen, war bereits ein zwölfjähriger Trommler namens George Schultz. Andere Männernamen tauchen schnell hintereinander auf. Noch sind es platonische Lieben, romantische Zuneigungen, die auf Reinheit und Schönheit basierten.

Aber bereits bei seiner Ausbildung als Trommler geriet Van Buskirk an einen verkrüppelten Seemann, der ihn überredete, sich an einen Baum zu lehnen, und ihn dazu benutzte, was er mit den Worten beschrieb: „Er missbrauchte sich selbst.“

Auf seinem ersten Schiff, der *Cumberland,* erfährt der blutjunge Bursche, wie es auf einem US-Kriegsschiff zugeht: „Auf diesem Schiff herrscht Sodom. Man findet keine guten zehn Männer unter der Besatzung von vierhundert. Kaum ein Junge kann es ein Jahr auf einem Kriegsschiff aushalten, ohne verführt oder zur Homosexualität gezwungen zu werden. Nicht einmal habe ich an einem homosexuellen Akt teilgenommen."

Das sollte nicht lange gelten. Van Buskirk hatte inzwischen auf zwei Schiffen gedient. Er macht kein Geheimnis daraus, dass auf der *Plymouth* alle seine gleichaltrigen Kameraden ältere Freunde hätten, mit denen sie homosexuelle Kontakte pflegten, und dass keiner an Bord daran etwas Abwegiges finden würde.

Zeitdokumente bezeugen, dass männliche Seeleute der amerikanischen Marine, die an Bord sexuellen Verkehr gehabt hatten, weder ausgepeitscht noch von einem Kriegsgericht bestraft worden waren. Dagegen konnte Trunkenheit oder Ungehorsam schnell mit einem Dutzend Peitschenschlägen geahndet werden. In der damaligen Literatur, in der Medizin und in wissenschaftlichen Veröffentlichungen wird das Thema Homosexualität ignoriert, und die Bücher, die Van Buskirk zu seiner Beratung hinzuzieht, geben keine Auskunft, lassen das Thema im Dunkeln. Man spricht von „einem unnatürlichen Akt" und von „kriminellen Taten, zu schlimm, um sie zu benennen".

Wie selbstverständlich der freie sexuelle Verkehr mit Gleichgeschlechtlichen hingegen an Bord war, dokumentiert eine Eintragung des Trommlers aus seiner Zeit auf der *Plymouth* im Pazifik. Bei den langen Wachen und der vorherrschenden Langweile gab es wenig Abwechslung – außer bei Tabak, einem Grog „und dem gelegentlichen Genuss von unnatürlichem Verkehr mit Jungen. Diese Freuden erfüllte viele der Männer, und keiner bereute die Enge des Schiffes", so seine Eintragungen.

Suchte man auf der *Plymouth* sexuellen Kontakt, dann hieß es, ich gehe zum *boom cover trade* (Verkehr unter der Baum-Persenninge). Hier traf man sich nicht nur, um ungestört Sex zu haben, auch Wachen suchten hier, unter dem Tuch, bei schlechtem Wetter Schutz. Oder man erzählte sich hier die neuesten Gerüchte: Wer mit wem, wer sieht gut aus, wer ist frei und wie geht es Freunden auf anderen Schiffen. All das gehörte zum *boom cover trade.* Einen ähnlichen Ruf hatte der Vorratsraum.

Van Buskirk notierte über einen gewissen McFarland, einen gleichaltrigen Pfeifer, in seinem Tagebuch Folgendes: Dieser habe dem Seekadetten Lester Beardlee ordentlich einen „gestriegelt". Dann habe er den Steward des Arztes „vernascht" und ihm gedroht, seinem Vorgesetzten dieses zu berichten. Außerdem hätte McFarland ein Verhältnis mit einem Bootsmannsmaat, dem schwarzen Steward der Offiziersmesse und dem Koch. Es sei bekannt, dass er sich als Strichjunge gegen Geld und gelegentliche Begünstigungen verdingte. „Für 25 Cents und einen kleinen Vorteil gehorcht Bill jedem." Auch ihn, den Trommler, hätte Pfeifer McFarland hofiert, aber er hätte abgelehnt.

Auf der *Plymouth* hatte Van Buskirk längst seine Unschuld verloren. Er beherrschte den Jargon der Seeleute und wusste, dass *going chaw for chaw* gemeinsames Masturbieren bedeutete. *Chicken* hieß der Jüngere in einem Verhältnis. Das Verhältnis selber nannte man *chickenship*. Es gab immer den Älteren und den Jüngeren, was sich schon an den Spitznamen von *Van Buskirks* Freunden widerspiegelt: *Old White* und *Old Dhu.*

Immer wieder entpuppt sich Van Buskirks Tagebuch als ergiebige Quelle. Minuziös hielt er zum Beispiel eine Unterhaltung mit einem alten Salzbuckel fest, dem erwähnten *Old White*, bei dem er ab und zu nautischen und auch sexuellen Rat suchte.

Van Buskirk: „Nun, White, wie ist Deine Meinung von solchen Männern, die es mit Jungen treiben? Wenn Du König wärest, würdest Du jeden von ihnen töten?"

White: „Ja, jeden, der an Land lebt und das tut, den würde ich erschießen. Jawohl, ich würd' ihn erschießen."

Van Buskirk: „Und wenn es ein Mariner wäre, würdest Du dann auch jeden erschießen, der schuldig ist?"

White: „Nein, was kann ein Kerl tun? Drei Jahre auf See und kaum ein Chance, eine Frau zu haben. Ich sag's Dir, Trommler, ein Kerl muss so handeln. Die Galle kommt ihm hoch, er kriegt Pickel und wird korrupt, wenn er's nicht tut."

Auf Walfängerbooten herrschte damals eine vergleichbare Situation wie auf dem Kriegsschiff *Plymouth,* dessen ausschließlich männliche Besatzung ebenfalls oft lange Zeit keinen Hafen gesehen, keine Abwechslung erlebt hatte. Auch unter Walfängern hat es viele homosexuelle Beziehungen gegeben. Eines der besten Zeugnisse einer angedeuteten homophilen Beziehung findet sich in dem berühmten Walfänger-Roman von Herman Melville, Moby Dick, wieder.

Gleich zu Anfang berichtet Ishmael über seinen neuen exotischen Freund Quiqueg: „Als ich im Morgengrauen aufwachte, lag Quiquegs Arm liebevoll und zärtlich über mich ausgebreitet, beinahe als wären wir Mann und Frau ... Immer wieder versuchte ich, den Arm wegzuschieben, mich aus dieser hochzeitnächtlichen Umarmung zu befreien. Vergebens. Quiqueg schlief ruhig weiter und hielt mich fest umschlungen, als könnte nur der Tod uns scheiden."

Wie das Beispiel zeigt, war man an Land gewohnt, sehr eng zusammenzuleben. Besonders bei den einfachen Leuten war es gängig, dass Geschwister in einem Bett schliefen – die Jungen zusammen und die Mädchen zusammen, oft so lange, bis sie heirateten oder das Haus verließen. Im Internat oder im

College gab es auch nur begrenzte Bettenzahlen und so war es nicht unüblich, dass auch hier junge Menschen gemeinsam in einem Bett schliefen. Auch war es in den wenigen Herbergen gebräuchlich, mit einem Fremden das Bett zu teilen.

Auf See war das nicht die Praxis. Jeder hatte seine eigene Koje beziehungsweise Hängematte. Schnell bekam jeder Seemann mit, dass eine Schlafstätte mit einem anderen Mann an Bord zu teilen, nicht das Gleiche bedeutete wie an Land.

Wenn der Seemann Van Buskirk nach langen Reisen wieder an Land kam, wurde er häufig gefragt, ob er denn kein Mädchen hätte. Hierzu bemerkte er: „Sollte ich denen erklären, dass es sich nicht lohnt, einer Hure an Land drei Dollar zu zahlen für etwas, das an Bord 25 Cents kostet?"

Bis zu seinem zwanzigsten Lebensjahr kommen in Van Buskirks Tagebüchern nur zwei Frauen vor: seine Mutter und eine Gasthofswirtin, die ihn als Kind gewaschen hatte. In seiner näheren Umgebung gab es keine Frauen. Schwestern hatte er nicht. Die einzigen Frauen in weiterer Umgebung waren Prostituierte in den Häfen, in denen er sich aufhielt.

Es ist dokumentiert, dass oft Huren auf amerikanische und britische Kriegsschiffe gebracht wurden. Aber offensichtlich ist das nicht auf der *Plymouth* geschehen.

Seine erste heterosexuelle Begegnung hatte van Buskirk 1851 als 17-Jähriger in zwei Bordellen in Washington, D.C. Das Erste hatte den bezeichnenden Namen *Congressman's Whore-House,* das zweite heißt in seinen Aufzeichnungen *Dutch Mary's.* Beide Besuche müssen wohl keinen starken Eindruck auf ihn gemacht haben – er hinterlässt keine Details. Auf der sich anschließenden Reise nach Macao, Hongkong und Shanghai hatte er keinen Sex mit anderen Frauen. Zwar besuchte er weitere Bordelle mit seinen Freunden, spaßte und unterhielt sich aber nur mit den Huren, während seine Kameraden sich mit ihnen amüsierten, schreibt van Buskirk.

Erst drei Jahre später findet sich wieder ein Eintrag über eine Frau. Unter dem Datum 23. Juli 1853 berichtete Philipp Clayton Van Buskirk sehr ausführlich, wie er einen freien Tag in Hongkong verbrachte. Ausführlich schrieb er von einem schönen, jungen und intelligenten Portugiesen. Später am Tag traf er einen Schweizer, der zur Wachmannschaft des Königs von Neapel gehörte. Bis in Details geht die Tagebucheintragung auf diese beiden Männer ein. Umso kürzer ist seine Eintragung über die spätere Begegnung in dieser Nacht mit einer Hure in einem von ihm besuchten Bordell: „Ich plante, mit einer chinesischen Hure zu schlafen. Dann machte ich mich auf zu einem Bordell in der Nähe und vereinigte mich mit einer der Frauen. Die Unreinlichkeit eines solchen Beischlafs verabscheute ich so sehr, dass ich beschloss, dieses nie wieder zu tun. Ich wusch mich sofort und reinigte meinen ganzen Körper."

Ein Grund für Van Buskirks ablehnende Einstellung dem Sex mit Frauen gegenüber war seine Furcht vor Geschlechtskrankheiten. Es ist überliefert, dass die halbe Mannschaft der *Plymouth* zu der einen oder anderen Zeit durch Geschlechtskrankheiten infiziert war. Van Buskirk hatte einmal einen Tripper, nachdem er mit einer 30-Cents-Hure in China Verkehr gehabt hatte.

In den Jahren 1851 bis 1857 kam es insgesamt fünf Mal zu heterosexuellem Sex mit amerikanischen und asiatischen Huren. Über ein Dutzend Mal erwähnt er, dass ihm Huren angeboten wurden oder sich angeboten hätten. Immer waren seine Eintragungen mit Scham und Reue wegen seiner Begegnungen mit Frauen verbunden.

Wie – Sie wissen nicht, was Staumädchen sind?

(zirka 1800 bis 1930)

Dieses Kapitel zeigt, dass trotz heute unvorstellbar harten Arbeitsbedingungen Arbeiterinnen auf Schiffen dennoch gesungen, gelacht, getanzt, geflirtet und geliebt haben. Diese Arbeiterinnen nannte man Staumädchen, auch Trampelmädchen oder Ballastmädchen. In vielen Häfen der Welt wurden Frauen zum Verstauen der Ladungen an Bord eingesetzt. Das richtige Verstauen der Güter war notwendig; denn verrutschte eine Ladung auf See, konnte das den Untergang des Schiffes nach sich ziehen. Dies war der Fall bei einem der letzten deutschen Segelschiffe, der *Pamir*. Durch das Verrutschen der Weizenladung im Laderaum erhielt das Schiff Schlagseite und kenterte im Hurrikan am 21. September 1957 auf dem Atlantik.

Hatte ein Schiff Getreide, Samen, Nüsse oder ähnliches loses Gut im Laderaum, dann mussten Staumädchen solange darauf herumtrampeln, bis sich die Ladung auch in die letzten Winkel des Laderaums verteilt hatte und sich nicht mehr verschieben konnte. Die Frauen stülpten sich zwei Sacklappen über ihre Füße, banden sie fest und fingen gemeinsam an, mit den Füßen zu trampeln und zu stampfen. In tropischen Gegenden war es im Laderaum unerträglich heiß; fingen die Frauen an zu trampeln, müssen sie unter der Hitze besonders gelitten haben. Dabei fassten sie sich gegenseitig an und zum Rhythmus ihrer trampelnden Füße sangen sie meist Lieder. Es staubte, der Mund war trocken, die Augen taten weh und der Schweiß lief.

Der Laderaum wurde durch das Stampfen immer besser gefüllt. Die Frauen mussten unentwegt weiter trampeln, bis auch der Raum zwischen der Ladung und den Decksbalken geschlossen war. Um Frauen noch effektiver arbeiten zu lassen, bekamen sie manchmal Sandsäcke auf die Schultern gelegt, damit sie noch schwerer waren und so noch mehr Druck ausüben konnten.
Während ihrer Arbeit wollten die Trampelmädchen im Laderaum keine Männer sehen. Sie hätten nur gestört. Tauchte dennoch einer dort auf, trieben sie ihre Späße mit ihm. Sie banden ihm die Hosen unten zu und stopften ihm diese voll Korn, oder sie zogen ihm die Hosen einfach aus, so dass er „unten ohne" das Weite suchen musste – begleitet vom Gejohle der Staumädchen und übrigen Seeleute.
Nicht immer ging es um Getreide, Samen, Körner, Erdnüsse oder Kopra, auch Kohle musste verstaut werden, eine unvorstellbar dreckige Arbeit. Dennoch müssen es die einheimischen Staumädchen immer mit Humor und Gesang geschafft haben, den Seeleuten durch ihre Fröhlichkeit zu imponieren. Die Stauarbeiten dauerten Wochen, manchmal einen Monat. Staumädchen und Matrosen kamen sich in dieser Zeit näher. Nach getaner Arbeit holte meist einer der Seeleute das Schifferklavier hervor, und es wurde gemeinsam musiziert, getanzt und gefeiert. Für Trampelfrauen und Seeleute boten Ladezeiten eine gute Gelegenheiten, miteinander zu flirten und sich zu lieben.
Auf Tahiti hießen Staumädchen „Ballastmädchen". Sie trugen in Körben Steine und Kies an Bord. Auch dieser Ballast musste mit Füßen getrimmt werden. Ballastmädchen schleppten auch die Koprasäcke an Bord der Kopraschoner, während die Matrosen gefüllte Wasserfässer von Land herbei schafften. Beides war eine Knochenarbeit. Nach getaner Arbeit saß man gemeinsam an Deck zusammen und die Seeleute taten alles, um in der tropischen Nacht den einheimischen Ballastmädchen näher zu kommen.
Staumädchen gab es in Schweden, Russland, Deutschland und dem Baltikum, von wo aus Getreide in die Welt verschickt wurde. Stau- oder Trampelmädchen gab es auch in Le Havre, Antwerpen oder am Schwarzen Meer.
Am Bottnischen Meerbusen sorgten Splintholzmädchen dafür, dass das finnische Holz richtig in den Laderäumen verstaut wurde. Bauholz, Grubenholz und Schiffsbauholz war dort die gefragte Handelsware, Seeleute nannten die Gegend „Plankenchina". Beim Fällen und Sägen ergab sich viel Holzabfall, sogenanntes Splintholz.
Splintholz zu verstauen, war nicht einfach, und es zeigte sich, dass Frauen dabei geschickter waren als Männer. Man lud Splintholz durch die Hauptluke oder die Seitenpforten. Dabei konnte man sich leicht verletzen. Das Laden musste daher mit Bedacht durchgeführt werden. Es brauchte oft Wochen, bis

auch der letzte Winkel im Schiffsbauch gefüllt war. Matrosen hatten es bei den sogenannten Splintholzmädchen in Finnland nicht einfach. Hier passten deren Ehemänner, Brüder oder Verlobte auf, dass ihre Frauen nicht mit den sexbesessenen Salzbuckeln anbändelten. Es war den Matrosen wohl bekannt, dass bei den finnischen Männern das Messer locker saß.
Die Nächte in Finnland waren im Sommer kurz. Wenn die Arbeit abends beendet war, ging man nicht nach Hause. Noch lange blieb es hell, und so wurden die langen Abende und kurzen Nächte genutzt, um sich zu amüsieren. Die Seeleute holten ihren Rum heraus, machten Musik, und die Frauen begannen zu tanzen.
Über die Splintholzmädchen sagte man, dass sie derbe Ausdrücke bevorzugten und dass sie einem kräftigen Schluck nicht abgeneigt waren. Berichte, dass Paare nackt in der hellen Juninacht getanzt haben sollen, bestätigen, dass Seemänner und Landmädchen sich amüsierten. Und wenn es hieß, dass es in manchen Laderäumen, wo die Splintmädchen schliefen, zugegangen wäre wie in einem Bordell, belegt das, dass deren finnische Beschützer offenbar nicht immer gut aufgepasst haben.
Überall auf der Welt sah man Frauen mit Lasten auf dem Kopf die Planken zu Frachtseglern betreten. In Nordspanien schleppten sie Eisenerz, auf St. Thomas, Virgin Islands, war es Kohle, im Senegal Erdnüsse, in Japan Reis. Waren die Säcke und Körbe an Deck, wurde der Inhalt in den Laderaum geschüttet und im Takt bei Gesängen verstaut und getrampelt. Es war harte Arbeit zum Niedriglohn. Auf St. Thomas, das damals dänisch war, erhielten die Staumädchen pro Kohlesack eine Blechmarke, die sie in den Mund schoben. Später am Tag wurde dagegen abgerechnet. Und abends wurde wieder getanzt, gelacht, getrunken, geflirtet und geliebt.
Etwas Besseres als die Gunst der Staumädchen, Trampelfrauen und Splintholzmädchen konnte Seemännern nicht passieren.

Sadismus segelte mit

(zirka 1650 bis 1850)

Auf vielen Segelschiffen der Welt kam es zu einer Form der Sexualität, die man als die Niedrigste bezeichnet: den Sadismus.
Im Zeitalter der Segelschiffe ist es an Bord zu unvorstellbaren Grausamkeiten gekommen. Die Gründe dafür waren unterschiedlich: Rache und Vergeltung, oft auch Folter, um Geheimnisse aus Opfern herauszupressen. Oder es wa-

ren Strafen, die für irgendwelche Vergehen verhängt wurden. Ob ein Opfer aus Rache oder im Namen des Gesetzes gepeinigt wurde, all zu oft war hierbei Sadismus im Spiel, eine abartige Variante des Sexualtriebes.
Kapitäne hatten früher eine fast unbegrenzte Macht an Bord. Viele von ihnen konnten aber Macht und Allmacht nicht unterscheiden, maßten sich an, der verlängerte Arm Gottes – im wörtlichen Sinne – zu sein. Das betraf besonders Kapitäne der Handelsmarine, die ihre Schiffe oft wie Tyrannen führten. Kapitäne der Kriegsmarine konnten nicht so unumschränkt handeln. Schließlich gab es Dienstvorschriften, deren Verletzung zu einem Verfahren vor einem Kriegsgericht führen konnte. Außerdem hatten es Seeleute auf Kriegsschiffen besser, weil hier viel mehr Personal für dieselbe Arbeit zur Verfügung stand. Gerade wegen vieler tyrannischer Kapitäne sind Hunderte von Matrosen zu den Piraten übergelaufen.
„Als Schiffe noch aus Holz waren, waren Seemänner aus Stahl", heißt es – heute sei es eher umgekehrt, heißt es auch. Wie auch immer, früher waren Männer und Frauen körperlich und seelisch abgehärteter, belastbarer und erlebten die Schattenseiten des Lebens viel unmittelbarer als der Durchschnittsmensch heute. Es wurden auch viel härtere und grausamere Strafen vollzogen, die aber allgemein als gegeben und normal akzeptiert wurden. Zum Hängen und Köpfen kamen Tausende von neugierigen Zuschauern. Für viele begann Sadismus bereits beim Zuschauen.
Sicherlich fällt es bei manchem Fall schwer zu unterscheiden, ob es sich um Sadismus handelte oder um eine grausame Abrechnung mit einem Kriegsgegner. So waren Anfang des 17. Jahrhundert die großen Seenationen Spanien und England Erzfeinde, später Frankreich und England. Auf Schiffen dieser Nationen gab es kein Pardon, wenn sie ihre jeweiligen Gefangenen quälten, folterten oder töteten.
Die Grenzen zwischen Strafen und Sadismus mögen sich bei den aufgeführten Beispielen überschneiden. Gemeinsam ist ihnen jedoch, dass zur Blütezeit der Piraterie auch die Methoden der Folter ihren Höhepunkt hatten. Man kann sagen, dass Piraten in einer Zeit lebten, in der das Zufügen von Schmerzen sich zu einer Art „sadistischer Kunstform" entwickelt hat; denn jeder Piratenkapitän versuchte, den anderen durch noch größere Folterraffinessen zu überbieten. Eine ausgeprägte Aggression, die in sadistischen Akten endete, ist bei Piraten, Seeleuten und Marinesoldaten aller Nationen zu beobachten, besonders bei denen, die Kolonien in Besitz nahmen oder diese bereits besaßen.
Gewiss waren es Zeiten, in denen drakonische Strafen üblich waren, aber die sadistischen Auswüchse der Piraten und mancher Kapitäne gehen weit über

das hinaus, was die Bevölkerung an Land gewohnt war. Es ist auch nicht so, dass das, was wir heute als Sadismus empfinden, damals nur eine „normale Tortur“ gewesen wäre. Vielmehr scheint es, dass viele Strafen direkt als Akte des Sadismus geplant waren beziehungsweise dort endeten; denn einige der bekanntesten Protagonisten der Piratenszene fielen bereits in anderem Zusammenhang auf, wie Captain Blackbeard als Päderast oder als brutaler Frauenfeind.

Britischen Gefangenen wurden von Spaniern die Hände, die Füße, die Nase und die Ohren abgeschnitten. Dann schmierte man sie mit Honig ein und band sie an Bäume, damit Insekten das zu Ende führten, was Menschen begonnen hatten.

Der französische Bukanier L'Olonnais hackte einen spanischen Gefangenen in Stücke, leckte danach das Blut von seinem Säbel, verspeiste das Herz des Aufgeschlitzten und drohte anderen, dasselbe mit ihnen zu machen.

Der französische Pirat Mountbars de Languedoc schlitzte den Bauch eines Gefangenen auf, zog einen Teil des Darms heraus, nagelte diesen an einen Holzpfahl und trieb den Gefolterten zusätzlich mit einem Feuerscheit um diesen, so dass sich der Darm aus dem Bauch wickelte.

Das klassische Auspeitschen war vielen Kapitänen nicht Strafe und Leiden genug. Länger und grausamer war das Kielholen. Der holländische Kommodore Cornellis Evertsen, genannt „Kees der Teufel“, wandte folgende Methode an: Ein Tau wurde von der Nock der Großrah unter dem Schiff zur anderen Seite der gegenüber liegenden Rahnock geführt. Um zu verhindern, dass die Gefangenen zu viel Wasser schluckten und ertranken, wurden ihnen Mund und Nase mit Fett zugeschmiert, aber nur so viel, dass sie gerade noch atmen konnten. Dem Opfer wurde der Kopf in einen Sack gesteckt und seine Füße an dem Tau befestigt. Das Tau, das unter dem Schiff zur anderen Seite verlief, wurde an seinen Händen befestigt. Dann zogen die Seeleute ihn zur Rah hoch und ließen ihn dort hängen. Anschließend wurde er ins Wasser gezogen und unter dem Schiff – bei voller Fahrt – zur anderen Rahnock hochgezogen. Dabei hielt man die Seile stramm, damit der Körper über den mit messerscharfen Entenmuscheln bewachsenen Rumpf gezogen wurde. Das Ganze wiederholte man bis zu dreimal, häufiger soll diese Tortur keiner überstanden haben.

„Über die Planke gehen“ hieß die Methode, um ein Geheimnis oder das Versteck von Wertsachen von Gefangenen zu erfahren. Eine Planke wurde auf hoher See so an Deck befestigt, dass diese einige Meter außenbords führte. Dem Opfer wurden die Augen verbunden und die Hände gefesselt, dann musste es auf dem schwankenden Schiff über die Planke gehen, unter sich das rauschende Meer. Der Mann hatte nur zwei Chancen: sprechen oder sterben.

Woolding nannte man eine andere Methode: Ein Strick wurde um die Stirn eines Gefangenen immer enger gedreht, bis ihm die Augenäpfel aus den Augenhöhlen kamen und wie Tischtennisbälle hervortraten.
Sweating war eine weitere Folter: Der Gefangene wurde ausgezogen und musste Spießruten laufen. Dabei schlugen die Mannschaftsmitglieder ihn mit altem Segeltuch, das mit rostigen Nägeln gespickt war. Er wurde dann in ein Zuckerfass gesteckt, das zuvor mit Hunderten von Kakerlaken gefüllt war. Das Fass wurde mit einer Decke verschlossen, und der blutende Mann musste in der Hitze der karibischen Sonne die Tortur der Kakerlaken und die Schmerzen seiner Wunden erleiden.
Piraten, die den strengen Piratenkodex verletzt hatten, wurden auf kleinen einsamen Inseln ausgesetzt, auf denen es kein Wasser, keine Nahrung, keinen Schatten gab – nur Sand und Meer. Man denkt sogleich an ein romantisches Inselabenteuer à la Robinson Crusoe. Nein, man wählte kleine Inseln, bei denen man sicher war, dass der Abtrünnige garantiert qualvoll verdurstete.
Ein besonders berüchtigter Pirat war Bartholomew Roberts, der Letzte des „Goldenen Zeitalters der Piraterie". Noch grausamer als er selbst erwies sich seine Mannschaft. Als sich ein Kapitän vor der afrikanischen Küste Guineas weigerte, ihm Lösegeld für das eroberte Schiff zu zahlen, befahlen Männer aus Roberts' Piratenmannschaft – über dessen Kopf hinweg –, das Schiff samt Fracht anzuzünden. Die Ladung des Schiffes bestand aus Sklaven, die an Ketten gefesselt waren.
Ein besonders sadistischer Akt ist durch den Zeitzeugen Exquemelin belegt, Autor des einzigen authentischen Zeitdokuments „Das Piratenbuch von 1678": „Einem Portugiesen band man seine Daumen und Zehen an vier Pflöcken fest, die man in die Erde gerammt hatte. So muss er wohl zirka einen Meter über der Erde ‚geschwebt' haben. Dann schlug man mit Stöcken auf die vier Stricke, mit denen er festgebunden war; sein Körper geriet in Schwingungen. Zu guter Letzt legte man noch einen 200 Pfund schweren Stein auf seine Lenden und zündete Blätter unter seinem Körper an, so dass ihm das Feuer die Haare absengte."
Eine besonders sadistische Methode hatten sich Holländer ausgedacht, um Abschreckung zu üben; denn es war üblich, dass die meisten Todesstrafen öffentlich waren. Ähnlich einer Kreuzigung waren die Qualen, wenn ein Delinquent „aufs Rad geflochten" wurde. Der Mann wurde bis auf eine leichte Unterhose entkleidet. Er wurde auf einer Bank mit gespreizten Armen und Beinen gefesselt. Bei vollem Bewusstsein zertrümmerte nun der Henker mit einer Eisenstange seine Knochen, wobei er mit dessen Fingern anfing, danach folgten Arme und Beine. Waren alle Knochen mehrfach gebrochen, wurde der Mann

auf das Rad gefesselt, wobei sich sein Körper durch die Brüche dem Rad anpasste. Ein „guter Henker" achtete darauf, dass das Opfer bei Bewusstsein blieb. Es gab noch weitere Grausamkeiten wie das Zertrümmern von Rippen. Die Radachse wurde in die Erde getrieben und das Rad aufgesetzt, an dessen Rand der Mann so befestigt war, dass sein Kopf an seine Fersen ragte. Die Menge konnte die ganze Zeit über den stöhnenden Mann begaffen. Manch starke Männer schafften ein Überleben unter diesen unvorstellbaren Schmerzen bis zum nächsten Tag, bevor sie an inneren Blutungen starben. Einer der Mörder von der *Batavia,* der auf „Batavia Friedhof" im Jahr 1628 an den Gräueltaten beteiligt gewesen war, wurde später auf Java so hingerichtet.
Der Titel des Buches „Zwischen dem Teufel und dem blauen Meer" von Marcus Rediger belegt, dass es auf See damals wirklich „teuflisch" zugegangen ist. In diesem Werk werden viele sadistische Taten meist von Kapitänen der Handelsmarine aufgezählt – alle stammen aus der Zeit, die als die der „Christlichen Seefahrt" bezeichnet wird.

„Mein Name ist Mary Patten! Ich übernehme das Kommando!"

(1853 bis 1861)

Kap Hoorn steht für Stürme von unbeschreiblicher Stärke. Wer ohne Schaden um Kap Hoorn herum gesegelt war, sprach von einem Wunder. Aber viele Wunder gab es nicht. Noch im Jahr 1905 gingen von 130 aus Europa kommenden Segelschiffen 53 verloren – fast jedes dritte Schiff. Im August 1930 wurde auf dem deutschen Schiff *Padua**, einem der letzten Großsegler, vor Kap Hoorn eine ganze Wache von mehreren Männern von den Wellen von Deck gewaschen. Seemänner, die Kap Hoorn an Steuerbord umrundeten, trugen einen goldenen Ring im rechten Ohr. Diejenigen, die es an Backbord zurück ließen, trugen einen am linken Ohr, manche an beiden.
Bereits 1616 hatten die Schiffe der Holländer Jacobus Le Maire und Willem Schouten das Kap aller Kaps als Erste bewältigt. Sie nannten es nach ihrer Heimatstadt Hoorn und belegten vor der Welt, dass Holland damals eine der führenden Seenationen war. Spanische, englische, französische Entdecker folg-

**** Die Padua segelt heute als Kruzensthern unter russischer Flagge***

ten ihnen ums wilde Kap, hinter dem der Stille Ozean wartete. Bis zum Jahr 1849 waren es nicht viele Schiffe, die es umrundeten. Erst als die „49er“ zum *gold rush* in Kalifornien und später in Alaska ansetzten, segelten Tausende von Menschen in kurzer Zeit um das Kap herum.

Da der Landweg zu beschwerlich war – eine Eisenbahn existierte noch nicht – setzte man Schiffe von der Ostküste der Vereinigten Staaten ein. Man rechnete mit einer Seepassage von 100 bis 150 Tagen. Für diese Anforderung baute man immer größere Schiffe. Man nannte sie Windjammer und sie bekamen auch große Namen wie *Cutty Sark, Flying Cloud* oder *Neptune's Car.*

Aber die Reeder hatten inzwischen mitbekommen, dass sich die Zeiten änderten: Die ersten Dampfschiffe kamen auf. Segler erhielten Konkurrenz, merkten, dass ihre Schiffe langsamer waren, weniger Ladung aufnehmen konnten und wegen widriger Winde oft Umwege in Kauf nehmen mussten. Erstmalig konnten dampfbetriebene Schiffe exakte Ankunftszeiten und damit genaue Fahrpläne einhalten. Verächtlich wurde von Dampfschiffen auf „altmodische“ Segelschiffe hinabgeschaut. So war die Bezeichnung Windjammer damals ein Spottname, weil diese großen Rahsegler durch den Wind zur Seite gepresst (engl. *to jam* = drücken, pressen) wurden. Erst später wurde die Bezeichnung Windjammer anerkennend verwendet.

Auch andere Einflüsse veränderten die Seefahrt. So kamen immer mehr Frauen um die Mitte des 19. Jahrhunderts an Bord von Schiffen. Anfänglich waren es ausschließlich die Ehefrauen der Kapitäne, später vereinzelt auch Frauen von Offizieren. Zwischen 1850 und 1900 haben Hunderte von Kapitäns- und Offiziersfrauen auf europäischen und amerikanischen Segelschiffen ihre Männer begleitet.

Eine der bekanntesten Kapitänsfrauen war Mary Patten. Ihrem Mann, dem nur 26 Jahre alten Joshua Patten, vertraute man 1855 die neue 216 Fuß lange *Neptune's Car* an. Ein Schiff mit drei riesigen Masten, das in Portsmouth, Virginia, USA, gebaut worden war. Es sollte nicht nur eine Reise von Ost- nach Westamerika werden, es sollte anschließend weiter um die Welt gehen – mit offenem Ende. Der junge Kapitän Patten nahm seine 17-jährige Frau Mary mit an Bord, die er ein Jahr zuvor in Boston geheiratet hatte.

Kaum hatten sie den Hafen von New York verlassen, trafen sie auf das gleich große Schiff *Westward Ho*, das auch nach San Francisco unterwegs war. Es wurde ein Rennen unter gleich Starken. Die *Neptune's Car* erreichte dabei vor der südamerikanischen Küste ein Etmal von 312 Seemeilen, was genau 13 Knoten Geschwindigkeit pro Stunde ausmachte. Nach nur 100 Tagen und 23 Stunden kam sie in San Francisco an, nur ganze 5 Stunden nach der *Westward Ho.*

Weiter ging die Fahrt für beide Schiffe mit neuer Ladung nach Hongkong. Und hier schlug der junge Kapitän Patten seinen Widersacher um ganze 11 Tage. Ein *lasker,* ein indischer Seemann, war über Bord gegangen und einer seiner Leute erlitt durch einen Sturz vom Mast aufs Deck schwere Verletzungen. Auf der Fahrt von London nach New York brach der Vormast durch einen Blitzeinschlag und mehrere Seeleute, die gerade die Segel refften, fielen auf das Deck. Die 18-jährige Mary Patten half den Verletzten, richtete gebrochene Knochen und sorgte dafür, dass kein Mann starb.

Als die *Neptune's Car* am 1. Juli 1856 zu ihrer zweiten großen Reise nach San Francisco aus dem Hafen von New York ausgelaufen war, hatte Mary Patten inzwischen „Seebeine" bekommen und war eine respektierte junge Frau. Sie unterschied sich bereits zu diesem Zeitpunkt von anderen Kapitänsfrauen, denn sie beherrschte die Navigation. Mary Patten hatte von ihrem Mann gelernt, mit dem Oktanten umzugehen, den Stand des Chronometers zu erkennen, die täglichen Minuten oder Sekunden, die dieser gegenüber der MGZ (mittlere Greenwich-Zeit) falsch anzeigte, zu berücksichtigen. Und sie wusste auch, mit den Logarithmentafeln und dem Nautischen Jahrbuch umzugehen, um die Koordinaten nach Längen- und Breitengraden zu errechnen, an deren Schnittpunkt die Position des Schiffes war.

Zum zweiten Mal musste die *Neptune's Car* durch die gefährlichen Gewässer von Kap Hoorn. Diesmal hatten die Pattens weder mit ihrer Crew noch mit dem Wetter Glück. Der Erste Offizier hatte sich vor der Reise ein Bein gebrochen. Der Schiffseigner ersetzte ihn durch einen Mann, der sich auf der Reise als unfähig herausstellte, während der Wachen einschlief und Anordnungen des Kapitäns missachtete. Ein Mann namens Hare, der aus der Mannschaft stammte, ersetzte den Ersten Offizier. Hare war ein guter Seemann, aber er beherrschte die Navigation nicht.

Das Wetter am Hoorn, wie die Seeleute das Kap nannten, wurde schlimmer. Ein Tief nach dem anderen zog aus Westen kommend durch, immer mit neuen Stürmen verbunden. Und immer genau aus der Richtung, in die sie wollten. Mehrfach musste Kapitän Patten das Kommando geben: *„All hands and cook on deck!"* Nach Segelmanövern ließ er nach dem Abtreten durchzählen, ob noch alle Mann an Bord waren. In diesem Inferno aus Sturm, Schneeregen und Gischt, bei dem jedermann an Deck ständig bis auf die Haut durchnässt war, gab es das Kommando „Mann über Bord!" nicht. Unter diesen Bedingungen musste man weiter Kurs halten, allein, um nicht noch mehr Männer zu verlieren – vielleicht sogar das Schiff.

„Leichenfänger" nannte man die Leinen, die zwischen den Wanten gespannt wurden, damit sich die Männer daran festhalten konnten und nicht über Bord gingen, denn die Relinge waren niedrig. Rutschte man im hüfthohen Wasser gegen die Reling, konnte man sich die Knochen brechen oder gleich über Bord katapultiert werden.

Die *Neptune's Car* kam nicht am Hoorn vorbei. Es war antarktischer Winter, eine Zeit, in der die Stürme noch stärker, die Temperaturen noch kälter sind. Für jede Meile, die sie hoch am Wind gegen die Stürme kreuzte, wurde sie um zwei Seemeilen zurück nach Osten versetzt. So stark drückten Sturm und Strom. Das Drama dauerte mehrere Wochen. Kapitän Patten war seiner Mannschaft ein Vorbild. Er ging oft zwei Wachen mit, stand Tag und Nacht auf dem erhöhten Poopdeck neben den Steuerleuten und wartete auf besseres Wetter. Aber dies stellte sich nicht ein. Nachdem er eine Woche fast ohne Schlaf gewesen war, plante er, in einer geschützten Bucht der Falklandinseln Schutz zu suchen. Patten war übernächtigt, er war vor Nässe und Kälte völlig entkräftet. Er sackte auf Deck zusammen und musste ohnmächtig in seine Kabine gebracht werden, wo er sich auch nach intensiver Pflege durch seine Frau nicht erholte.

Kein Mann konnte ihn ersetzen, denn keiner an Bord der *Neptune's Car* konnte navigieren – außer Mary Patten.

Mary Patten rief die Mannschaft zusammen. Sie stand oben auf dem Poopdeck und wandte sich mit lauter Stimme an die Männer. Sie rief ihnen zu, dass ihr Mann schwer krank sei. Sie mahnte die Männer, dass sie alle die Pflicht hätten, das Schiff nach San Francisco zu bringen, dass sie die Einzige sei, die die Navigation beherrsche und sie das Kommando übernehmen werde.

Mrs. Patten war eine zierliche Person. Wie alle Frauen ihrer Zeit trug sie einen langen dunklen Rock, der ihr bis über die Knöchel reichte. Sie hatte bei dem Wetter wie damals üblich eine geölte Jacke an und einen langen, dicken Schal. Später, als sie an Land bekannt war, beschrieb ein Zeitgenosse sie so: „Sie hat große dunkle, strahlende Augen und sehr angenehme Gesichtszüge." Mit anderen Worten, sie hatte Ausstrahlung und sah gut aus. Diese Ausstrahlung muss sie in den Minuten vor Kap Hoorn gebraucht haben, als sie versuchte, gestandene Salzbuckel zu überzeugen, dass nur sie allein Schiff und Crew ums Hoorn bringen konnte.

Hier stand eine zierliche Frau im gefährlichsten Seegebiet der Welt und musste sich erst einmal Gehör verschaffen gegen den Sturm, gegen das Pfeifen der Windgeräusche im Rigg, gegen das Schlagen der Wellen am Rumpf, gegen das Rauschen der brechenden Wellen. Noch nie in ihrem Leben hatten diese Männer der Rede einer Frau zugehört. Bis jetzt hatten sie den wenigen Frauen, die sie kannten, Anweisungen, wenn nicht gar Befehle, gegeben. Hinzu kam, dass diese Person eher vom Alter her ein Lehr- oder Schulmädchen war. Aber sie sprach keinen „Weiberkram". Mary Patten muss einen überzeugenden Auftritt gehabt haben. Auch die älteren, erfahreneren Seeleute wussten, es gab keine Alternative zu dem, was sie sagte und zu ihrer Person. Keiner an Bord konnte wissen, dass diese junge Frau später als Heldin das Schiff verlassen würde. Was Mary Patten den Männern nicht verraten hatte, war, dass sie schwanger war.

Sofort gab die Co-Kapitänin Anweisung, abzufallen, einen neuen Kurs anzulegen: Ost-Südost. Schiff und Mannschaft sollten sich erst einmal vom wochenlangen Kampf erholen. Durch den neuen Kurs kam weniger Wasser über, das Leben an Bord wurde ein wenig erträglicher. Es war ihr Plan, einen südlicheren Kurs zu segeln, abzuwarten, bis das Wetter umschlug und der Wind auf Ost drehen würde. Mit östlichen Winden wollte sie gen Westen segeln, um danach Kurs Nord anzulegen, zu den ersehnten tropischen Breiten des Stillen Ozeans.

Mary Patten hatte Glück, denn am nächsten Tag brach die Sonne durch, sie konnte mit dem Oktanten zwei Sonnenhöhen zu unterschiedlichen Zeiten schießen und somit ihren Schiffsort neu bestimmen. Sie waren 250 Seemeilen Süd-Südost von Kap Hoorn. Ein Mann wurde nach oben geschickt, um Ausschau nach Eisfeldern zu halten, denn die ersten kleineren Eisberge konnten sie bereits im Süden entdecken. Mrs. Patten gab Anweisung, während der Nacht beizudrehen – eine Segelstellung, die bewirkt, dass das Schiff nicht mehr segelt, sondern gebremst wird, nur noch treibt. Am dritten Tag nach ihrer Übernahme bekamen sie die Winddrehung auf Südost. Alles Tuch wurde gesetzt und die Fahrt ging nach Westen, bald lag Kap Hoorn hinter ihnen und sie konnten Kurs Nord anlegen.

Nur kurz konnte sich Kapitän Joshua Patten in wärmeren Regionen an Deck zeigen, aber seine Beine versagten und er musste sich wieder hinlegen. Für seine Frau war es eine Doppelbelastung. Sie hatte ihren Mann zu pflegen und das Schiff zu führen.

Am 17. Oktober 1856 passierten sie die Linie, wie damals der Äquator genannt wurde. Mary Patten war inzwischen im vierten Monat schwanger. Sie tat dennoch alles, um das Schiff so schnell wie möglich ans Ziel zu bringen, denn die *Neptune's Car* segelte in Konkurrenz zu zwei anderen Schiffen, die New York am selben Tag verlassen hatten. Man hatte viel Ausrüstung für Goldgräber und Minen an Bord und wer zuerst ankam, machte das bessere Geschäft.

Trotz ihrer Schwangerschaft presste Mrs. Patten die Mannschaft, das Schiff stets auf schnellstem Kurs zu halten. Für sie als Navigatorin bedeutete dies, den besten Weg nach San Francisco zu wählen. Eine schwierige Aufgabe, die selbst alte erfahrene Kapitäne auf dieser Strecke in Schwierigkeiten brachte, denn

der direkte Weg ist nicht zu jeder Jahreszeit der Schnellste. Über 50 Tage kam sie nicht aus ihren Kleidern heraus, zu umfangreich waren ihre vielen Aufgaben und Pflichten.
Anfang November sichteten sie die Berge bei der Einfahrt von San Francisco. Aber sie gerieten in eine lange Flaute und konnten erst am 15. November in die Bucht segeln. Mary Patten ließ es sich nicht nehmen, die letzten Meilen bis zum Anleger selbst das Ruder in die Hand zu nehmen. Bei ihrer Ankunft notierte sie ins Logbuch: „Dauer der Reise 136 Tage."
Die Reporter rissen sich um sie, aber ihre Aufmerksamkeit galt ihrem Mann. Medizinische Hilfe war in diesem Goldgräber- und Amüsiermilieu nicht zu finden, und so machte sie sich bald mit ihm auf den Heimweg. Diesmal über den schnelleren Weg über Panama (Der Panama-Kanal wurde erst im Jahr 1914 fertig gestellt). Man überquerte die schmale Landenge und nahm die nächste Passage auf der *George Law* nach New York. Hier kamen die beiden im kalten Februar 1857 an. Die Zeitungen schrieben über ihre Heldentat. Mary Patten wurde für kurze Zeit eine berühmte amerikanische Heldin.
Die Versicherungsgesellschaft, die Schiff und Ladung versichert hatte, schenkte ihr in Anerkennung ihrer Leistung 1000 $, eine enorme Summe in der damaligen Zeit.
Selbst im fernen London verglichen Zeitungen die Heldentat der Mary Patten mit der ihrer neuen Heldin Florence Nightingale, die im Krim-Krieg die Verletzten ebenfalls selbstlos versorgt hatte.
Die Pattens zogen nach Boston, und am 10. März 1857 schenkte Mary einem Sohn das Leben, den sie auf den Namen seines Vaters Joshua taufen ließ. Kurz darauf starb der kranke Joshua Patten senior. Als die Schiffe im Hafen von Boston von seinem Tod erfuhren, wurden alle Flaggen auf Halbmast gesetzt. Die junge Frau aber hatte sich so sehr für ihre Familie aufgeopfert, dass auch sie erkrankte und am 18. März 1861 an Schwindsucht starb. Mrs. Patten war noch nicht einmal 24 Jahre alt geworden.
Die Geschichte der Mary Patten bewies endgültig, dass Frauen sehr wohl an Bord waren, dass sie ihren Mann gestanden haben und dass sie entgegen jahrhundertlanger Verteufelung Glück bringen konnten. Zumal dann, wenn Männer sie als kompetente Partner ansahen.

Literaturverzeichnis

Abé, Hanne und Konrad Gruda, *Das einsame weiße Segel,* Limpert
Bougainville, Louis-Antoine, *Reise um die Welt,* Rütten & Loening
Bret, David, *Errol Flynn: Satan's Angel,* Robson Books
Burg, B. R., *Sodomy and the Pirate tradition,* New York University Press
Burg, B. R., *An American Seafarer in the Age of Sail,* Yale University
Creighton, Margaret S., Lisa Norling, *Iron Men, Wooden Women,* The Johns Hopkins University Press
Cordingly, David, *Women Sailors & Sailors' Women,* Random House
Cordingly, David, *Unter schwarzer Flagge,* dtv
Dana, Richard H., *Zwei Jahre vor'm Mast,* Edition Maritim
Danielsson, Bengt, *Love in the South Seas,* Mutual Publishing
Dash, Mike, *Der Untergang der Batavia,* Goldmann
Decker, Rolf/Lotte van de Pol, *Frauen in Männerkleidern,* Wagenbach
Druett, Joan, *Petticoat Whalers,* University Press of New England
Druett, Joan, *Wives of Merchant Captains under Sail,* Simon & Schuster
Druett, Joan, *She Captains,* Simon & Schuster
Erskine, David, *Augustus Hervey's Journal: being the Intimate Account of the life of a Captain in the Royal Navy Ashore and Afloat, 1746-1779,* London
Gutberlet, Ronald: *Die Reeperbahn,* Europa Verlag
Helsper, Helga, *Das Meer gehört uns,* Unionsverlag
Henningsen, Henning, *Der Seemann und die Frau,* Koehler
Holmes, M.J.R., *Augustus Hervey, a Naval Casanova,* Edinburgh und Cambridge
Maddocks, Melvin, *Die Überquerung des Atlantiks,* Time-Life Bücher
mare Magazin, Heft Nr. 31, *Sex*
Melville, Herman, *Moby Dick,* Deutsche Volksbücher
Melville, Herman, *Taipi,* Aufbau Bibliothek
Miller, Russel, *Die Ostindienfahrer,* Time-Life Bücher
Möhring, Paul, *Das andere St. Pauli,* Matari Verlag
Nicol, John, *Seefahrer,* Die Hanse
Pepys, Samuel, *And so to Bed,* Paul Elek Limited
Rees, Sian, *The floating Brothel,* Review
Rediker, Marcus, *Between the Devil and the Deep Blue Sea,* Cambridge University Press
Ritz, Hans, *Die Sehnsucht nach der Südsee*, Muriverlag
Stark, Suzanne J., *Female Tars,* Pimlico

Schidrowitz, Leo, *Sittengeschichte des Hafens und der Reise,* Verlag für Kulturforschung
Weibust, Knut, *Deep Sea Sailors,* Nordiska museets
Whipple, A. B. C., *Krieg unter Segeln,* Time-Life Bücher